梦之队

——“英才奖学金”获得者成长记

梁三河 著

中国石油大学出版社
CHINA UNIVERSITY OF PETROLEUM PRESS
山东·青岛

图书在版编目(CIP)数据

梦之队:"英才奖学金"获得者成长记 / 梁三河著
. -- 青岛:中国石油大学出版社,2023. 11
ISBN 978-7-5636-2999-2

Ⅰ. ①梦… Ⅱ. ①梁… Ⅲ. ①石油大学—模范学生—先进事迹 Ⅳ. ① K828. 4

中国国家版本馆 CIP 数据核字(2023)第 205219 号

书　　名: 梦之队——"英才奖学金"获得者成长记
MENG ZHI DUI——"YINGCAI JIANGXUEJIN" HUODEZHE CHENGZHANGJI
著　　者: 梁三河

责任编辑: 吴文山(电话　0532-86983558)
责任校对: 张　亮(电话　0532-86983566)
封面设计: 青岛友一广告传媒有限公司

出 版 者: 中国石油大学出版社
(地址:山东省青岛市黄岛区长江西路 66 号　邮编:266580)
网　　址: http://cbs.upc.edu.cn
电子邮箱: 1301953669@qq.com
排 版 者: 青岛友一广告传媒有限公司
印 刷 者: 青岛北琪精密制造有限公司
发 行 者: 中国石油大学出版社(电话　0532-86983437)
开　　本: 787 mm × 1 092 mm　1/16
印　　张: 18
字　　数: 225 千
版 印 次: 2023 年 11 月第 1 版　2023 年 11 月第 1 次印刷
书　　号: ISBN 978-7-5636-2999-2
定　　价: 60. 00 元

序言
PREFACE

党的十八大以来，“中国梦”成为流行语。“国家富强、民族振兴、人民幸福”的中国梦，反映了全国人民的利益和愿望，也令我倍受鼓舞和激励。作为一名老党员、一名石油战线的老战士，我要有所作为，为实现这一梦想贡献微薄之力。

几年前曾经有人问我，作为一个“80后”，你的梦想是什么？我说我有两个梦想：一个是继续参与“塔里木盆地大中型油气田形成的地质条件和勘探方向”的科学研究，争取干到90岁。我要和同志们共同奋斗，力争在2020年前后，把塔里木整体建成另一个“大庆”（包括在当地作业的所有公司的油气产量）。我把它叫作“90工程”。

我还有一个最大的梦想，就是在中国石油大学建立一个奖学金，为我国石油工业择优选拔和跟踪培养更多德才兼备、具有“争雄、争气、争光”精神的创新型杰出人才。这是我作为一名“老石油”、老党员最大的夙愿，也是我人生的快乐、幸福和享受。

青年是祖国的未来。我始终铭记着毛主席1957年11月17日在莫斯科对我们中国留学生讲的一段话：“世界是你们的，也是我们的，但是归根结底是你们的。你们青年人朝气蓬勃，正在兴旺时期，好像早晨八九点钟的太阳，希望寄托在你们身上。”我现在所做的“英才奖学金”工作，正是在践行毛主席交给的历史重任……

习近平总书记指出：“青年兴则国家兴，青年强则国家强。”“中华民族伟大复兴的中国梦终将在一代代青年的接力奋斗中变为现实。”“广大青年要坚定理想信念，志存高远，脚踏实地，勇做时代的弄潮儿，在实现中国梦的生动实践中放飞青春梦想，在为人民利益的不懈奋斗中书写人生华章！”这是习近平总书记对青年人发出的时代召唤，同时也为青年人指明了前进的方向……

我深信，一个人的思想和信念决定了他一生的行动。我从近半个世纪的工作、学习、实践中总结归纳出的“争雄、争气、争光”的“三争”精神，始终是我前进的动力，是我人生的座右铭。从我自身的成长经历中，我更深信，百年大计，教育是最坚固的基石，青年是祖国的未来和希望。所以，尽我所能支持教育、关心教育、发展教育，也是我的希望和梦想所在。

为了实现这个“梦想”，2008 年，我决定在石油大学教育基金会下面设立一个“英才奖学金”项目，将个人积蓄和薪酬的一部分作为基金来源，每年奖励 6 名学生，其中 2 名博士研究生、2 名硕士研究生和 2 名本科生。同时，从捐赠资金中拿出一部分资金来支持我的母校——俄罗斯国立古勃金石油天然气大学的学生和教师来中国石油大学进行学习与合作，以进一步加强两校之间的交流。

十年来，在石油大学两校（北京、华东）以及中石油、中石化、中海油三大石油公司等企业和社会有识之士的大力支持下，奖学金的规模和影响不断扩大。2015 年，在中国石油教育学会的组织协调下，奖励范围又从中国石油大学扩大到西南石油大学、长江大学、西安石油大学、东北石油大学、辽宁石油化工大学、重庆石油科技大学、河北石油职业技术大学、中国石油勘探开发研究院研究生部等 8 所石油院校和研究单位，有越来越多的石油学子受到该项目的奖励，使这支被称之为“梦之队”的石油学子队伍不断扩大。到基层去、到祖国最需要的地方去，成为“梦之队”成员走向社会的第一选择。

我认为，这项奖学金具有两个特色：一是择优选拔，就是在石油院校优秀学生中选拔德才兼备、具有创新精神和创造潜力的模范人物；二是跟踪培养，就是在学生走向工作岗位后进行跟踪关注，掌握成长动态，发现典型，大力宣传，发挥榜样力量，给予他们精神上的鼓励。人才的培养是一个复杂的系统工程，家庭、学校、社会、企业……各方面必须形成合力。

我给获奖者取名为“梦之队”，并组织“梦之队”宣传阵地，将获奖学生从“筑梦—追梦—圆梦”的人生历程和取得的杰出成果登载在《梦之队》这部丛书上，并将其作为跟踪培养的一个重要载体，滚动出版发行，树立榜样，薪火相传。

志明同志是石油系统资深的史志专家和作家。他在20世纪90年代初，通过深入学习研究“石油工业杰出科学家”翁文波的哲学思维和方法论而著书立说，不仅使翁氏科技理论在石油勘探开发等领域得到应用，而且使翁先生受周总理委托，创立信息预测论的事迹得以广泛传颂；他采写的《石油之光》和策划组织的《侯祥麟自述》，为选树宣传“中国科技界榜样”侯祥麟提供了宝贵的第一手材料。2009年以来，他作为热心公益事业的“志愿者”，把这些著名科学家的爱国情怀、创新思维和严谨治学精神“嫁接”到“英才奖学金”工作中，为跟踪培养一批德才兼备、具有创新潜能的优秀人才进行了开拓性探索。在跟踪研究获奖者成长规律的过程中，他深入挖掘整理了许多素材，并通过纪实手法把这些优秀人才的事迹记录下来，无论是作为档案资料，还是纪实作品，都会很好地发挥“存史、育人、交流”的作用。这是一项很有意义的工作，希望在各方面的支持帮助下将这项工作持续地开展下去，努力把《梦之队》打造成一部关于青年学子成长励志的生动教材，成为让青春在祖国最需要的地方绽放绚丽之花的导向之作，并成为研究创新型人才成长规律的典型样本。

时代造就英杰。今天的青年学子正处在一个辉煌伟大的新时代。“英才奖学金”秉承立德树人根本任务，坚持“择优选拔，跟踪培养”宗旨，愿为他们实现人生梦想铺路搭桥。希望这些青年学子不忘初心、牢记使命，以“争雄、争气、争光”的精神状态，坚定理想信念，在这无比广阔的大舞台上施展聪明才干，放飞青春梦想，创造出无愧于祖国、无愧于人民、无愧于时代的光辉业绩！

2019 年 11 月 17 日

目　录
CONTENTS

第三章　他从小土屋走来 / 069

“没有岩石的阻挡，哪能激起美丽的浪花”。在刘东的人生之路上，无论有多少艰难，他都接受梦想的指引，不懈追求，如夸父追日般执着。因为他相信，总有一天，生命之花终将绽放出绚烂的光彩。

第四章　志存高远 / 129

在“不请长缨，系取天骄种”的仲军故里——仲宫镇，有一个叫阳阳的小男孩，知书达理的母亲经常给他讲《南华经》《诗经》里的故事。他也因此记住了“鲲鹏”的名字。转眼间到了上学的年龄，父亲给他起名叫“腾飞”，寓意“为中国之腾飞而读书”。

第五章　落地生根 / 153

张元法小时候的梦想是当一名医生，好给父母治病。然而现实就像梦境一般，他却成了一名“油井医生”——给油井把脉问诊，并学会了“中西医”结合，综合施治。不仅如此，他还练就了一双“火眼金睛”，打造了一个泵站“智能大脑”。

第六章　放飞梦想 / 175

从大山大河之间走出来的吕健，最知道大山的追求是蓝天白云、大河的去向是宽阔的大海。或许是山水塑造了他的秉性，当自己的梦想之花开始绽放的时候，他便义无反顾踏上了非洲大地，去创建“一所改变人生的学校”。

第七章　丝路新语 / 215

若贺曼是中国—中亚关系的见证者和受益者。阿姆河水哺育他长大，长江水滋润他心智。在当代丝路上，他积极弘扬丝路精神，努力讲好中国故事、中亚故事，当好友谊使者和合作桥梁，为构建更加紧密的中国—中亚命运共同体作出了自己的贡献。

引　言

“请你把我的左手绑在椅子上！”王涛把目光从稿件上移开，然后投向我，又不容分说地把颤抖的左臂从桌子上移到椅子扶手上，身子向右倾斜，重重地倚在右边的扶手上。

“这得请医生决定，不然会影响治疗。”我转身，从他的背后搀扶住他，并将手轻轻地放到了他的手背上。瞬间，我的手也随之抖动起来。于是，我的内心突然感到一阵阵酸痛……

王涛患的是帕金森综合征。这个病最明显的特征是左臂抖动，身体僵硬。确诊七八年来，他的病情一直在缓慢发展，只好长期在廊坊管道局总医院住院治疗。2017 年 11 月 17 日——这是王涛确定的“英才奖学金颁奖典礼暨报告会”的日子。选择在这一天召开一年一度的例行大会，其实具有一种特殊的纪念意义。1957 年 11 月 27 日——60 年的这天，毛主席提出了“希望寄托在你们身上”的殷殷嘱托。正是在这历史与现实激荡的新时代，让王涛再次感悟不忘初心的历史使命，倍感责任重大、使命光荣。

王涛决定出席在中国石油大学（华东）召开的英才奖学金颁奖典礼暨报告会，可医院不同意。于是，我们决定采取视频方式，请他给学生们鼓鼓劲儿。

视频录像录了三次，都因他手臂抖得太厉害导致画面不太理想。因此，王涛着急地说：“这样会影响大家的情绪！”

“不会的。这样反而能激发大家的激情。”我说。

录像接着进行……

于是，病房里再次响起王涛铿锵有力的声音——“1957年11月17日，毛主席在莫斯科对我们留学生说‘希望寄托在你们身上’，我当时只有26岁。60年后，习近平总书记在党的十九大报告中指出：‘青年兴则国家兴，青年强则国家强。’‘中华民族伟大复兴的中国梦终将在一代代青年的接力奋斗中变为现实。’‘广大青年要坚定理想信念，去存高远，脚踏实地，勇做时代的弄潮儿，在实现中国梦的生动实践中放飞青春梦想，在为人民利益的不懈奋斗中书写人生华章！’这是习近平总书记对青年人发出的时代召唤，同时也为青年人指明了前进的方向……”

“同学们：时代造就英杰。你们正处在一个辉煌伟大的新时代。‘英才奖学金’秉承‘择优选拔，跟踪培养’的宗旨，愿为你们实现人生梦想铺路搭桥。希望你们不忘初心，牢记使命，以‘争雄、争气、争光’的精神状态，坚定理想信念，放飞青春梦想，创造出无愧于祖国、无愧于人民、无愧于时代的光辉业绩！”

2017年11月17日那天，当这个铿锵之声在黄海之滨、唐岛湾畔响起之时，当王涛坚强刚毅的面庞在主席台的荧屏上出现之时，“英才奖学金颁奖典礼暨报告会”会场爆发出热烈的掌声。伴随着心中波涛般的激荡，许多同学流下了激动的泪水。

一滴水也能折射出一个人的整个世界！

万川归海，海纳百川。

王涛将培养人才视为他人生最大的梦想。关于人才培养，王涛曾经与他的大学同学、中国石油大学原校长张一伟教授多次讨论这个问题。张一伟教授说的“什么都可以引进，唯有国民素质是不能引进的”和“为什么我们的学校总是培养不出杰出人才”的“钱学森之问”，令王涛刻骨铭心。王涛创建“英才奖学金”，就是要为石油学子构筑一个“树立榜样，薪火相传”的梦想舞台，通过精神激励和物质奖励相结合的方式，培养更多德才兼备、具有“争雄、争气、争光”精神的创新型杰出人才；就是要鼓励广大石油学子脚踏实地，从基层做起，到党和国家最需要的地方去锻炼成长。

◎ 1985 年 7 月，王涛（前排左三）到华东石油学院考察

◎ 王涛在塔里木机场留影

1985 年 12 月 7 日，王涛就任石油工业部部长仅半年时间里，第二次前往位于山东省东营市的华东石油学院参加学校举行的纪念“一二·九”运动五十周年大会。在讲到塔里木石油勘探前景时，他激情澎拜地说，我国石油战线的许多老战士，尽管鬓发已经斑白，仍然激情满怀、壮心不已，盼望着去开发塔里木这个祖国最大的油气资源宝库。人生的价值在于开拓，在于创新，在于奉献。石油工作者，每当进

入一个新的探区的时候，往往是一片荒无人烟的地方、一片没有足迹的地方，但当我们离开的时候，这里却是一口口油井、一座座集油站、一个崭新的石油生产基地和伴随着它走向繁荣的城市。当我们生产的油气变成了国家宝贵的财富时，当我们把双手创造的成果贡献给祖国时，你就会感到生活是多么地充实，人生是多么地有意义！

1989 年塔里木石油会战刚开始时，王涛就要求要把塔里木建设成为新体制的试验基地、科技攻关基地和人才培养基地。广大石油学子踊跃报名投身塔里木石油大会战。

如今，在王涛的鼓励指导下，“英才奖学金”获得者中的一些学生积极投身到塔里木这座“大熔炉”里锻炼成长，实现着自己“只有荒凉的沙漠，没有荒凉的人生”的价值追求。

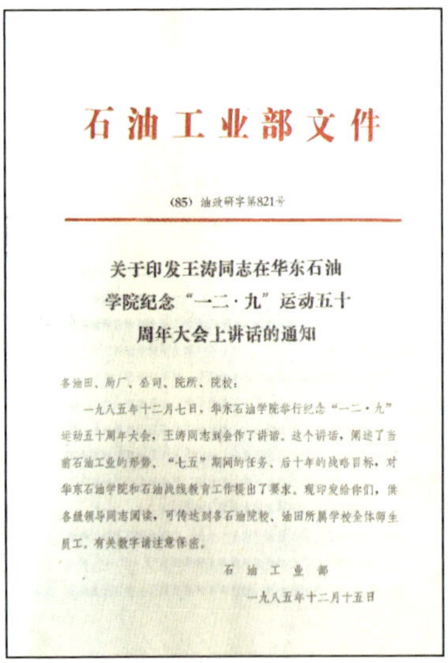

石油工业部文件

(85) 油政研字第821号

关于印发王涛同志在华东石油学院纪念“一二·九”运动五十周年大会上讲话的通知

各油田、局厂、公司、院所、院校：

一九八五年十二月七日，华东石油学院举行纪念“一二·九”运动五十周年大会，王涛同志到会作了讲话。这个讲话，阐述了当前石油工业的形势、“七五”期间的任务、后十年的战略目标，对华东石油学院和石油战线教育工作提出了要求。现印发给你们，供各级领导同志阅读，可传达到各石油院校、油田所属学校全体师生员工。有关数字请注意保密。

石油工业部

一九八五年十二月十五日

華東石油學院

校刊编辑部 一九八五年第24期（总158） 十二月十日复编

石油部部长王涛同志给同学赠言

刻苦钻研，奋发进取，祖国石油工业的未来属于青年一代

（这个赠言是王涛部长在十二月七日我院纪念“一二·九”五十周年大会上说的）

我院隆重举行纪念“一二·九”运动五十周年大会

王涛部长勉励同学们献身豪迈的石油工业

我国石油工业进入了新的发展时期，实现石油工业奋斗目标关键是科学进步和人才培养，青年学生要坚持又红又专的方向。

◎ 王涛同志在华东石油学院纪念“一二·九”运动五十周年大会上的讲话

1986 年初春，是进入国家“七五”计划的第一年，也被石油院校称为石油教育事业的春天。当时，王涛就任石油工业部部长尚不到一年时间。4 月 21 日，他在石油工业部教育工作会议上分析道：

在近120万名石油职工中，各类专门人才仅占14%左右。其中，助理工程师以上技术干部仅占4%左右。因此，他要求把教育和人才培养作为石油工业发展战略中的一个突出问题来抓。他说：“我国石油工业的发展，主要取决于是否能够找到足够的石油和天然气资源，是否能够掌握先进的科学技术和管理知识，归根到底在于有没有一大批具有现代化知识的人才。资源准备固然重要，人才准备更为重要。开创石油教育工作的新局面，是保证石油工业大发展的一个前提条件。”

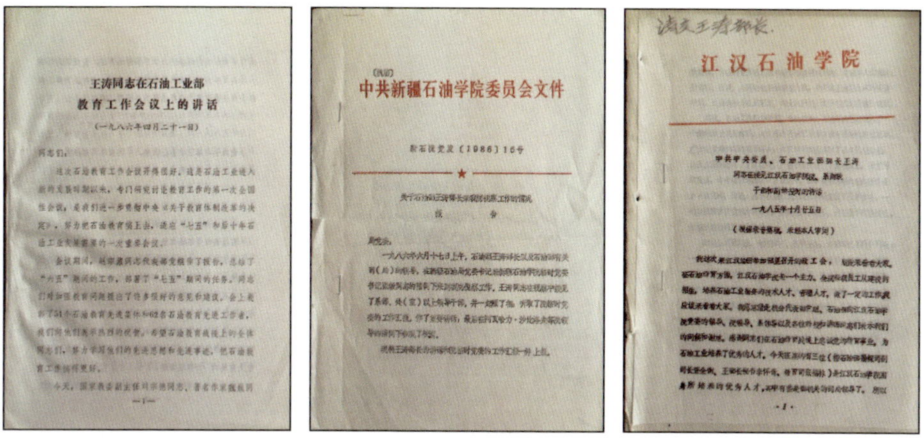

◎ 王涛同志关于开创石油教育工作新局面的部分讲话

为此，王涛提出了石油教育发展的三个目标，即“相当部分的大专院校、中专学校、职工大学和中小学，达到所在地区同类学校的先进水平；一些石油学院的重点基础学科，达到国内高等院校的先进水平；几个基础比较好的石油学院和中专学校，努力办成国内一流的学校，或为办成一流的学校打下基础”。会议要求石油战线的各级领导都要像重视石油生产那样重视教育工作，加快石油教育的改革和发展，提高办学质量和办学水平。

作为专家型的石油部长（总经理）（1988年9月17日，中国石油天然气总公司经国务院批准成立。王涛任第一任总经理。编者注），

◎ 1986 年 7 月，王涛在石油大学昌平新校址考察时发表讲话

王涛深入分析了我国油气资源分布的特点和石油工业发展的内在规律，分析了国内外石油工业发展的形势，抓住了我国石油工业发展的要害问题，并在 20 世纪 90 年代初提出了一整套战略措施。1991 年 2 月，他在中国石油天然气总公司局厂领导干部会议上正式提出了中国石油工业可持续发展的三大战略，即“稳定东部，发展西部”和“油气并举”的油气勘探开发战略；“一业为主，多元开发”的多种经营战略；充分利用“两种资源、两种资金和两个市场”的跨国经营战略。他提出，围绕“三大战略”的实施，要建设好三支队伍，即油气勘探、开发、工程建设和输油输气队伍，油气下游加工队伍，对外合作和外贸经营队伍；要实现三个“良性循环”，即生产与资源接替的良性循环、资金投入和产出的良性循环、人才接替的良性循环。以实施“三大战略”为标志，中国石油的工作重点从以东部地区为主、以油为主转变为东西部并重、油气并举，从只在国内进行作业转向进入国际竞争的新领域。

不难看出，在这个完整的战略体系中，王涛把队伍建设和人才接替的良性循环放在了十分重要的地位。追根溯源，完全可以从王涛的人才观念中找到答案。他认为，培养一个杰出的人才同发现一个油田一样重要。

从“七五”到“八五”的十年间，石油教育事业蓬勃发展。在中央部委办学和行业办学的体制下，石油教育形成了由石油普通高等院校、石油职工大学、石油中等专业学校、石油技工学校、石油中小学和石油职工学校等构成的学校教育和职工培训两大体系。这些体系的形成与发展，为石油工业储备了充足的人才资源，输送了各级各类专门人才，有力地缓解了人才供求矛盾，为当时石油工业克服专业技术人员以及一线技能人员不足的难题起到了不可替代的作用。

为加强对石油教育工作的领导和指导，石油工业部党组于 1986 年决定成立石油教育指导委员会（1986—1997），并于 1988 年创办了学术性期刊《石油教育》，于 1992 年成立了石油教育与人才研究所，于 1993 年组建了中国石油教育学会。这些举措，在研究和指导石油教育的改革与发展方面发挥了重要作用。

王涛表示，要为教育工作“当好后勤、做坚强后盾”。而要做石油高等教育好后勤与坚强后盾，不能开空头支票，要实打实地投资，在财力、物力上支持石油教育的发展。“七五”期间，尽管资金紧张，石油工业部对直属院校的基建投资每年都稳定在 1985 年的 1 亿元的水平上；石油学院引进现代化教学设备的费用，每年按一定数量的外汇额度进行安排。与此同时，还要逐年增加石油教育事业经费。

1988 年石油工业部改为中国石油天然气总公司时，王涛坚持企业办学方向，将人事司和教育司合并为人教局，并着眼 21 世纪制定人才培养规划，提出“从大学开始，就要建立一套科学的发现人才、培养人才、考核人才、使用人才的跟踪考核、跟踪培养系统”。加强石油院校工作，首先从改善教职工的地位和待遇入手。他了解到同一届的大学毕业生，分配到石油院校的工资收入要比分配到石油企业的低一到二级。为了改变这种不合理状况，在 1993 年工资制度改革时，就将部管高等院校教职工的工资待遇纳入企业系列，同时增加了院校的基建投资和行政费用。王涛说：“宁肯我总经理欠债，去讨饭，教育经费也不能减。"在下海经商的风气兴盛之时，他旗帜鲜明地指出：教师不能"下海"去赚钱，而是要"爬山"，专心致志地教书育人，攀登"世界科技高峰"。"八五"期间，中国石油天然气总公司每年用于教育的费用均高于"七五"期间的水平，在全国各行业中居第二位；从世界银行贷款中拨出几百万美元作为专项基金，用于石油高等院校培养人才、吸引人才、开展国际间的合作与交流；设立"中青年科研创新基金""留学生科研基金"，鼓励中青年教师增长才干、脱颖而出。1993年，国家教委提出"211工程"建设后，他与党组同志研究决定，5年内每年除预算外再向石油大学增加投资1亿元，助推石油大学进入国家"211工程"。

为深化石油高校改革，走产学研相结合的育人之路，王涛提出了"三个联合"（中石油、中石化、中海油三大总公司联合办学，石油高校之间联合办学，企业、科研单位和学校联合办学），"三个拓宽"（拓宽学生的专业知识面、服务对象和联合面），"两个深化"（深化教育体制改革、深化教学改革），并倡议：中国石油天然气总公司与中国石油化工总公司、中国海洋石油总公司联合组成石油大学理事会，实行几个大型企业集团联合办学的新体制，为石油大学的发展拓宽道路。王涛亲自出任三大公司联合办学理事会

◎ 王涛与中国石油大学第二届理事会理事合影

理事长。同时，建立中央党校石油分校和管理干部学院等干部教育基地，实施在职人员的再教育，加大了人才培养力度，培养了一批适应石油工业现代化建设的各类人才。

为适应“走出去”战略的需要，王涛特别重视对外合作人才的培养和开发，与人才教育部门深入研究如何充分利用国内外两种教育培训资源，不断加大资金投入力度，着力建设一支能够开拓国际市场和熟悉海外项目管理的高素质对外合作人才队伍。“七五”时期，第一批世行教育贷款项目派出石油高校教师484人出国交流，并利用自筹资金每年从各企业、院校和科研单位选派30～40人出国进修。“八五”时期，结合海外油气资源开发对国际化人才的需求，开始超前规划和研究跨国经营人才的培养问题，特别是针对俄语人才的培养问题，成立了总公司留学服务中心，制定了外派留学人员和吸收归国留学人员的政策。1994年开始培训俄语专业技术骨干，并首批向俄罗斯派出8名攻读副博士学位的留学生。1995年启动第二批世行教育贷款项目，共派出石油高校教师450多人次赴国外学习深造。在选派人员到国外进行培训的同时，国内的国际合作人才培养工作也迅速展开。由于重视人才培养和人才储备，早期学有所成人员中的大多数参加了海外项目的管理和实施工作，为拓展海外市场、开发境外资源、创造经营效益等发挥了积极作用。

王涛是一名石油老兵，但他总把自己喻为“70后”“80后”。他说：和青年朋友们在一起，总是令人朝气蓬勃、满怀激情，不仅让我对所从事的事业充满了美好的向往，也为我增添了信心和力量……2003年，王涛从全国人大环境与资源保护委员会副主任岗位退下来后，萌生了为青年人构建梦想舞台的设想。

作为世界石油理事会高级副主席，王涛致力于把青年人推上国际石油舞台经受锻炼。2004年，他倡议发起并创办了“世界石油理事会首届青年论坛”，来自40多个国家和地区的541名青年及国际

◎ 王涛与参加世界石油理事会青年论坛的学生代表合影

著名石油公司高管共800余人参加会议。论坛的成功举办，不但给各国青年代表留下了深刻印象，还得到了世界石油理事会和各成员国的一致认同。在2005年9月召开的第18届世界石油理事会大会上，正式将青年专题纳入世界石油大会议程。在首届青年论坛的基础上，世界石油理事会于2006年成立了“世界石油理事会（WPC）青年委员会”，倡议各成员国建立本国的青年委员会。世界石油理事会中国国家委员会率先成立了青年委员会，陆续开展了多项青年工作，成为世界石油理事会中最活跃的力量。

2008年，王涛77岁。在即将进入“80后”之际，他开始筹划有生之年最大的一个梦想，就是用自己的积蓄和部分薪酬在中国石油大学设立一个奖学金，为我国石油工业“择优选拔、跟踪培养”创新型杰出人才，为青年学子搭建一个报效国家、建功立业、放飞青春梦想的人生舞台！他深信，一个人的思想和信念决定着一生的行动。从近半个世纪的工作、学习和实践中，他总结归纳出了“争雄、争气、争光”的“三争”精神，并成为始终鼓舞他前进的动力，也是他人生的座右铭。从自身的成长经历中，王涛深信，百年大计，教育是最坚固的基石，青年是祖国的未来和希望。所以，他尽己所能支持教育、关心教育、发展教育。

经过一年时间的筹备，这个“婴儿”诞生了。2009年7月3日，王涛接受了石油大学教育发展基金会名誉理事长的聘书，并宣布出资设立“英才奖学金”项目。同时，从捐赠资金中拿出一定数额支持母校——俄罗斯国立古勃金石油天然气大学学生和教师来中国石油大学学习与交流。

◎ 2009年7月3日，王涛在石油大学（北京）宣布出资建立“英才奖学金”项目

十几年来，在石油大学两校（北京、华东），以及中石油、中石化、中海油三大石油公司等企业和社会有识之士的大力支持下，奖学金的规模和影响不断扩大。

为了将老一辈石油人对石油高等教育的关心与关爱传承下去，2015年，中国石油教育学会决定接过这个品牌，组建了由三大石油公司和中国石油大学（北京、华东）共同参加的“英才奖学金”管理委员会，把奖励范围从中国石油大学扩大到西南石油大学、长江大学、西安石油大学、东北石油大学、辽宁石油化工大学、重庆石油科技大学、河北石油职业技术大学、中国石油勘探开发研究院研究生部等8所石油院校和研究单位。

王涛把奖学金定位为“专门为培养高精尖人才而量身定制，人不在于多，而在于高精尖”。他说，设立“英才奖学金”有两个目标：第一个目标是促进石油大学教学水平不断提高，培养一流人才，在国内成为一流名校。名校就要有“名人”，这里的“名人”是指能够成为具有社会责任感的创新型人才。第二个目标就是加强国际合作与交流。俄罗斯古勃金石油天然气大学是他的母校，也是俄罗斯的重点大学，他希望能在他的捐赠资金中拿出一定数额的资金支持他母校的学生或教师来中国石油大学学习交流，进一步加强两校之间的交流与合作。

◎ 2010 年，王涛在俄罗斯古勃金石油天然气大学与中国留学生代表合影

王涛要求奖学金主要体现两大特色：一是择优选拔，要的是顶尖的；二是跟踪培养，工作是长期的。他认为：人才的培养和成长，是一个复杂的系统工程，家庭、学校、社会、企业……各方面必须形成合力。他早年就读的哈尔滨行知师范学校就是以人民教育家陶行知的名字命名的，陶行知的教育思想使他深受启发——“教师的职务是‘千教万教，教人求真’，学生的职务是‘千学万学，学做真人’。社会即学校，生活即教育。”王涛要求在“英才奖”的评选中往前追溯到中学甚至是小学时学生的总体表现，以及家庭的成长环境，从他们以往的成长历程中考察综合素质。他认为，世界观、人生观和价值观是构筑人生的思想基础。如果基础不牢，人生就会摇摆甚至塌陷。所以“择优选拔”首先要求评委要牢牢把住这“三观”。

◎ 2014 年 5 月，王涛与“英才奖学金”获得者座谈后合影

跟踪培养是“英才奖学金”的另一大特色。就是继续关注获奖学生的表现，特别是要掌握他们走向工作岗位后的成长动态，发现典型，大力宣传，充分发挥榜样的力量，给予他们精神上的鼓励。用王涛的话说就是——“不管你们走到哪里我都跟踪到哪里。王涛的眼睛一直盯着你们”。

如何“盯”？王涛有三步法：第一是谈心，现身说法讲传统，谈理想志向，对学生的未来发展方向给予有针对性的具体建议；第二是自我总结提高，就是让每个获奖者以自述方式撰写从家庭到学校直至走向社会的回顾文章，理清自己“从哪里来、到哪里去”的人生思考；第三是抓典型、树榜样，通过张扬佳绩和优秀人物，起到精神激励作用，努力营造优秀人才脱颖而出的环境，形成“学习、实践，再学习、再实践”的人才培养和用人机制，为培养一批站在石油行业科技前沿、具有国际视野和创新能力的领军人才创造良好的条件和环境。其中组织报告交流会、撰写《梦之队》丛书就是跟踪培养的重要措施。

“英才奖学金”成立 14 年来，已表彰 9 所石油高校和中石油勘探院的241名优秀学生，其中本科生167名（含留学生23名）、硕士生79名、博士生42名；资助5批次共9名俄罗斯古勃金石油天然气大学的学生来校访学和攻读学位。获奖学生中有90多名本科生、硕士生和留学生选择继续深造。走上工作岗位的100多名优秀获奖学生在生产一线和科研岗位上成为骨干，涌现出多个扎根基层、科研攻关、扶贫攻坚、自主创业的先进典型。

从获奖者的成长历程和取得的成绩来看，集中体现出三个特点：一是体现了“三争”精神。他们秉承王涛倡导的“争雄、争气、争光”精神，继承发扬大庆精神和铁人精神。这是他们能取得成功的精神源动力；二是体现出创新能力。特别是一些研究生获奖者，将产学研用紧密结合，敢于在科研领域参与竞争，能够将创新成果加快转化为现实生产力；三是体现了创造潜力。这些获奖者既有甘坐冷板凳、沉下心来潜心学习的毅力，又有不拘泥于书本知识、富有探索性的激情，具有较强的创业意识并努力积蓄创造的能量。

◎ 2015年12月3日，王涛与参加“英才奖学金获得者座谈会”的全体代表合影

“英才奖学金”激励了一批批石油学子的成长成才，见证了我国石油高等教育的内涵式发展，推动了石油精神在石油院校的落地生根，见证了我国石油行业科学技术的快速发展，助力了高水平创新型石油科技人才的培养。“英才奖学金”的设立，体现了王涛老部长作为一名老石油人、老共产党员平凡而伟大的初心，体现了他的石油情结和家国情怀，体现了他对石油事业的热爱，体现了他对国家石油人才培养的殷殷期盼。经过十几年的不懈努力，在三大石油公司等的关心支持下，在石油院校的共同努力下，“英才奖学金”独树一帜，“梦之队”人才辈出，行业影响力逐步加大，成为石油院校奖学金中的品牌项目。

王涛将英才奖获得者取名为“梦之队”，并组织搭建了“梦之队”宣传阵地，力求“星火燎原”，让“梦之队”成员的涓涓细流，汇集到奔流不息的江河中，融入到激情澎拜的大海里……

这正是：芳林新叶催陈叶，流水前波让后波。

第一章 诗和远方

来自亘古的风，刻画了天山的轮廓；带着银盔的战士，守望着祖国边疆。美丽的追梦人奔赴他乡，在“死亡之海”奏响生命乐章。能源和他的战友破解了特提斯的密码，唤醒了沉睡亿万年的能量，却甘愿化身沙漠里的胡杨、戈壁上的红柳，默默守望着生命的曙光。他们朴素而伟岸、沉默而澎湃，不管风沙雨雪，不惧悬崖沟壑，祖国最需要的地方，就是他们心中最美的诗和远方……

——题记

2020 年 7 月 7 日，习近平总书记给中国石油大学（北京）克拉玛依校区毕业生的回信，在能源心灵深处引发了强烈的震撼。作为校区地质系的党支部书记和班主任，他为留在新疆基层工作的同学而感动，更为总书记的谆谆教诲而倍受激励和鼓舞。

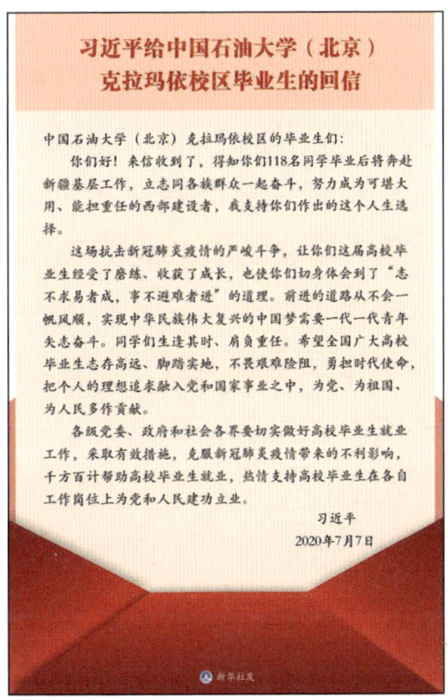

习近平给中国石油大学（北京）克拉玛依校区毕业生的回信

中国石油大学（北京）克拉玛依校区的毕业生们：

你们好！来信收到了，得知你们118名同学毕业后将奔赴新疆基层工作，立志同各族群众一起奋斗，努力成为可堪大用、能担重任的西部建设者，我支持你们作出的这个人生选择。

这场抗击新冠肺炎疫情的严峻斗争，让你们这届高校毕业生经受了磨练、收获了成长，也使你们切身体会到了“志不求易者成，事不避难者进”的道理。前进的道路从不会一帆风顺，实现中华民族伟大复兴的中国梦需要一代一代青年矢志奋斗。同学们生逢其时、肩负重任。希望全国广大高校毕业生志存高远、脚踏实地，不畏艰难险阻，勇担时代使命，把个人的理想追求融入党和国家事业之中，为党、为祖国、为人民多作贡献。

各级党委、政府和社会各界要切实做好高校毕业生就业工作，采取有效措施，克服新冠肺炎疫情带来的不利影响，千方百计帮助高校毕业生就业，热情支持高校毕业生在各自工作岗位上为党和人民建功立业。

习近平

2020年7月7日

新华社发

3 年的朝夕相伴，课堂内外的心灵碰撞，能源陪伴着学生们一起成长、成才，并与学生建立了深厚的友谊。在生活中，学生们经常问他：“老师，我们毕业后应该去哪里就业？留在新疆工作是一种什么样的体验？你为什么要来新疆？”而他则会把他这些年亲眼看到的、亲身经历的人和事情讲给学生们听。慢慢地，同学们开始了解新疆，并喜欢上了新疆，最终做出了留在新疆的庄重选择。毕业前夕，他为学生们送上了自己的赠言。在这份赠言里，既饱含了他对同学们的感情和不舍，又充满了他对同学们未来的期望。他相信，留疆工作的毕业生，一定可以成为母校的骄傲！

下面这些故事，就是能源经常讲给同学们听的——关于他的人生经历。

第一节　希望的种子

一、他的名字叫能源

1982 年 2 月 2 日傍晚，东北还飘着大雪，一个身穿着蓝杠杠服、头戴狗皮帽子的工人，怀里捂着刚刚在家煮好的鸡蛋，急匆匆地向大庆油田医院奔去。天色渐暗，路上已没有了汽车和行人，只听见他大口大口喘出的粗气和脚下“嘎吱嘎吱”的踩雪声。一小时后，他推开了医院的大门，还顾不得摘掉帽子就急匆匆地跑到产房门口，屋里一声男孩的啼哭声传来。他知道，那是自己的儿子出生了。这位男人用激动的手从袋子里掏出一个小本子，上面写满了各种名字。他快速地翻动几页，指着一个名字对旁边的人说：“是个男孩，是个男孩，名字选好了，就叫‘能源’。等孩子长大了，让他知道，为国家找石油光荣！”那个男人叫能宗理，他 1979 年中专毕业后来大庆油田当了一名石油工人。作为一名大庆基层采油小队的党支部书记，他希望自己的孩子能像他一样，把一生献给国家的石油事业。

“能源”这个名字似乎有一种特殊的魔力。他从小学开始就对石油有着浓厚的兴趣。寒暑假的时候，他总是缠着父亲带他去油田

◎ 铁人王进喜塑像

参观。记得第一次到油田的作业区时，他看到各种管线、磕头机、计量间，就好奇地问父亲："怎么看不到石油啊？石油到底在哪里了？"父亲笑着对他说："石油在地下埋着呢。我们是地球的'医生'，给地球'打针'，把石油抽出来。当好这个'医生'可不容易啊，那可是门大学问。"父亲的这番话，在他心中埋下了一粒种子，就是要学好知识，找出更多的石油。于是，他用心读书，中考时考入了大庆铁人中学就读。学校门口有一尊雕像，塑造的是铁人王进喜手握刹把钻井的形象。每次看着铁人的雕像，望着王进喜坚定的眼神，能源都会对自己说，我要成为像铁人王进喜一样的英雄，我也要去寻找大油田！

二、石大博士

高考结束后，他把中国石油大学（北京）作为自己的第一报考志愿，希望能到石油行业的最高学府去寻找答案。结果，他如愿以偿地跨进了中国石油大学的大门。在校学习期间，他像是一部上满了发条的机器，投身于各类课程的学习及学校的各类活动中。通过不懈的努力，他以专业第一名的成绩考取了中国石油大学（北京）构造地质学专业的研究生，之后又以专业第一名的成绩获得了直接攻读博士研究生的机会。2009 年博士毕业前夕，他获得了首届"王涛英才奖学金"，成为第一届博士生奖学金获得者。

2009 年 12 月 10 日下午，首届"王涛英才奖学金获奖者座谈会"

在北京石油阳光会议中心举行。原石油工业部部长王涛与中国石油大学（北京）及（华东）两校获奖的6位同学能源、纪仁杰、刘东、张明江、谭双妮和林腾飞亲切交谈。王涛看到同学们有些拘束，就笑着说：“我今天不听汇报，但是我愿意听一听大家对学习有什么体会呀，遇到了什么问题呀，以后有什么打算呀……咱们互相交流一番，也是一个互相帮助、互相启发的过程。咱们每年见一次面，第一年6人，第二年12人，第三年……除了中间可能有些人出国了、出差了，大家都能见面，越来越多，多好啊！”接着，王涛与大家唠起了家常，气氛立即活跃起来。

作为博士生获奖者，能源被安排坐在王涛的对面。座谈会在热烈而又轻松的氛围中开始。王涛首先介绍了1957年他在苏联留学时，毛主席在接见留学生时那段重要讲话：“世界是你们的，也是我们的，但是归根结底是你们的。你们青年人朝气蓬勃，正在兴旺时期，好像早晨八九点钟的太阳，希望寄托在你们身上。”这简单的一段话，为谈话营造出一种浓厚的历史厚重感。学生们瞪大眼睛，听得入神，仿佛一下子进入到了那个充满理想和激情的年代。

王涛深情地注视着眼前的这六位青年，这是他发起设立奖学金后选出来的第一批获奖同学。随后，王涛拿起获奖同学的名单，和学生们亲切交谈起来。他第一个提问的就是能源。

他问道：“听说你的父母是大庆油田的职工，你从小在大庆长大，那你是怎么看待石油人呀！”

能源平复一下激动的心情，自豪地回答道：“王部长，我的父母在大庆最外围的采油厂工作，我从小就看着父母每天早出晚归在油田忙碌。冬天大庆的气温在零下二三十度，爸爸总是穿着厚工服，顶着风雪，每天凌晨就要坐班车去采油区上班，晚上天黑后才能回家。虽然工作很辛苦，可是他们都很自豪，因为大庆油田为国家奉献了很多石油。特别是铁人王进喜，我们都以他为荣。小学的时候我就参观过大庆铁人展览馆，后来毕业于大庆铁人中学。我了解铁人创业的艰难和铁人的豪情，我一直向往着能跟铁人一样，也为石油工业做出自己的贡献，所以我报考了中国石油大学，选择了地质工程专业。”

王涛听了之后欣慰地点点头，然后面对着同学们，高声说道：“同学们，知道‘铁人’的名字是怎么来的吗？‘铁人’这个名字是人民群众给起的。王进喜忘我工作、奋力拼搏，感动了当地的老百姓，老百姓说从没见过这么拼命的人，真是个‘铁人’。这就是我们石油人的豪情和态度。我们石油人一辈子为国找油、为国奉献，只要国家需要我们，再苦再累都要迎难而上。”之后，王涛又问了每位同学的学习和家庭情况以及未来工作的打算。当能源回答说“想做一名大学教师，为石油工业培养石油人才”的时候，王涛没有说话，只是沉思了一下，然后在本子上快速记录下来。那时的能源还不知道，正是这次谈话让王涛对他有了新的期待，而他的命运也因为这次见面而改变……

◎ 2009 年 12 月 10 日，能源（右三）获得首届“王涛英才奖学金”时，在北京昌平与王部长合影

◎ 2009 年 12 月 10 日，在座谈会上，能源被安排坐在王涛部长的对面，向王涛汇报自己的学习情况

二、面对未来的选择

颁奖仪式结束后，能源久久不能入睡。回想起初中填报志愿的

时候，他毫不犹豫地选择了大庆铁人中学，因为那是大庆人的骄傲和情怀。在填报大学志愿的时候，他又选择了中国石油大学（北京），因为那是他的梦想和追求。在研究生阶段，他选择师从我国著名盆地构造大家漆家福教授，就是为了能够掌握本领，为国家寻找大油气田。但通过与王部长的会面，又激起了他内心的涟漪，他不禁问自己：这些年自己努力追求的是什么？仅仅是在北京工作，当一名老师？还是要勇敢追逐心底的梦想，去寻找那份属于石油人的豪情？他想了很久，并最终做了一个决定：向王部长汇报，征求王部长的意见。他不知道，此时王部长也在为这个年青的“石油人”寻找着下一步工作的方向。

三、老部长的期望

与首届奖学金获得者见面后，王涛的心情久久不能平静。他在能源等学生的身上，仿佛看到了自己那一代人的影子，所以感到十分欣慰。到艰苦的地方去、到祖国最需要的地方去，创造更加美好的未来，这是几代青年学子始终不渝的追求。他想起自己 1952 年参加全国高考选择志愿时，开始想报考的是清华大学电机专业。在当时，要振兴国家，要发展工业，电机最关键。之后他又想，电机靠机电、机电靠冶金、冶金靠采矿、采矿靠地质……一路推演下来，他觉得地质很重要，对国家发展是基础性的，于是就进入了东北地质学院学习地质专业。留学苏联期间，在几乎包括了文、理、工、农、医、艺术等各个领域的专业中，王涛义无反顾地选择了石油地质专业。学成回国后，他又参加了胜利油田石油大会战，从基层一步一个脚印地走过来。献身石油事业成为王涛终生的志向。

塔里木盆地是我国面积最大的含油气盆地，又是勘探最具挑战性的地区。20 世纪 50 年代至 80 年代初，一代又一代石油人怀着为国找油的梦想来到塔里木，艰苦奋斗、锲而不舍，历经“六上五下”

的艰难探索，建成了我国陆上第三大油气生产基地和西气东输主力气源地，开启了中国天然气新时代。然而，作为国家油气资源战略接替区，塔里木盆地还有许多世界级科技难题需要攻坚。王涛认为，能源作为博士获奖者，他的毕业去向具有导向性。于是，王涛利用一次开会的机会与能源交谈起来。他拉着能源的手，满怀希望地说："作为石油学子，寻找大油田，建设祖国的石油工业才是最光荣的事情。哪里有大油田，哪里就应该有你们的身影。未来中国最有勘探潜力的区域当属塔里木盆地，那里有许多世界级的难题等着你们去解决。那里虽然都是戈壁沙漠和山地，条件非常艰苦，但是到塔里木去锻炼成长，一定会大有作为。"顿时，一股力量从能源的心底升起，仿佛看到那片位于祖国边疆宽广而又神秘的土地在向他招手。

能源听老师们多次讲过：早在 1985 年 12 月 7 日，王部长参加华东石油学院（现中国石油大学）纪念"一二·九"运动五十周年大会，谈到塔里木石油勘探前景时说，"我国石油战线许多老战士，尽管鬓发已经斑白，仍然激情满怀、壮心不已，盼望着去开发塔里木这个祖国最大的油气资源宝库。人生的价值在于开拓，在于创新，在于奉献。石油工作者，每当进入一个新的探区，往往是一片荒无人烟的区域、一片没有足迹的地方。但当我们离开的时候，那里却是一口口油井、一座座集油站、一个崭新的石油生产基地和伴随着它走向繁荣的城市。当我们生产的油气变成了国家宝贵的财富时，当我们把双手创造的成果贡献给祖国时，就会感到生活是多么地充实，人生是多么地有意

◎ 2010 年 6 月，获得中国石油大学（北京）理学博士学位的能源与夫人徐丽丽合影

义！在我们的工作中，总是充满着追求，充满着希望，充满着创造，给人以青春的活力。因此，我深深地感到，作为一个石油工作者，是非常光荣的，是值得自豪的，是十分幸福的！”那场报告震撼了大学生的心灵，后来参加塔里木石油大会战的许多大学生，都是当年听了那场报告才来到塔里木的。现在，塔里木已经成为中国陆上第四大油气田和西气东输主要气源地，但是还有许多世界级科技难题没有解决。于是，能源义无反顾地迎着这些难题踏上了人生旅程。

在完成博士论文答辩后的第二天，带着王部长的嘱托、怀揣着石油学子特有的为国奉献的情怀，能源踏上了飞往新疆的飞机，奔向了塔里木盆地。这次选择，彻底改变了能源的人生轨迹，让他在祖国的边疆找到了自己的事业和人生的发展方向，让他有了像当年大庆创业者一样的可以纵横驰骋的广阔天地，让他深深地爱上了那片土地…

◎ 2010年7月，初到塔里木油田的能源（中）正在与研究人员一起讨论地质结构

◎ 2011年7月，能源在南天山山前进行野外地质考察

第二节　激情似火

新疆是一个神奇的地方，那里有高山流水、沙漠湖泊，有西域风情、瓜果飘香。无论你来自哪里、说哪种方言，但只要踏上这片

土地，你立刻就会被它所深深吸引。美丽的草原、瑰丽的湖泊就像美丽的少女一样，把脸庞藏在轻纱后面，从不轻易示人。广袤的沙漠、巍峨的雪山就像矗立在天边的战士、奔腾在沙场的战马，总是让人热血沸腾！

一、“随钻研究”博士后

塔里木油田对这位来自北京的博士非常重视，聘任他进入油田博士后科研工作站工作。当能源看到自己的博士后科研课题后，他被库车坳陷复杂的构造特征所震惊了。这是过去所有研究工作中所不曾见过的构造样式，不同类型、不同规模、不同时期、不同性质的构造变形叠加在一起，构成了库车坳陷独具特色的地质结构。记得王涛部长曾经将渤海湾盆地比作“一个摔碎的盘子”。那么此时此刻，在能源眼里，库车坳陷就是“一摞被摔碎了的盘子”。而要将这些“盘子”拼起来，恢复它们的原样，并不是一件容易的事情。当时油田给能源配备了独立的办公室和科研小组，可是干了一段时间后，他发现工作总是深入不下去。就在一筹莫展的时候，他忽然

◎ 2012 年 7 月，为了保证博士后课题研究顺利开展，能源（左三）把机器搬到库车项目组，与项目组同事一起开展库车坳陷油气勘探研究工作

想到王部长曾经给他讲过的一件往事：当年王部长刚调到大港油田担任总地质师的时候，经常深入现场搞地质研究工作，亲自收集现场资料、分析地质情况，为后来的工作奠定了坚实的基础。"对，像王部长一样，到现场去工作。"于是，他就把电脑搬到了生产项目组，成为他们之中的普通一员，每天和项目组的工程师们一起上班、加班，一起讨论，共同制定研究方案。为了及时掌握钻井情况，他主动要求跟踪探井的钻进情况，根据井上录取到的地质信息制作随钻剖面，分析判断井上所遇到的复杂情况。每天早上一到办公室，他就拿起绘图笔，在纸剖面上一厘米、一厘米地画出当天钻遇的岩性、钻时曲线、泥浆密度等信息……

一次，研究院领导发现他在项目组画剖面，很是惊讶，便对他说："随钻工作非常繁琐，一般都由工程师完成，你是我见过的第一个亲自画随钻剖面的博士后。"当时一口井在钻井过程中遇到了复杂地层，在钻进到 7 350 米且已超过了设计深度时，仍无法判断是否钻遇目的层，几家单位意见差别很大。通过井震精细对比，能源认为，

◎ 2011 年 12 月，能源（前右三）与浅层砾岩联合攻关小组一起讨论库车坳陷浅层砾岩发育情况［左一为东方物探公司非地震项目组组长杨书江，左四为中国石油大学（北京）钟大康教授，右二为塔里木油田库车勘探项目组项目长雷刚林］

此时尚未钻遇目的层，建议继续钻进，加深钻井设计。但是现场随钻的工程师却不同意，甚至直接挂电话到研究院投诉说这样会把井搞坏，但能源依旧坚持自己的意见没有修改。而事实证实，他的预测是正确的。通过这次加深，避免了提前下套管，保住了这口重要的山前探井。

二、破解浅层砾岩难题

2011年，在钻井过程中发现，库车山前带地下存在着坚硬的砾石层，严重影响钻井进度。项目组领导很着急，但钻井进尺就是增加不了，使勘探工作停滞不前。于是项目组联合多家单位组成攻关小组，让能源担任现场负责人。这是他来到油田后第一次负责组织项目现场研究工作。他也是横下一条心，一定要把困难攻克。能源和中国石油大学（北京）钟大康教授、东方物探非地震项目组组成联合攻关团队，并将队伍驻扎到现场，与工程师们同吃同住。为了研究需要，有的时候还要去野外试验。

塔里木盆地的野外条件非常恶劣，沙尘暴、洪水、严寒、冰霜等自然灾害经常发生。这一带有一个叫“健人沟”地方，记载了当年勘探队员的英雄壮举。戴健1955年毕业于西北大学后，主动要求到塔里木找油，第二年即任地质队队长。1958年，她定出了库车第一口探井井位。那年8月18日，她和同伴在野外发现了油砂和沥青，激动得流出了热泪。返回途中，在天山南麓遇上了暴雨洪水，不幸殉职。几天后，人们在30公里外的沟口发现了她的遗体。那年她才24岁。1959年，她定的探井喷油。为纪念这些勇士，塔里木矿务局决定把他们牺牲的地方命名为“健人沟”（戴健、李越人在同一条山沟里牺牲，此沟即以二位烈士名字命名）。

有一次，能源带队在野外工作时突降暴雨，大雨顺着两侧的山脊不停地往沟里流。身为队长的能源大声呼喊着队员们赶紧往外撤。

一边撤退，他一边观察两边的水流速度。看着沟里的水在不断上涨，他知道，山洪要来了，所以心里十分紧张。最终在大家的互相帮助下，队伍还是很快地撤出了峡谷。他们撤出后不久，洪水从峡谷里夹杂着滚石喷涌而来。

那天，能源是真的害怕了。他在微博里写道：“孩子，爸爸今天差点不能回去见你。虽然有惊无险，但我还是要写下这句话，如果哪天我回不去了，你要记住：爸爸爱你！”其实，许多石油人在新疆工作，都曾经遇到过类似的危险，但他们都有着相同的信念——扎根边疆就是对国家最朴素的情感。最终，能源和项目组一起成功研发出一套新方法，解决了砾石预测的难题，不但申请了国家发明专利，而且为油田节约钻井成本近千万元，获得了油田公司的嘉奖。

◎ 2011 年 7 月，能源（左一）与库车野外建模小组在工作中遇到洪水，山路被洪水冲断。这是小组成员在洪水前合影留念

三、推沙子推出的地质认识

2012 年年初，能源的博士后科研课题到了攻坚阶段。为了能够证实他所建立的构造模型，能源来到北京中石油勘探开发研究院开

展构造物理模拟实验研究。构造物理模拟实验又称砂箱模拟实验，是国际上主流构造变形研究的实验手段，实验材料主要是石英砂、硅胶及聚酯纤维板等。之前油田也做过相关的研究，但是实验结果和实际地质情况差别很大，因此有人将这种实验戏称为“推沙子”，认为这只是“玩游戏”。

能源仔细分析了前人的实验成果，发现问题主要出在实验的模型设计上，前面的实验仅是进行概念性的模拟，而没有按照地下的实际地质条件设计模型。于是，他亲自参与了模型的设计和铺设工作，有时为了保证完整地记录实验成果，他就彻夜守在实验设备前，记录着每一厘米的构造变形。实验的过程并非一帆风顺，而是遇到了很多挫折。面对着一次次失败，他就推倒重来，继续修正。就这样，在 3 个月的时间里，实验设备几乎没有停过，他完成了大量的物理模拟实验。

那时候能源的女儿还不满 1 岁，家里的一切都依靠他的母亲和夫人。有一天在能源做实验的时候，突然接到母亲的电话，原来女儿从板凳上跌落到地板上，鼻子流血，哭叫不止，怎么哄也哄不好。可孩子的妈妈还在单位上班。于是，能源着急地打开 QQ 视频，当他的图像出现在屏幕上的时候，女儿居然慢慢停止了哭泣。虽然他心里很着急，但还是故作轻松地对母亲说：“孩子没事了，不用担心，

◎ 2012 年 3 月，能源在中石油勘探开发研究院构造物理模拟实验室进行实验研究

我很快就回家了。”

付出的努力总有回报。在对油田进行汇报的过程中，该课题以全优的成绩通过验收，获得了油田专家的一致认可。大家开玩笑地说，这些成果来之不易，这是用双手“推出来”的地质认识。后来，这些成果还支持了塔里木油田获得的国家科技进步奖二等奖。

四、“出站”，选择留下

2012 年 10 月，能源完成博士后课题，准备出站答辩。恰逢自治区召开全疆博士后工作站现场会，于是全自治区的博士后站的专家们都来观摩能源的出站答辩。由于成果突出，能源以全优的成绩通过答辩，并且获得了自治区优秀博士后资助。在短短的两年半时间里，能源在油田充分发挥自己的优势，为油田引进了许多新的理念和技术，特别是在南天山山前库车坳陷开展的复杂构造带构造建模工作，为库车坳陷盐下超深层特大砂岩气田的发现提供了重要支持。

两年半的新疆工作为能源打开了另一个世界。在这个世界里，有许多世界级的难题等着他去解答。也许在别人眼里，这里只有荒凉的沙漠和边疆的萧瑟，但在他的眼里，却有遍地的地质宝藏正在等着他去挖掘。于是，他选择留下，继续在塔里木油田工作。油田也对能源寄予厚望，安排他先后担任了库车、塔北－塔中碳酸盐岩新区、塔西南勘探项目的副项目长。

勘探项目的任务是负责油田勘探工作的方案设计及具体实施。这是能源第一次以生产组织者的身份开展工作。工作性质的转变也为他带来了新的挑战，由于塔里木盆地油气藏埋藏超深，钻井成本极高，因此，在工作中不但要创新思路，更要严谨细致。能源在项目组里大力提倡物探与地质人员深度融合，关键岗位和关键节点由专家把关，有效提高了项目组成员的科研能力和生产组织能力。在近 5 年的工作时间里，在团队成员的共同努力下，他们发现并探明了库车坳陷克深超深特大砂岩气田，有效支持了塔北－塔中碳酸盐岩油气藏的高效评价与开发，取得了塔西南麦盖提斜坡近20年来的再次突破等重大成果。除了勘探生产工作的组织工作外，身为博士后的能源还负责油田勘探理论的总结和技术有形化工作。为此，他参与了油田国家科技进步奖的申报工作，为塔里木油田“十二五”期间科技进步作出了突出贡献。他也相继获得了中国石油油气勘探重大发现成果奖特等奖、中国石油石化联合会科技进步奖二等奖、自治区高层次引进人才、塔里木油田十大科技创新人物等奖励及荣誉称号。

◎ 2013年10月，能源在库车坳陷进行探井随钻研究

◎ 2014年10月3日23：15，身为副项目长的能源（右三）带领项目组员工正在赶制储量附图

看到能源经过西部边疆锤炼后成长为油田科研骨干，王涛非常高兴。他再次鼓励能源要更加努力，继续向世界级难题发起挑战，要勇挑当代石油人的重任，为国家寻找更多的油气资源。

五、在国际石油舞台上亮相

在塔里木盆地工作期间，能源还有一项重要的工作——开展国际交流合作。在他的组织下，油田相继与美国哈佛大学、路易斯安那州立大学及西班牙巴塞罗那大学等世界一流大学建立了合作关系。在合作过程中，这些国外的教授被塔里木的勘探成果所震撼，纷纷

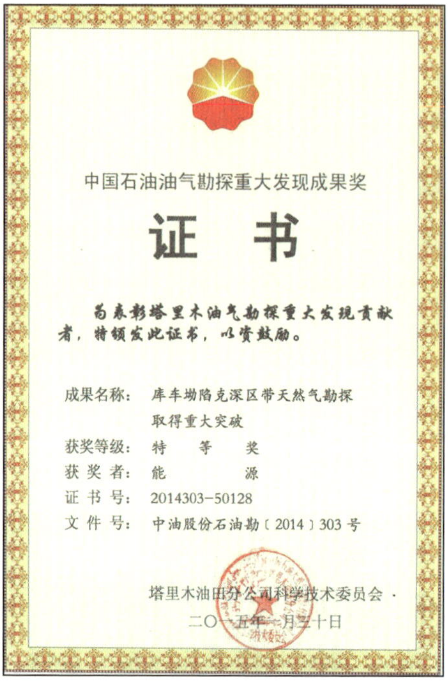

◎ 2015 年，能源获得中国石油油气勘探重大发现成果奖特等奖

◎ 2016 年，能源获得中国石油塔里木油田公司十大科技创新人物奖励

鼓励能源把塔里木油田的研究成果带到国际舞台上。

2016 年，能源代表塔里木油田参加了在西班牙巴塞罗那举办的 AAPG（美国石油地质家协会）及 SEG（勘探地球物理学家协会）国际会议。在会上，他向来自全球的地质学家们介绍了塔里木盆地超深层所取得的巨大油气发现和自己的石油地质认识。报告结束后，一位美国专家站起来向他竖起了大拇指。那位专家说：“恭喜你们中国人在超深层油气勘探中取得的令世人瞩目的成果。你们太了不起了！”这是能源第一次在国际大会上做专题发言，也是第一次受到外国专家的肯定。这次国际交流给他留下了深刻的印象，也使他更加坚信：中国人有能力、有水平、有自信站在国际科研的舞台上去发挥更大的作用。

2017 年 6 月，能源负责的国际合作项目结题，国际知名的盐构造专家——西班牙巴塞罗那大学的 Anto 和美国石油地质家协会资深讲师 Mark Rown 来中国参加成果讨论。作为科研团队的中方技术负责人，能源的表现得到了国际专家的一致认可。在项目汇报之后，Anto 告诉能源，他一辈子都在研究比利牛斯前陆盆地，他的足迹遍布了比利牛斯山的每一个角落。Mark 也回忆了他在青年时代如何迷上了盐构造，为了研究盐构造走遍了世界的各个角落。他们都对眼前的这个年轻的中国地质工作者寄予厚望，希望他们这代人能够为地质学的发展做出更大的贡献。

◎ 2013 年 9 月，能源（左一）向美国路易斯安娜大学副教授亚历山大介绍库车的地质情况

◎ 2013 年 7 月，能源与哈佛大学地质系约翰·肖教授在落基山脉进行野外地质考察

◎ 2015 年 1 月，能源向西班牙巴塞罗那大学地质系教授 Anto（左一）、Eduard（右一）介绍库车前陆盆地构造特征

◎ 2016 年 4 月，能源参加 AAPG/SEG 在西班牙举办的国际会议，并做专题报告

能源是幸运的，能在两年的时间里与两位国际知名专家一起开展科研工作，探讨地质奥妙，讨论人生经验。这让他更加坚定了在新疆深入开展地质工作的决心。他期待着有一天能够像两位专家一样，把中国特色的地质现象介绍给全世界的科学家。

六、《库车勘探之歌》

祖国的边疆是一个神奇的地方，宽广的土地、雄浑的山峰、热情的人民、秀丽的景色不断激发着能源的创作灵感。他的心中逐渐凝结出对人生、对工作、对前辈的深厚情感，最终汇入到他的文学和音乐作品中。其中最有代表性的作品，是他与库车项目组唐雁刚共同创作的《库车勘探之歌》。

唐雁刚大他 1 个月，毕业于北京大学地质系，2004 年毕业后主动要求来塔里木油田工作，在 15 年的时间里为库车坳陷油气勘探事业作出了突出贡献。他俩的结缘来自于一把吉他。唐雁刚在学校的时候喜欢音乐创作，还担任过北大吉他协会的副会长。二人常在工作之余一起弹琴唱歌。2011 年的一天晚上，他们去孔雀河边弹琴。弹着弹着，唐雁刚的眼泪就洒进了河水里，原来那天是他父亲去世百日。他说父亲在他身上寄托了太多希望，怕影响他工作，所以一直不让家里人告诉他生病的事。直到父亲突然病危时，母亲才匆匆告诉他。他乘坐最早一班飞机飞回四川，可还是没有见到父亲最后一面……他说他们这代人思想很简单，就是要把工作干好。

那一晚，他俩决定写一首歌，反映新时代青年勘探队员对祖国、边疆、故乡和家人的情感都融入到歌里。他们的耳畔又回响起 50 年代那首《勘探队员之歌》——

是那山谷的风，吹动了我们的红旗 / 是那狂暴的雨，洗刷了我们的帐篷 / 我们有火焰般的热情，战胜了一切疲劳和寒冷 / 背起了我们的行装，攀上了层层的山峰 / 我们满

怀无限的希望，为祖国寻找出富饶的矿藏／

是那天上的星，为我们点燃了明灯／是那林中的鸟，向我们报告了黎明／我们有火焰般的热情，战胜了一切疲劳和寒冷／背起了我们的行装，攀上了层层的山峰／我们满怀无限的希望，为祖国寻找出富饶的矿藏……

他们决定把这首将要创作的歌曲的名字叫作《追梦》，献给所有在山前默默奉献的勘探人。

为了这首歌，他俩采访了许多亲身经历过库车坳陷勘探工作的前辈。能源的导师——时任中石油勘探开发研究院副院长谢会文讲述了当年亲自解释克拉 2 号构造时的情景：在已经连续失利 3 口探井的情况下，勘探人员顶着巨大的压力上钻这口井，才发现了克拉 2 大气田。库车项目长雷刚林则回忆了他上任之初为了在克拉苏深层寻找圈闭，每天晚上睡不着觉，眼睛一闭满世界全是圈闭在旋转。项目组高工吴超为了赶项目进度，做完心脏手术不久就跑来单位上班。而老专家张敬洲师傅则向他们描述了许多在野外经历的故事……这些故事深深地打动了他们。这首《追梦》前后共写了 11 个版本，

◎ 葡萄架下的小型音乐会（左为唐雁刚，右为能源）

历时近7个月，一经推出，就引起了项目组全体同志的强烈共鸣。

许多老专家听后都感慨地说，这首歌唱出了他们对山前勘探科研攻关的真实情感。后来，这首歌被正式确定为《库车勘探之歌》，被许多人传唱。正如歌词里所描述的，“耳畔响起的歌是关于我们的故事／那激情的旋律回荡在山和水之间／漫天的风沙吹响了前进的号角／苍茫的戈壁通向那梦想的山岗／多少次迎着朝阳追逐青春

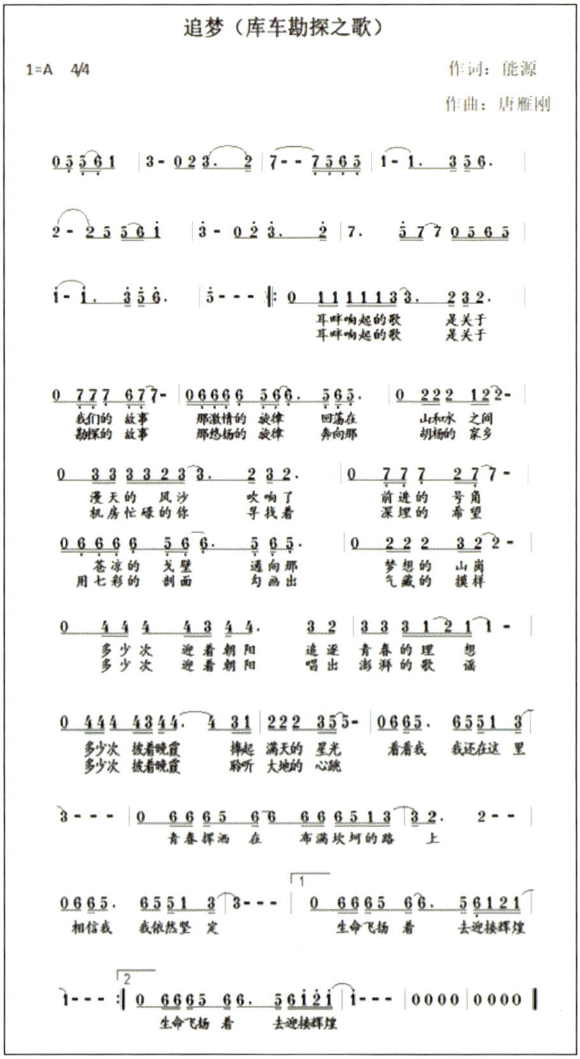

◎ 歌曲《追梦（库车勘探之歌）》

的理想／多少次披着晚霞捧起满天的星光／看看我，我还在这里／青春挥洒在布满坎坷的路上／相信我，我依然坚定／生命飞扬着去迎接辉煌……”

第三节 再次出发

一、从南疆到北疆

能源对新疆教育事业的关注，是源于一次助学活动。一次偶然的机会，他来到了塔里木盆地东部的尉犁县喀尔曲尕乡，那里村民的生活来源主要依靠放牧和渔业。由于近年来塔里木河日趋干涸，许多村民失去了曾经的家园，村民的人均年收入不足 5 000 元。由于村落远离县城，当时还未通电，就连饮用水也是从地下打井钻取的含盐咸水。能源到过他们的小学校，学生们的学习设施极为简陋，桌椅都已使用多年，许多板凳连凳面都没有，就是四条腿上绑了一块破木板。面对这样的情景，他的心里非常难受。回到油田后，他组织油田志愿者共同发起了“爱心书桌捐赠活动”，并在短短的几天内募集了爱心款 2 万 9 千余元。利用这些爱心款，他们为喀尔曲尕

◎能源（左一）作为杏子林助学团队的志愿者赴轮台县拉帕尔小学开展助学活动（左二为杏子林助学新疆区负责人再丽拜尔，右二为学校校长）

◎志愿者们为喀尔曲尕乡第七小学捐赠的桌椅。学生们高兴地上车去搬新桌椅

乡第七小学购买了90套崭新的桌椅。虽然他个人的力量十分有限，但他依然相信，每个人的点滴奉献，定能汇成爱的海洋，去温暖需要的人。

在助学过程中，能源陷入了深深的思考：新疆地域广阔、资源丰富、风景秀美，新疆发展对于国家经济社会发展和繁荣稳定具有重要的意义，而新疆最缺乏的就是高层次人才。如何为新疆培养更多可堪大用、能担重任的建设者？如何通过教育让更多的人来到新疆、建设新疆？这些问题埋藏在他心底，并再次影响了他的人生选择。

2017年6月，能源完成了自治区高层次人才项目考核，以全优的成绩向自治区及塔里木油田交上了一份满意的答卷。自治区人社厅的专家鼓励能源继续留在新疆工作，发挥更大的作用。但在新疆工作这些年，能源的心里一直有个遗憾：新疆是国家“一带一路”建设的核心地区，但却没有一所石油石化领域的研究型大学。而人才的缺乏又严重制约了新疆的发展。此时，恰逢他的母校——中国石油大学（北京）在新疆设立克拉玛依校区，这也是教育部直属高校中唯一在新疆设立校区的学校。校区初建，最缺的就是教师，几千名学生的培养、成长全靠教师们的辛勤工作。放弃在塔里木油田已有的成长空间和生活条件，去一所刚成立的学校当一名普通的教师？能源再次面临着人生选择。

能源认为，自己是一名博士，又在油田工作了近8年时间，从中所积累的这些经验一定会帮助学生更好地在新疆发展。在祖国的边疆为国家培养更多的石油人才，带着青年人一起发展新疆、建设新疆，这也是一种对国家的奉献。于是，他马上给母校写信表达了自己的想法，并顺利地加入到中国石油大学（北京）克拉玛依校区，成为石油学院的一名专职教师。

二、从专家到教师

由于刚建校，授课教师人数不足，许多老师都承担了多门课程。刚到校区的第一年，能源就承担了4门课程的教学任务，其中最重要的一门课就是资源勘查专业的综合地质实习教学课。这门课不同于传统的理论教学课程，需要学生在野外进行地质专业的现场教学工作。但在能源去校区报到之前，学校连实习基地建在哪里都不知道。

新疆的野外气候相对恶劣，冬天常常大雪封山，无法进行野外工作。3月份天气刚刚转暖，能源就和同事许涛一起踏上了野外踏勘之路。他们在3个月的时间内，跑遍了准噶尔盆地周边的露头，行程上万公里，最终选择了天山西北缘作为教学实习基地。

2018年7月24日，在能源的带领下，82名同学第一次来到这片神秘的土地，去感受天山深处复杂地质现象带给他们的奇妙之旅。虽然能源在新疆的野外跑了很多次，但这是他第一次以老师的身份带着学生在野外实习。每天除了备课以外，他更多的是担心孩子们在野外的生活——吃饭、洗澡、洗衣服、写作业，几乎每一件事他都要亲自问过才放心。在教学过程中，也倾注了他大量的情感。他利用休息的机会，向同学们介绍塔里木盆地油气勘探的进展及新疆地质研究的最新成果。他那种发自内心深处的对地质事业的热爱深深打动着学生，学生们在实习报告中这样写道："能源老师带我们跑野外，让我学习了许多书本上学习不到的地质知识——如何剖析野外露头、分析地质作用和演化历史。他负责任的态度总是让人能够专心听他讲课，他有一种吸引人的气质。同时，我们也从老师身上学到了精神的寄托、大学的梦想，学会了如何去认识自己、挑战自己、做自己喜欢并努力去实现的事情。这些人生经历和经验是书本上学习不到的……"在学生评教过程中，这门课程排名全校第一。学生们对他的认可，让能源深深地感受到了教育带给人的力量和希望。

天山伟岸、秀美，发育了大量风采多姿的剖面，是一个天然的地质大讲堂。能源带着学生在天山实习，大家为眼前的壮观景色所陶醉。记得他第一次带2016级学生在天山实习，爬到山顶休息的时候，同学们问他“为什么来新疆工作”。望着远处的雪山，他给学生们讲了他在新疆的故事。当讲到戴健和李越人牺牲的故事时，他动情地对大家说：“新疆是地质家的天堂，是石油人的沃土。哪里有大山，哪里就应该有我们石油人的身影。大家不一定非要做出什么惊天动地的大事情，但只要在这里扎下根，踏踏实实地干，就是对国家最好的奉献。”2016级学生王良哲听了他的话后，深深地记在了心里。2020年毕业前夕，王良哲和118名留疆毕业生共同给习近平总书记写信，表达了留在新疆、建设新疆的决心，并得到了习近平总书记的回信鼓励。毕业后，王良哲签约新疆油田公司，志愿留在新疆。过教师节时，他给能源发来一条信息：“老师，你在天山给我们上课时讲了你的故事，让我们重新找到了学习的目标。做一名石油人，留在新疆为祖国寻找石油，既是我们的使命，也是我们的骄傲。我希望能和老师一起，为祖国边疆建设做贡献。”

◎ 2018年3月，能源在准噶尔盆地进行实习基地建设和野外踏勘

在克拉玛依校区教学的5年间，最让能源开心的事是自己的学生相继走上了工作岗位，成为油田的建设者。当年种在自己心中的那粒种子不但开了花、结了果，而且还播撒出了更多种子在边疆。当这些种子成为参天大树时，天山南北必会焕发出更加夺目的光彩。

◎ 学生们偷偷拍下能源（中）上课时的样子。他们说，永远忘不了老师举着白板为同学们上课时的模样

◎ 能源（右一）带领学生在天山深处进行野外地质实习

三、带领学生走向世界

曾经参加过国际会议的能源深刻感受到：大学教育不能固步自封，而必须立足全球。国际化是大学发展的必然之路。新疆地处内陆，别说出国了，就是去趟北京坐火车也要36个小时。那么，如何让学生在这样的环境下依然能够进行国际化的培养呢？能源想起了2006年和同学们一起成立AAPG（美国石油地质家协会）学生分会的事。当时他担任中国石油大学（北京）资信学院研究生会的主席，在博士师兄的带领下，他们发起成立了AAPG中国石油大学（北京）学生分会。在2010年，学生分会组队参加了美国IBA大赛，并获得了亚太区第一、全球第六名的好成绩。

在国家“一带一路”倡议的大背景下，他决定在克拉玛依校区建立新疆第一个AAPG学生分会组织，希望同学们在本科阶段就能感受到国际学术研究的氛围。通过近一年的筹备，2018年12月13日，中国石油大学（北京）克拉玛依校区AAPG学生分会正式成立，能

◎ 能源（第二排右一）参加AAPG（美国石油地质家协会）中国石油大学（北京）克拉玛依校区成立仪式

源亲自担任社团的指导老师。看着学生们自信、期待和渴望的眼神，他知道，这些年轻学生的未来值得期待——在他们之中，一定能够走出国际石油工业界的精英！2019年，能源带领着AAPG学生分会的学生迎来了来自法国、越南、印尼等多个国家的留学生，他们在新疆开展暑期地质考察夏令营活动。在活动中，中国人的热情好客给他们留下了深刻印象，他们和中国的师生结下了深厚的友谊，至今仍保持着密切的联系。这些活动为克拉玛依校区的学生走向全球搭建了重要的平台。目前，AAPG学生分会的成员已经走向了国内和国际的知名院校、企业，逐步成为石油工业的有生力量。

四、"到祖国最需要的地方去"

2020年7月，克拉玛依校区培养的第一届学生毕业。在这些就业学生中，有超过60%的学生选择留在新疆基层工作，其中就包括能源亲自带过的学生王良哲。

2023年，能源参加了中国青年报社组织的青年茶座活动，面向广大青年学子介绍自己在新疆培养人才的情况，鼓励更多的青年人到边疆去、到祖国最需要的地方去建功立业。他和同事们一起在克拉玛依校区树立了"到祖国最需要的地方去"的标语，以此来鼓励校区的毕业生们扎根西部奉献青春。据统计，在克拉玛依校区已就业的学生中，有超过50%的

◎ 能源和同事们在校区竖立的标语——"到祖国最需要的地方去"

学生留在了新疆，选择在基层就业。这些学生中超过 80% 的学生都来自疆外。把全国各地的优秀学子吸引到新疆培养成才后，鼓励他们留在新疆、建功基层，这是能源和同事们最为自豪和欣慰的事情。

人的一生既可以是一条涓涓溪流，清澈静谧，也可以是激流奔腾，惊涛骇浪；既可以成为瀑布飞奔入深峡，激起浪花千许，也可以成为九曲十八弯的长河，滋养着绿洲和田野。但不管以哪种形式，最终都要流入宽广的大海。能把自己的一生投入到祖国的胸怀，能在边疆绽放绮丽的人生之花，能在高耸入云的天山山脉去聆听 45 亿岁地球母亲讲述的动人故事，这是何等幸运和幸福的人生选择，这又是何等激情澎湃的人生豪迈！能源只是千千万万个投身边疆的建设者中渺小的一员，但这千千万万的力量汇集在一起，却在创造着边疆的奇迹，书写着新疆的历史。祝愿他们都能实现个人的人生梦想，创造属于自己的精神家园。

第二章　闪光人生

仰望天空，在我国航空航天事业中有他们的闪闪星光；俯瞰大地，有他们穿越古老地层探寻宝藏的利剑。纪仁杰带领团队在天马行空的思维空间里尽情驰骋，在上天入地的领域尽显风采。身负儿时的打铁梦想，他从大海的激荡和香江的波澜中，领悟到了自己的使命与担当。在创新创造的征程上，他不断地挑战极限、超越自我，谱写着自己壮美的人生诗篇。

——题记

◎ 2021 年，纪仁杰参加中国石油大学（华东）机电工程学院党代会

第一节 “打铁的儿郎”

纪仁杰的父亲是胶州减速箱制造厂的一名普通工人。

“儿子，走，爸爸带你去厂子里玩好不好？”“好啊！”纪仁杰毫不犹豫地答应着。可能是父亲工作的原因，纪仁杰从小就接触到各式各样的机器，他的好奇心很强，虽然什么都不懂，却什么都想动、什么都想碰。他不明白为什么汽车装上轮子就会跑，好奇为什么电视插上电就会有影像，想知道为什么钟表上弦之后就可以跑很长时间……好奇心首先让他对钢铁和机器产生了浓厚的兴趣。每当父亲工作的时候，纪仁杰就像一个“跟屁虫”一样围着他转。在父亲潜移默化的熏陶下，一颗幻想制造机械的种子悄然在他心中萌芽。

每次去机械厂玩，父亲的同事总是笑称他为“打铁的儿郎”。他最喜欢拆装机械厂里面一些废旧的产品零件，想弄清楚里面到底装了什么东西可以让车子转动。直到有一次，他在拆父亲工位上的一台收音机时，组装不上了，把一台好好的收音机变成了一堆零件散在那里。父亲过来对他说：“儿子，你拆开却装不上，并不是因为你不聪明，而是因为你不懂得它是怎样组成的、它有什么样的结构和运行原理。你如果对一个东西了解得很透彻，那你拆开之后就能很快装上了。”然后父亲只用了很短的时间就将他拆开的收音机重新组装了起来，而且收音机还能像往常一样，可以继续收听节目。父亲的话为年少的他打开了一扇门。自那时起，他对精密的机械更加钟情。

父亲曾对他说：“有梦的孩子，属于远方。尽管有的梦想不会实现，但至少有梦想会让你向上。”那个时候他明白了，梦想是自己的，

◎ 2005 年，纪仁杰本科毕业时在校园拍照留念

谁也拿不走，而自己要做的就是努力实现自己的梦想。

等到再懂些事了，他才发现，原来他小时候破坏了很多东西，明白了父亲辛苦的付出与肩上所承担的责任。但也让他更明白了制造技术对国家的重要性。2001 年 9 月，他如愿考上了石油大学。在填报志愿的时候，他毫不犹豫地选择了机械专业。

第二节　往何处去?

刚开始的大学生活到处都充满着新鲜与陌生，纪仁杰对学校里的各种社团活动都有着浓厚的兴趣，班级的新同学也在彼此熟悉着。在接下来的学习生活中，没有人催促，没有人监督，生活过得有些自由甚至有时自己都觉得有些放纵。这让他想起高中老师说的话——“高中的时候，你们一定要努力，千万不要放松。等到了大学，你们就可以轻松了，想怎么过就怎么过。”他觉得，原来高中老师说的是对的。但在经过了初入大学的兴奋之后，他开始理性地思考自己的大学之路。当理想照进现实，他才发现，原来自己憧憬的大学生活并不完美，自由自在的生活让他失去了原来的学习动力，“三点一线”式的生活让他感到无聊，平时看似匆匆忙忙却毫无所获。时光在消磨，纪仁杰在迷惘。直到一次上马克思主义哲学课时，老师突然提到的一个永恒的哲学命题——“我是谁？我从哪里来？我往何处去？”这令他豁然开朗：他不再是曾经的“打铁的儿郎”。他想起了自己少时的梦想，想起了父亲辛苦劳作的背影。于是，他暗下决心，绝不能再这样迷惘下去了，他要为少时的机械梦而努力，至少现在要把课程学好，基础打牢。

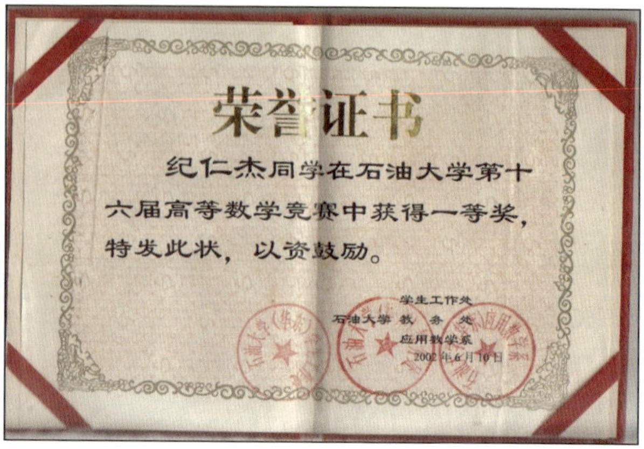

◎ 2002 年，纪仁杰参加石油大学第十六届高等数学竞赛并获一等奖

但真正让他转变的是大二时班级组织的一次助残活动。当时活动方案已定，班里有些人负责制作展板、传单，有些人负责活动宣传，而纪仁杰与室友们前往学校附近的一家残障人士活动中心参与了卫生打扫的志愿活动。本以为只是一次普通的活动，却深深地震撼了他。

来到活动中心后，他看到很多残疾人都没有专用的设备来帮助他们正常生活，有的残疾人没有假肢。但即使是这样，他们依然笑得很爽朗。

回到学校后，纪仁杰开始查阅相关资料。他了解到，由于中国在机械制造技术方面相对落后，高仿真的机械义肢虽然灵活方便，但价格昂贵，让许多人无法承担。而对于那些能够帮助人们解决基本生活需求的机器人，更是遥不可及的奢望。这个事实让纪仁杰深感心情沉重。他开始思考如何运用自己的专业知识和技能，为残障人士提供更实用、更能负担得起的解决方案。

这次助残活动是一次心灵的触动和成长的契机。它让纪仁杰深刻地认识到中国机械制造技术的落后，也唤醒了他对社会责任的思考。这次活动给了他深深的启示和动力，成为他人生道路上的一个重要转折点。他终于下定决心，要为提升中国机械制造技术水平贡献自己的一份力量。科学大师斯蒂芬·霍金说过："如果一个人没有梦想，无异于死掉。"有理想才有未来，虽然他还仅仅是一个尚未走入社会的大学生，但他已经有了要为之奋斗的方向。

有梦想的人生是饱满的，年华虚度的人生注定毫无意义。只有付出艰辛，才能破茧成蝶、孕沙成珠。秉持着这样的信念，纪仁杰加入了学校的大学生科技协会。他第一次参加科技活动制作的是一个用来灭火的简易机器人。当时的机器人大赛是整个学校大学生科技活动的一大盛事。从购买材料到设计、制作以及调试，他们投入了大量的心血。然而，在初期阶段，他们的机器人的遥控移动装置始终无法正常运行。在提交作品前的最后几天，大家都心神不安。但是，永不言弃的信念最终没有辜负他们的付出。在一位学长的悉心帮助下，他们最终成功调试了程序，成功参赛并获得了第三名的好成绩。这次比赛经历让纪仁杰对科技活动有了更深刻的了解，尽管他知道距离所谓的科研还有很长的路要走，但这次经历为他打开了一扇窗，让他看到了科技与创新的无限可能性。他意识到，科技活动不仅是一种竞赛，更是一种探索和实践的机会，是获得知识和技能的重要途径。

◎ 2005 年，纪仁杰参加山东省大学生机电产品创新设计竞赛

经过 4 年的努力，纪仁杰的必修课成绩优良率达到了

98.2%，综合测评连续3年排名专业第一、连续两次被评为中国石油大学（华东）优异生，并先后获国家奖学金、中国石油奖学金、胜利石油成才奖学金等诸多奖励和荣誉。但他知道，他的科研之路才刚刚开始……

第三节　在孤独寂寞中前行

2003年9月，刚上大三的纪仁杰就凭借综合测评专业排名第一的成绩，优先获得本硕连读资格。他的本科专业是机械电子工程，在选择研究方向时，他想起小时候父亲总说美国技术垄断，而中国技术相对落后。印象深刻的是他提到1979年邓小平对美国进行正式访问时的一件事。在访问过程中，小平同志参观了美国太空总署的航天中心，还参观了拥有最先进的油井钻探技术的休斯工具公司，参观了实验和生产钻头等器材的车间，并获赠一枚钻油井用的钻头。这是他访美期间收到的技术含量最高的一件礼品。小小的一枚钻头竟然是技术含量最高的一个部件，听起来让人不可思议，但却是事实。不仅是因为钻头的结构复杂，更是因为钻头的特殊使用要求而采用的钻头材质难以加工。而这件事恰恰对他的研究方向产生了影响。于是，他毫不犹豫地选择了难加工材料特种加工方法——电火花加工技术作为研究生的主攻方向。

开始时，导师安排纪仁杰辅助一位博士师兄进行绝缘氧化铝陶瓷电火花铣削加工工艺规律的研究。这项研究需要大量的实验数据支撑。电火花加工的特点和实验中随机误差的影响，要求每种实验条件下必须做7组实验才能获得较准确的结果，且每次实验都需要用精密物理天平分别测出实验前后工件和电极的质量。为了消除测量误差的影响，每个工件和电极又都需要测量5次。纪仁杰主动承担起了这项费时费力的工作。每天，他都要把当天做过实验的工件和电极进行称重，并测量出第二天要用到的工件和电极，所以经常在晚上 12 点以后才能回到宿舍，舍友都喊他“拼命三郎”。就这样仅用了不到一个月的时间，他们就基本上得到了绝缘氧化铝陶瓷电火花铣削加工的工艺流程。这段经历也让他深深感受到了科学研究的艰辛与乐趣。

2006 年 4 月，纪仁杰以专业第一的成绩获“直博”资格；2007 年 9 月，他开始攻读中国石油大学（华东）机械电子工程专业博士研究生。这段历程为他后来的学术研究打下了更加坚实的基础。但在这个过程中，他也曾迷茫和彷徨过。有一次在做陶瓷材料加工实验时，不知哪儿出了问题，加工效率虽有提高，但总是不尽如人意。因为总是得不到理想的结果，所以耽搁了好长时间。他也曾一度怀疑自己的读博决定是否正确。迷茫中，有一天导师对他说：“有些事情不是因为看到希望才去坚持，而是坚持才能看到希望。科研要耐得住寂寞、顶得住压力，多思考，要懂得及时变通。”听了导师的话，他才又静下心来，仔细思考实验过程中出现问题的各种可能性。终于，辛苦的付出总算有了收获。而这次实验的成果也成就了他博士生涯的第一篇 SCI 的文章，为他坚守科研之路增添了一份自信。

然而这份自信差点被一次意外事件所削弱。他在进行难加工材料研究时获得了较为理想的实验结果，却在不经意间读到了一篇与他的研究成果相类似的文章——原来他做的实验已经有人做过了。他不甘心，把那篇文章从头至尾看了几遍，最终发现，两篇文章虽

◎ 2019 年，纪仁杰参加中国特种加工学会主题教育活动

然研究方向比较类似，但那篇论文内容做得并不深入，而且实验时能量输入也有所不同。于是，纪仁杰就抓住这些不同点，进行了大能量放电铣削加工难加工材料的研究，花了大量时间继续进行实验。最后结果表明，这种针对难加工材料的大能量放电铣削加工方法的加工效率可达到每分钟 21 000 立方毫米，远高于传统电火花加工及普通的机械加工方法的加工效率，并且电极损耗可控制在 1% 以内。这比上述文献中的研究成果有了很大进步。据此，他最终也成功发表了一篇论文。

这次经历让纪仁杰更加懂得了科研的艰辛和不确定性以及创新的时效性。他意识到，在科研道路上绝不是一帆风顺的。但也正是这种挑战和坚持使得他不断获得成长和进步。他深知，要在广泛查阅各种资料中确保自己研究成果的创新性，还要善于抓住与别人的不同点，发现问题，寻求突破。只有持续不断地探索和努力，才能在科研领域取得突破和创新。因此，纪仁杰决心继续追求自己的科研梦想，为机械工程和特种加工领域的发展贡献自己的才华和智慧。他坚信，未来的科研之路必将更加充满挑战，他必须以更加坚定的信念和毅力继续前行。博士研究生学习期间，他以第一作者发表学术论文 25 篇，作为主要参与者参加完成国家和省部级科研课题 4 项，主持完成中国石油大学（华东）全国优秀博士学位论文培育基金项目课题 1 项。

凭借出色的科研能力，纪仁杰在 2011 年获得博士学位后决定留校任教。尽管他已经取得了博士学位，但他深知科研之路并未终结，而教学之路则刚刚开始。

◎ 2012 年，纪仁杰获得“上银优秀机械博士论文奖”

第四节 放下浮躁的心

留校任教之后，虽然曾经教书育人的梦想变成了现实，但纪仁杰很快发现，教学与科研有很大不同。教师是学生的一面镜子，要想背负起这神圣称号背后的责任，就必须首先做好“传道、授业、解惑”这一教师的本职工作，就必须不断地提升自己的教育教学水平，不断学习、进取，确立“边学边教、边教边学、终身学习”的观念，紧跟当代知识的发展步伐。

纪仁杰讲授的第一门课是“互换性与技术测量基础”。他深知这门课的重要性。在攻读研究生期间，他着手设计了一个机床电极的夹紧机构，并将图纸带到机械厂进行加工。当他给师傅讲解完所设计的机构使用要求并把图纸拿给师傅看时，师傅说按照机构的使用要求，根本没有必要加工到图纸上的设计精度，而如果非要按照图纸上的设计要求进行加工的话，成本要高出 10 倍。纪仁杰认真审视着图纸，发现自己错误地将所有部位的表面粗糙度标注为 Ra0. 8，而实际上许多部位并不需要如此高的粗糙度要求。这次经历让他彻底明白，在设计产品时必须综合考虑实际使用要求和加工成本，而不仅仅是简单地绘制图纸。这次教训对纪仁杰产生了深远的影响。从那以后，他在设计过程中更加注重与实际需求相匹配的精度和表面处理要求，同时兼顾加工成本的控制。

◎ 2020 年，纪仁杰在中国石油大学（华东）给新生讲课

因为并不熟悉这门课的内容，也从未讲过这门课，他就

提前用整整一个暑假来准备这门课，做到了对课程知识的融会贯通，确保熟知每一个知识点。在每次上课之前，他都写好教案，并去听同门课的另外一位具有丰富教学经验的老师讲课，然后根据他讲解的过程以及学生的学习情况修改和完善教案。在课间休息的时间，他经常跟学生进行交流，了解学生对知识的掌握情况以及对授课方式的意见。授课完毕后，他会根据上课过程和学生的反应进行反思和总结，做好记录，以便在后面的讲课过程中进行修改和完善。

尤其是在讲“公差原则”这部分内容时，有个学生告诉纪仁杰不明白相关要求中最大实体要求的使用规则。这部分内容中涉及的相似的尺寸、原则及要求很多，而且这部分内容也是该门课程中很重要的一个章节，学生学习起来确实有一定困难。他当时想，这一定不是个别现象，于是问了一下全班同学，果然大部分同学只是粗浅地了解，却不知道具体怎么去区分这些尺寸、原则与要求。于是，他就又花了一节课的时间，以轴和孔为例，进行了详细的讲解。最后，所有同学都真正理解和掌握了该部分内容，期末考试的成绩也证明了这一点。当这门课的成绩公布的时候，他所教的那几个班成绩最好，而且学生对他的综合评价也较高，让同事们都很吃惊。但只有他自己知道这其中所付出的艰辛与努力。经过一个学期的锻炼，他不仅增强了自信，而且对教学与讲课有了自己的理解与认识。

为了更好地把课讲好，他不拘泥于书本上的理论，而是与科研和生产实际相结合。他把在企业、科研院所和学术会议上遇到的一些对课堂有用的信息用手机拍下来，加到讲课的课件里，既丰富了课堂内容，也提高了学生们的学习积极性。“做一件事，就要尽心尽力去做好。”这是纪仁杰的人生信条，也是他对待科学研究的态度。“我很佩服纪老师的科研能力。他做实验特别认真仔细，比我们学生还要起早贪黑，无论是周末还是假期，经常看到他在实验室里加班加点。”纪仁杰的博士研究生张凡如是说。

身在教师队伍，就要做一名合格的高校教师，就要爱岗敬业，热爱学生，以身作则，为学生立心。对待学生更要见微知著，及时了解他们的思想动态，并利用自己的阅历，给学生提供一些学习和生活上的建议，让他们少走弯路、加快成长。同时，还要时常向学生传递珍惜时光、不浪费青春的重要意义，让他们认识到时间的宝贵。

2012 年，纪仁杰第一次指导本科生毕业设计时，有一名学生选做的毕业课题是“针对航空合金的高速电弧铣削加工工艺规律研究”。该课题需要大量的实验素材作为支撑，但由于相关的实验设备还在东营校区，所以他需要回东营校区做实验才能完成毕业设计。这名学生在东营待了几天，觉得环境比较艰苦，加上在那边做毕业设计的同学也较少，就不想在东营做实验了，便找了个借口回到了青岛校区。秉持着对学生负责的态度，纪仁杰专门找到这个学生，与他促膝长谈，告诫他：该奋斗的年纪就不要想着安逸，你现在正是青春鼎盛之时，所以更要敢于拼搏。人生的路上不可能也不会全是舒适和顺境，总会遇到一点挫折与失败，如果在困难面前只是一味地逃避，那如何能成长，如何能达到自己的目标。纪仁杰还用王涛老部长“勇往直前、永不回头”的波涛精神对其进行勉励，让学生很受感动与鼓舞，自觉回到了东营做毕业设计，而且在此后的毕业设计中一直表现很好。该学生平时成绩大概在全专业排 130 名左右，全专业 206 名学生参加毕业答辩，优秀本科毕业设计论文仅有 9 篇，而该学生的论文就是其中的

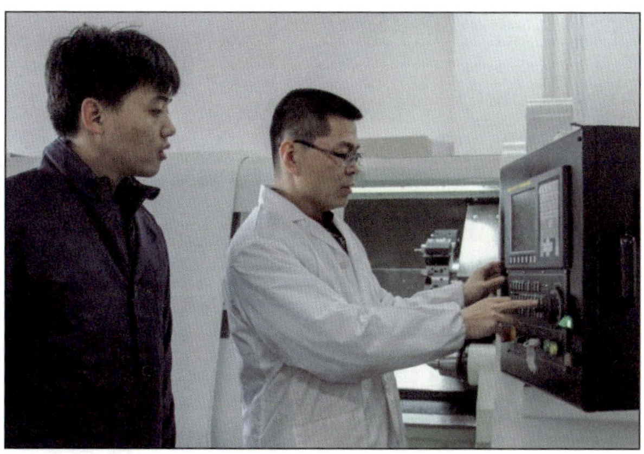

◎ 2018 年，纪仁杰在中国石油大学（华东）指导学生毕业设计

一篇。“他取得的成绩让我倍感欣慰，也让我在对待师生问题上多了一份理解与成熟。”纪仁杰深有感触地说道。

由于科研与教学成果突出，在 2013 年 1 月进行的学校职称评审中，工作仅一年半的纪仁杰被破格晋升为副教授，成为该年度全校破格晋升副教授的 7 名教师之一，也是该年度机电工程学院唯一破格晋升的副教授。

第五节　香江学者

2014 年 8 月 21 日，学校接到了全国博士后管委会的通知，纪仁杰成功入选 2014 年度“香江学者计划”。该计划由全国博士后管委会与香港学者协会联合实施，于 2011 年正式启动，旨在将内地的人才资源与香港的研究资源紧密结合，以培养造就世界一流科技人才。全国博士后管委会每年选派 50 名左右内地博士到香港指定的大学，在港方合作导师的指导下，以合约研究人员的身份开展博士后研究工作，为期两年。2014 年度共有来自全国“985 工程”“211 工程”重点建设高校，中国科学院、国家重点实验室及全国优秀博士后科研流动站等 131 家设站单位的 317 名博士递交申请，涉及近 60 个一级学科。其中 117 位博士通过了中国博士后科学基金会组织的内地专家评审组的严格初选；经过香港导师与候选人的沟通协商和香港学者协会

◎ 2015 年，纪仁杰在香港理工大学学习

组织的学术委员会的评议审查，最终确定了57名资助人员及4名候补人选，纪仁杰有幸成为了这57名中的一员，而他所在的机械工程学科仅1人入选。

纪仁杰激动地给父亲打去了电话，说：“爸，我有个好消息要告诉您。我成功入选了‘香江学者计划’，获得了在香港进行学术交流与研究的机会。”父亲说道：“你的辛勤付出和才华得到了认可，这是对你一直以来的努力和敬业精神的回报。我一直相信你的能力。儿子，学无止境，这只是你人生中的一个里程碑，还有更多的挑战和机遇等着你。”父亲的话让纪仁杰回想起自己奋斗的历程和对学术的热爱，每个晚上熬夜研究文献和实验数据的场景一一浮现在他的脑海之中。父亲相信他的能力，这种信任给予了他巨大的鼓舞和动力。纪仁杰明白，学无止境，他追求知识和突破的欲望不会止步于此，他将继续努力学习、追求卓越，为科学研究和教育事业做出更多的贡献。

2015年2月—2017年2月，纪仁杰在香港理工大学超精密加工技术国家重点实验室师从杜雪教授进行了为期两年的博士后研究工作。该实验室是天津大学和清华大学精密测试技术及仪器国家重点实验室的伙伴实验室，主要是对超精密加工技术和纳米表面测量进行研究，从而提高香港及中国大陆先进光学和关键精密部件的设计、制造和测量的能力。在这两年期间，他主要从事镍基高温合金、钛合

◎ 2015年，纪仁杰在香港获“香江学者奖”

金等难加工材料的表面纳米化处理研究，开发出了超声电脉冲复合处理技术。与常用的激光处理技术相比，他所研究制备的纳米层厚度提高了 40 多倍。除此之外，他还利用在香港的优越条件，积极扩展自己的学术交流活动。在香港合作导师的指导下，他先后参加了 Aspen2015、IMCC2015、NanoMan2016 等领域内的国际知名学术会议，认识了一批相关领域的知名专家，大大开阔了自己的国际视野。回学校后，他协助团队负责人组织召开了中国机械工程学会特种加工分会十届四次常务理事会、第九届全国电火花成形加工技术研讨会、中国航天科技集团有限公司第八届特种加工工艺技术研讨会等多个学术会议，大大提高了石油大学机械工程学科的社会学术影响力。

在黄岛，纪仁杰每天面对着大海；在香港，纪仁杰每天面对着香江。这是非常巧合的注定，也是他人生中一段难忘的历程。不管面对的是大海还是香江，他都努力成为其中一滴闪亮的明珠。小时候的梦想、大学时的梦想也在他的不懈努力下，一步步成为现实。

第六节　三尺讲台天地宽

2017 年 2 月结束香江学者研究工作之后，纪仁杰又回到了中国石油大学（华东）任教。秉持着“奉献不言苦，追求无止境”的信念，他在自己的工作岗位上勤勤恳恳、兢兢业业。

“立业先立人，立人先立德”。这是纪仁杰教书育人的一贯原则。纪仁杰的课程深入浅出又幽默风趣，深受同学们的喜爱，其教学评价一直位于全院前 5%。他在授课时不仅重视对基本概念和理论知识的讲解，同时注重传授先进的学术思想和严谨的治学态度。他是一位名副其实的严师。他常说：“做一件事，就要尽心尽力去做好。”身兼数职的他不管多么繁忙，总是把学生放在首位。每一篇研究生论文，他都坚持亲自把关，大到论文架构安排，小到标点符号，都与大家一起反复斟酌，查找资料、推导公式，每篇论文都要修改数次。他的严谨治学精神深深地影响着每一位学生。在他的指导下，学生们在专业顶级期刊和国际会议上已发表几十篇学术论文。从教10余年来，纪仁杰先后讲授10余门专业课程，在他所带的几十名学生中涌现出了一大批优秀代表，以他作为导师的研究生高端装备制造党支部入选全国高校党建样板党支部。在工作中，他坚持为人师表、以身作则，用实际行动诠释着教师的责任与担当，努力做学生成长成才的引路人。

◎ 纪仁杰团队合影［2021年拍摄于中国石油大学（华东）］
（第一排左起：郑　茜、张　凡、杨泽林、纪仁杰、高清华、金　辉
第二排左起：刘　政、李志建、卢帅辰、刘胜贵、韩　坤、崔晓风）

在本科生培养方面，作为机械设计制造及自动化专业的负责人，他一直潜心教书育人，力争用大爱点燃学生的思想火花。自从登上三尺讲台，他就一直努力要做一名好教师。在他心中，人才培养永远是第一位的，所以他始终把助力学生成长成才视为自己人生最大的乐趣和享受。每次讲课前，他都要努力“更新”自己的知识，每

讲一堂课都要用4倍的时间去准备。纪仁杰认为，作为一名教师，仅仅从学业角度关注学生的学习是远远不够的，还需要进一步了解学生，走进他们的内心。他能清楚地记住班里每一位同学的名字，对于他们的性格、家庭住址和学习情况，纪仁杰都牢记于心。在学习之余，他经常和学生们聊天，为学生指点迷津，以真心换真心，做他们的良师益友。在他的学生们看来，纪仁杰在课堂上是一位值得尊敬的师长，在生活中则是一位无话不谈、善于倾听的朋友。在疫情期间就业相对困难的情况下，纪仁杰通过多次谈话，帮助多名学生转变就业观念，顺利找到了合适的工作。

对纪仁杰来说，自己最重要的事情就是教书育人。在“机械工程基础”这门课上，纪仁杰下足了功夫。他说，“这门课是机械专业的入门课、奠基课。只有把这门课程搞清楚，才能在这一领域里走得踏实、走得长远”。在备课阶段，他向已经上过这门课程的学生征求意见建议，在得到“理论概念不好理解”的答复后，他便把实验室“搬”到了课堂上，合金渗碳钢、高碳铬轴承钢、蠕墨铸铁、球墨铸铁……教室的讲台上摆满了他上课时要用的“道具”。他的学生王立鑫在课后说道：“老师上课时的实物展示和过程演示给我的印象十分深刻。老师对受力分析的讲解也让我在之后无论遇到多么复杂的问题，也都能按照老师的方法顺利地进行解决。”

◎ 2020年，纪仁杰获中国石油大学（华东）师德标兵

在研究生培养上，纪仁杰坚持立德树人、因材施教。他根据学

生的个人特点和专业背景设置不同的研究课题，且每个课题都具有一定的超前性、适度性和挑战性。纪仁杰始终坚持“实践出真知、肯干才能出成绩”的育人理念，注重言传身教。除传授知识之外，他更加注重对学生创新能力的培养。他尊重每位学生的思维，鼓励学生说出自己的想法和思路，哪怕想法不成熟也不会批评他们，并以自己的吃苦耐劳和锲而不舍给学生做出榜样和示范。纪仁杰告诫学生：“科研最重要的品质就是坐得住，踏踏实实做好眼前的事。这非常考验一个人的耐力和与孤独打交道的能力。如果享受不了这份孤独，搞科研对你来说将会十分痛苦。”纪仁杰注重及时了解学生的思想动态，并利用自己的人生阅历帮助和引导学生积极健康地成长。他说：“科研人应该具备从头再来的勇气，要甘坐冷板凳。做实验失败是常有的事情，要学会接受实验的失败。”他坚守为国育才的使命，鼓励学生立足专业解决实际问题，学以致用，去实现自己的人生价值。目前，纪仁杰已经指导毕业硕士研究生 21 人，在读博士研究生 2 人、在读硕士研究生 18 人。

在做班主任期间，纪仁杰向初入大学的学生们描绘了大学生活的宏伟蓝图，勉励他们以学业为主，全面发展。在他的指导下，班级形成了团结、奋进、向上的氛围。纪仁杰心里时刻装着学生，连续多日联系各班委了解班级情况，并邀请任课教师给同学们“开小灶”，进行学习方法辅导；单独联系成绩不理想的同学进行一对一谈话，帮助其调整学习方法。也正是如此的悉心指导，班级的多名学生保研至北京航空航天大学、北京理工大学等名校，班级取得了就业率 100% 的佳绩。4 年来，他引导学生们树立正确的世界观、人生观和价值观，培养学生坚毅的品格，彰显新时代大学生的责任与担当。在他的教导下，多位学生以青春担当积极参与抗“疫”行动。其中，张永健参加抗击疫情志愿服务的故事被新华网、学习强国等进行报道，并获得了山东省大学生“青春贡献奖”。

纪仁杰自2017年12月开始担任机电工程系系主任。上任以来，他坚持团结班子、服务师生，积极与系党支部书记、系副主任及经验丰富的老教师商讨机电工程系的发展问题。在2018年机械设计制造及其自动化专业进行工程教育认证过程中，在学校和学院领导的正确指导下，他发挥党员的先锋模范作用，成立了专业认证服务队，团结带领系班子成员和系里全体教师，从自评材料的收集、自评报告的撰写到后续专家进校考察阶段，都投入了大量的时间和精力。在准备专业认证的一年多时间里，他没有休息过一个周末。除了正常的工作时间外，他坚持每天晚上到学校准备与梳理材料。专业认证材料一共分为7章，他负责了其中3章内容的收集与撰写。对其他材料的情况，他也基本掌握。在专业认证最关键的一个月时间里，他的体重下降了10斤。最终，机电工程系的专业认证工作得到了进校专家的高度评价。专业认证通过后，西安石油大学、山东科技大学等兄弟院校纷纷前来交流专业认证工作经验，青岛理工大学还多次邀请纪仁杰到校交流专业认证经验。

◎ 2022年，纪仁杰在华中科技大学参加科技研讨会

在为本专业学生寻找对口实习基地的过程中，纪仁杰本着对学生负责的态度，充分利用各种资源，多次奔赴实习现场实地考察，

最终确定了适合当前培养目标的胜机、雷沃、豪迈等 12 家单位。在日常工作中，纪仁杰时刻告诫自己要“老老实实做人、踏踏实实做事”，尽自己最大的努力抓好系里的各项工作。为此，敢于担当作为，事事狠抓落实。在学校的岗位考核与聘任工作中，纪仁杰认真传达学校的各项相关政策，并多次组织系班子和全系老师开会集体商讨，并以考核和岗聘工作为抓手，积极推动系教师团队建设稳步前进。

纪仁杰不断加强自身的思想锻炼，在认识上、行动上始终与党中央保持高度一致，在工作上坚持学以致用，将政治理论、业务素质与国家重大需求紧密联系起来，将个人命运与国家发展紧密联系在一起，为伟大的“中国梦”“石油梦”的实现努力奋斗。近年来，纪仁杰先后获评学校优秀共产党员、师德标兵、优秀教师等荣誉称号，并于 2022 年光荣当选为山东省第十二次党代会代表。

◎ 2019 年，纪仁杰（右一）走访青岛汇才机械制造有限公司实习基地

第七节　“重器”在肩

2009 年，纪仁杰获得首届“王涛英才奖学金”。这是他人生的

又一大转折点。“王涛英才奖学金”的主旨是鼓励创新型优秀人才脱颖而出。从此，他励志勇攀高峰。他积极投身于大国重器的研究开发之中，带领团队在刘永红教授的指导和帮助下，在油气开发、航空航天、氢能开发利用等领域产出了一批批重大科研成果，为制造强国贡献着自己的力量。

针对航空航天、军工等领域应用日益广泛的高温合金、钛合金、硬质合金等难切削材料构件的加工难题，纪仁杰带领高端装备制造技术创新团队突破传统的电火花加工理论与技术，提出了高能脉冲电火花高效铣削新技术，开发出了高能脉冲电火花放电高速化铣削智能化数控机床。

电弧铣削技术是一种利用工具电极与工件之间电弧放电产生的高温对工件材料进行去除的新型加工方法。与电火花放电等离子体相比，电弧放电等离子体具有更高的能量密度和电热转换效率。高速数控放电铣削机床的刀具是几块钱的石墨管，而机械刀具一把则需要上千元，而加工一个零件需要好几把刀具。该技术的运用大大节约了成本，提高了加工效率。通过多次试验，他们把火箭涡轮排气零件加工时间从24小时缩短到8小时以内，保证了重要航天任务的顺利完成，快速、圆满地解决了长征五号火箭发动机关键零件加工难题，助推了中国航天事业的发展，为国家重点战略的实施做出了重要贡献。其相关事迹被《中国青年报》、新华网、学习强国平台等进行了宣传报道。

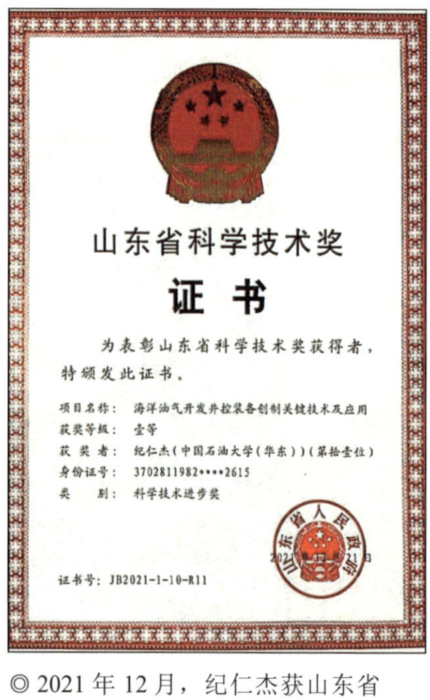
山东省科学技术奖

证书

为表彰山东省科学技术奖获得者，特颁发此证书。

项目名称：海洋油气开发井控装备创制关键技术及应用
获奖等级：壹等
获 奖 者：纪仁杰（中国石油大学（华东））（第拾壹位）
身份证号：3702811982••••2615
类　　别：科学技术进步奖

证书号：JB2021-1-10-R11

◎ 2021年12月，纪仁杰获山东省科学技术奖一等奖

“在高端装备制造领域，我们的加工技术仍有很大的进步空间。”让大国重器上天入海，纪仁杰一直奋斗在路上。

面对“双碳”战略的不断推进和氢气需求不断增长的难题，如何才能进行更低成本的绿氢制备，纪仁杰打开了一条减碳制氢的新思路。传统的电解水制氢方法存在工艺复杂、制氢成本高、稳定性差等问题，针对此行业痛点，纪仁杰团队提出用石墨/镍复合阳极高频冲喷电沉积增材制造电解水制氢电极，利用传统电沉积中有害的尖端效应产生的局部高强度电场和高速冲液产生的高速流场的协同作用，实现了电极从宏观结构到微观形貌的协同制造。这种方法不仅无碳排量，有力地支持了“双碳”目标的实现，而且制造成本更低、制氢效率更高、电极结构可跨尺度调控。

这项研究成果的灵感来源于一次失败的实验。纪仁杰带的博士生张凡正致力于新能源电池的研究，而促成这次“跨界”的正是刘永红教授的鼓励。“研究其实源于一个废品。”张凡在一次尝试用3D打印技术制造新型密封薄膜时，由于参数错误，导致他得到了一团银黑色的花状物体。其中除了镍的材质，张凡对这个成品一无所知。他捧着这团“报废”的物体咨询刘永红，却意外地得到刘教授的建议：“这是一种很好的新现象，应该深挖这个点。”刘永红在科研领域的洞察力给了张凡信心，他不断在此基础上改进，最终得到了一个类似电极片的物体。张凡想到曾经在学校学报上看过一篇关于电解水制氢方面的文章。他把这篇文章重新找来阅读，了解了这一技术的应用范围，并最终确立了向新能源电池领域探索的可行性。“我们将‘有可能行’转变为确定的用途，向着可能的方面不断优化、改进。”刨根究底，从一次次失败中找到问题的答案，这是纪仁杰团队成功的密钥。纪仁杰秉持节能环保的理念，致力于提升技术创新水平、构建绿色低碳产业体系，为我国开发新型清洁能源，实现国家“双碳战略”做出了积极贡献。而团队内的故事，也将在时间的长河中，闪耀出永不熄灭的光芒。

类似这样吃苦耐劳、扎根一线的事情，在纪仁杰的科研生涯中还在一直重复上演着。新疆风城油田环境恶劣，使得刚投入应用20年的专用井口面临报废危险，如不及时更换，油田将面临大范围停产。为此，纪仁杰走访了20多个国内外油田、查阅了近万份国内外文献资料、进行了数千次科研实验，研发出了能破解该难题的新工艺和新装备，提出了井口等离子高效切割与电弧精密切割相组合的新方法。在这个过程中，他克服严寒酷暑，带着设备来到风沙漫天的风城油田，与生产一线的油田工人同吃同住，带领团队成员夜以继日钻研，仅用时4个月便攻克了关键技术难题，累计切割更换注气井50余口，节省作业费用2 000万元以上。以该成果为基础，团队共发表相关高水平SCI论文10篇，取得授权发明专利8项、国际发明专利3项，荣获第七届中国国际"互联网+"创新创业大赛山东省金奖、第七届中国研究生能源装备创新设计大赛全国特等奖（全国仅2项）等。

◎ 2019年，纪仁杰在克拉玛依生产一线

在一个寒冷的冬日，纪仁杰和团队成员来到克拉玛依油田，进行新工艺和新装备的研发工作。然而，面对着严寒的气候和风沙肆虐的环境，团队的设备频繁出现故障，科研实验无法顺利进行。正当团队陷入困境时，一位年过七旬的老油田工人主动走了过来。他是这里的一名老钻工，从事油田工作已经超过半个世纪。老人看着纪仁杰团

队艰苦的工作条件，心生同情和敬意，主动提供了自己的一些设备，希望能够帮助团队顺利完成研发任务。这位老钻工的善举打动了纪仁杰和团队的每一个人。于是，纪仁杰和团队成员决定对所有的设备进行彻底整修，确保能够顺利进行科研实验。在接下来的日子里，团队成员和老钻工一同努力，一同吃住，一起讨论问题，一起研究解决方案。老钻工不仅传授了团队很多宝贵的经验，还教会了他们许多适应风沙肆虐环境的技巧。在大家的团结协作下，纪仁杰及其团队终于攻克了关键技术难题，成功研发出了新工艺和新装备。

对于习近平总书记提出的“从经济社会发展和国家安全面临的实际问题中凝练科学问题，弄通‘卡脖子’技术的基础理论和技术原理”，纪仁杰一直铭记在心。他发现，绝缘及弱导电工程陶瓷因具有优良的物理和化学性能，在现代工业中也得到了广泛的应用，但由于其硬度高、脆性大、断裂韧性低，加工过程十分困难。面对这一难题，纪仁杰在心里暗暗下定决心：一定要突破瓶颈，用自己的知识破解“卡脖子”难题。从“啃书本”到实践，从 11 本专业书籍、100 多页的摘抄总结、6 万多字的反复研读，到 3 个月的实验室披星戴月和 300 小时的加工实践，他的努力终于换来了绝缘工程陶瓷双电极同步伺服跟踪电火花铣削加工新技术的成功。这一新技术，揭示了放电等离子体的微观物理特性与能量时空的转换机制，并据此建立了多场耦合电火花铣削加工的材料蚀除模型。这一成果填补了我国陶瓷双电极同步伺服跟踪电火花铣削的空

◎ 2019 年，纪仁杰带领团队获评山东省青春担当好团队

白，打破了国外的技术垄断。相关研究成果获教育部科技进步奖二等奖 1 项，取得中国发明专利 9 项；据此撰写的博士学位论文获全国优秀博士学位论文提名奖和上银优秀机械博士论文铜奖，1 篇论文获中国机械工程学会优秀论文奖；据此撰写的两部英文专著均由科学出版社出版，相关学术论文发表在《International Journal of Refractory Metals and Hard Materials》、《中国科学》等 10 余种相关学科的国内外权威期刊上，得到了国内外同行专家的高度评价。

回首往事，从少不更事到初入大学，从保研学习到留校任教，30 余载的磨砺让纪仁杰少时的梦想化为今日的现实。如今，曾经的一切长留心间，而他得到的不仅是人生的充实、意志的磨练、能力的提升、价值观的塑成，更让他懂得了对梦的坚守、对科研和教学的执着。踔厉奋发，笃行不怠。纪仁杰在科学探索的道路上一步一个脚印地扎实迈进着，步伐坚定而执着。

第三章　他从小土屋走来

“没有岩石的阻挡，哪能激起美丽的浪花”。在刘东的人生之路上，无论有多少艰难，他都接受梦想的指引，不懈追求，如夸父追日般执着。因为他相信，总有一天，生命之花终将绽放出绚烂的光彩。

——题记

◎ 2013 年 8 月 16 日，北京人民大会堂。参加“中国梦·劳动美”铁人精神永传承报告会（前排左四为刘东）

2013 年 8 月 16 日下午，北京人民大会堂内群星璀璨，掌声雷动，“中国梦·劳动美”铁人精神永传承报告会在这里举行。作为中海石油（中国）有限公司天津分公司的一名职工代表，刘东有幸第二次跨进人民大会堂，参加了这次报告会。“中国梦·劳动美”，从石油英模们的报告中，刘东读懂了这六个字。“拥有梦想，追逐梦想，实现梦想”，让刘东对“梦想”充满了崇敬。同时，也在他激动不已的心底不断涌出这些年关于追梦的记忆……

第一节　小土屋

在追梦的道路上，每个人的起点不同，但终点却有可能相同。一间满是裂痕的小土墙房子，打开一扇被虫子咬得满是窟窿眼的小木门，里面堆放着风车、背篼、锄头等各种农具。刘东的追梦之路，就是从这间小土屋出发的……

一、在没有父亲的日子里

听母亲说，刘东长得很像父亲。但非常遗憾的是，刘东从来没有机会知道父亲究竟长什么样，从来没有机会当面聆听父亲的教诲。因为父亲去世时，刘东刚好1岁零1个月……

1986年正月二十四，四川内江，一个极其普通的日子。随着一声啼哭，一个新生命诞生了。父亲希望这个孩子能够像海里的波浪一样，习惯起起伏伏，经受住各种考验，于是给他起名为“张海波”，小名“海波”。

父亲18岁去云南当兵，22岁退伍后娶的母亲，转业后在镇上的供销社工作。父亲参加工作的时间不长，两年后就在工作时发生意外触电身亡了。听母亲说，最后从镇上带回家的只有父亲的骨灰盒。那时父亲还不到24岁。

关于父亲的去世，刘东（张海波）没有任何印象。等他长大些后，曾多次听人说起当时的情景：母亲哭得死去活来，昏倒过很多次。面对父亲冰冷的遗体，看着襁褓之中嗷嗷待哺的孩子，面对以后的生活，他的母亲不知该有怎样复杂的心情。多年以后，刘东的好奇使他好几次想问母亲，父亲去世时她有怎样的内心世界？但很多次，当话要到嘴边的时候，就又停住了。他实在不忍心去碰触母亲心里那永远的痛。

然而多年以来，刘东心底却一直有一个愿望——渴望了解自己的父亲。由于没有照片留下，他唯一的办法就是从邻居的话语中认识父亲：他很孝顺，每次从镇上回家都会买一些好吃的放在祖父的床前；很懂事，帮着爷爷奶奶干重活，照顾5个弟弟妹妹；乐于助人，周围邻居有什么事，他都热情帮忙……虽然刘东不能亲眼见到父亲，不能当面聆听父亲的教诲，但从乡邻们的只言片语中、从他诸多让邻居赞不绝口的事迹中，刘东已经感受到父亲的诸多优秀品质。刘东心里暗暗告诉自己，要像父亲一样，做一个“大写的人”。

2023年年初，家乡修高速公路，刘东收到当地政府的通知，带着母亲一起回到四川老家给父亲迁坟。在办完迁坟的事情后，刘东带着一线希望，四处寻找父亲当年的战友，奔波在村里、忙碌在镇上和县政府档案馆等地方，为的是查寻父亲的事迹。通过十多天不懈的努力，刘东终于从父亲的战友那儿辗转拿到一张合影。30多年来，他第一次见到了父亲的样子，并为自己的军人父亲而深感自豪。父亲1979年入伍，在中国人民解放军陆军第11军第32师35113部队

◎ 1980年，中国人民解放军陆军第11军第32师35113部队61分队通讯一连总机班战友合影（前排左一为刘东的父亲张弟铭）

61分队通讯一连服役，直到1983年退伍，期间受过两次嘉奖。11军32师，二野头等主力师、老山对越防御轮战第一师。军人后代、红色基因……刘东静静地告诉在另一个世界的父亲：遇到困难时，我要像军人那样思考，像军人那样去战斗！

在刚刚失去父亲的那段日子，母亲生活得很艰难，山上山下、里里外外全靠母亲一个人张罗。在农村，孤儿寡母很难不受委屈。遇到农忙时节，母亲要上山干活，亲人也有很多农活要忙，大家都无力照看小刘东。母亲怕孩子被人欺负，不愿把他一个人放在家里，所以她干活的时候，就经常把孩子背到山上去，放在土沟里，让他在土沟里独自玩耍。

刘东小时候经常生病，把母亲折腾得疲惫不堪。那时候农村的医生很少，谁家得了病都只能走山路到几里以外的大夫那儿看病。很多个夜晚，母亲背着孩子，打个手电筒就去找医生。好几次，当他一觉醒来，睁开眼睛，却发现自己趴在母亲背上，或是在山岗上，或是在田野中，母亲正拿着电筒赶路呢。长大以后，刘东才逐渐明白当时的母亲有多么焦急：他是她生活的全部希望，甚至是她生命的全部支柱。

母亲自己省吃俭用，却经常为他补充营养。他小时候身体弱，母亲就经常为他买些猪肉，剁成肉泥，和点红薯粉，给他做清汤丸子吃。等刘东上学前班的时候，他终于学会了一首歌，便经常一个人在心中默默地唱着：

世上只有妈妈好，
有妈的孩子像个宝。
投进了妈妈的怀抱，
幸福享不了。

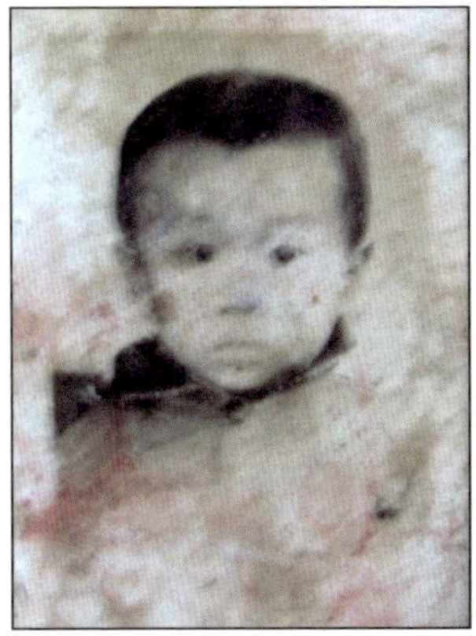

◎ 1988 年，两岁时的刘东

母亲既当爹又当妈，在艰难的生活中独自一人抚养刘东。开始时，母亲并没有改嫁的打算，反而做着长期与孩子相依为命的准备。为了改善生活，母亲用辛苦积攒多年的两千多元钱盖了两间新瓦房。刘东 5 岁时，多年日子的艰难、亲情的冷漠，最终让母亲深感绝望，让她选择了毅然离开，改嫁到同镇另一个村子的刘家。母亲怕把刘东留下受委屈，临走时对爷爷奶奶说："房子我不要了，粮食我也不要了，但是孩子我一定要带走。"爷爷奶奶坚持要将刘东留下，刘东当时又哭又闹，嚷着要妈妈。最后，在外公的干涉下，爷爷奶奶才做出了一个让人颇为费解的约定：同意母亲把刘东带走，但等她把他抚养到 16 岁时，再将他送回到爷爷奶奶身边。就这样，在刘东 5 岁那年，他和母亲一起来到了一个陌生的新家。

◎ 2012 年，四川内江。小土屋——孕育读书梦的地方

关于之前与母亲相依为命的那段生活，刘东的脑海里只残存了些记忆碎片。从母亲和邻居的回忆中，他隐隐约约地感受到几个字：艰难和冷漠！而到新家之后的生活，虽然还是一如既往地贫困，但是多了亲情的温暖，母亲的笑容也渐渐多了。

二、孕育读书梦

“打开书本，整个世界就在你眼前”，刘东特别喜欢看书。他喜欢他的小土屋，经常一个人沉浸在书中，书中五彩缤纷的世界令他神往。通过书本，他仿佛走出了大山，来到了天安门前。小学一年级第一课就是《我爱北京天安门》，当时学这篇课文的时候，他的心中对首都北京充满了向往……

新家在半山腰上，有三间瓦房和一间小土墙房子。那间小土屋是座老房子，本来以前有四间，由于风吹雨淋，有三间屋子都倒塌了，现在只剩下一间，墙上开裂了很多缝。那间小土屋，就是刘东的小天地，是伴随他成长的地方。

继父排行老大，兄妹四人，父母早亡，他独自一人将两个弟弟一个妹妹抚养成人。到新家后，他的名字由张海波改为刘东，但大家依然叫他的小名“海波”。刘东 6 岁时，弟弟刘彬出生。继父是个庄稼人，一年四季地里种些小麦、红薯、玉米，田里种些水稻。刚开始的那几年，母亲和刘东没有田地，再加上收成不好，每年苦没少受，可一年下来常两手空空，粮食根本不够吃。他们就靠养些蚕挣点零花钱，后来县里的丝厂倒闭了，蚕茧卖不出去了。于是养猪成了家里唯一的经济来源，平时的柴米油盐等全靠每年的几头肥猪，生活经常入不敷出，要靠外公接济。

家乡属于丘陵地带，山多，水也多。就在离家不足 3 里地的地方，有一条河从村子边绕过，穿梭于山沟深处。刘东特别喜欢夏天，经常吃完午饭等大人们午休的时候，就同村里的大孩子们一起去河边摸螃蟹、捉龙虾，有时候捉得多了舍不得吃，母亲就拿到镇上去卖了换成钱，贴补一些家用。

到新家没多久，刘东开始在村里的小学念书。那个时候，九年义务教育还没有普及，每学期要交学费和书本费。刘东最害怕的事情就是开学初的学费和学期末的预交书本费。那时每学期的学费大概也就100元左右，一般预交50元就可以了。有的同学家里比较富裕，预交的时候一次就把下学期的费用都交齐了。对于没有预交的同学，老师会经常在课堂上点名。等新学期开学的时候，同学们手里都捧着新书。刘东由于没有预交学费，不能领新书，只能远远地闻着新书的墨香，心里很是羡慕。

后来，刘东将过年时大人们给的压岁钱攒起来，再找玩得好的同学借点他们的零花钱，偶尔一两次在发新书前也能预交一些。那是刘东最高兴的时候。新学期第一天，老师分拣出一套新书，让点到名字的同学走上讲台。当老师将一摞崭新的书本放在刘东手中的时候，他小心翼翼地接着。那不仅仅是一本本书啊，那是多么可爱的小精灵，是一个个鲜活的生命。发完新书，刘东几乎是跑着回家，一个人躲在小土屋里，贪婪地用几天时间将所有的书从头到尾看完。从那时起，刘东依稀地感觉到，他的读书梦正一天天变得强烈、清晰。

从书里，刘东看到了外面多彩的世界，也让他对书中的世界充满了憧憬。他喜欢朗读语文课文，经常天还没亮就起床。他喜欢坐在母亲身边，她在一旁做饭，而他就在一旁一边烧火煮猪食，一边朗读课文。书中有美丽的祖国河山，从课本上他第一次认识了海南岛；书中有很多英雄人物的小故事，如毛主席冒雨帮阿婆收谷子、列宁表扬要查他证件的卫兵……他看一会儿书，往灶里放一把柴；偶尔合上书本，看一眼旁边的母亲。有时看见的是母亲忙碌的背影，有时却发现母亲也正看着他。那个时候，刘东读不懂母亲的眼神，只感到心中很温暖。

书能给人以鼓励，让刘东从中获得力量。小学时有一篇课文《一定要争气》对刘东产生了很大影响。课文讲的是童第周经过一番刻苦努力，从一名即将退学的后进生转变为一名品学兼优的学生，从而证明别人能做到的事，自己经过努力也一定能做到的故事。在后来遇到困难的时候，刘东时常想起童第周的经历，便对自己说：“我一定要争气！我并不比别人差。别人能办到的事，我经过更多的努力，一定也能办到！”

书，让刘东从别人的故事中开始理解自己的生活。小时候他也特别喜欢看连环画、小人书，但因为都太贵，自己买不起。于是，他就去向村里的大人借书看。那时候他看过的小人书有《西游记》《蓝精灵》，后来觉得看小人书不过瘾了，就从邻居那儿借来《杨家将》《说岳全传》等大部头小说来看。正是这些书籍，陪伴刘东度过了一个个寂寞的日子，也让他与书结下了深厚的情谊。通过看书，他慢慢懂得，人活着，就得随时准备经受磨难。

三、“立志门”

“有志者事竟成，破釜沉舟，百二秦关终属楚；苦心人天不负，卧薪尝胆，三千越甲可吞吴。”刘东用粉笔小心翼翼、一笔一划地在小土屋的小木门上抄写下这幅对联，让自己每天晚上入睡前都可以看到它，每天早上醒来一睁眼也可以看到它。那些年，它一直鞭策鼓励着自己……

◎ 2013年，四川内江。少年时代刘东用以鼓励自己奋斗的“立志门”

1997年小学升初中考试，刘东语文考了89分，数学考了满分，在全镇排名第四。镇上初中的师资力量比较好，家里富裕点的同学都到镇上上学去了。因为家里穷，刘东只能留在了村里的中学继续读书。

随着日子一天天过去，到了初中，刘东已经是十几岁的少年了。按照当初的约定，他16岁时就要离开母亲回到爷爷奶奶的身边了。有时张家的亲戚见了父母，就会谈起当年的承诺，问刘东什么时候回张家去。刚开始，继父还不是很在意，后来问的人多了，便对这个问题十分敏感了。慢慢地，他对张家人感到有些不满，对刘东的态度也开始慢慢转变。

初中三年，刘东的学习成绩一直名列前茅，可惜这丝毫没有让继父高兴，而带给家里的愁苦却与日俱增。别人家的小孩学习成绩好，父母都会自豪地向左邻右舍夸奖。那时刘东是多么羡慕他们啊，因为自己的父母从来没有因为他的成绩优秀表扬过他。在继父看来，地里的庄稼是一家人的口粮，唯有干好农活才是正道。他认为刘东每天去学校上学是不务正业，不像村里别的孩子，从小就不上学帮着家里干活。为此，刘东经常受到父母的唠叨。继父会因为一些小事向刘东发脾气。但他从来不会跟继父争吵，只是心中倍感委屈，觉得自己没有做错事，不应该受到责备。很多次，面对旁边气恼的继父，刘东泪流满面，而母亲在旁边也跟着他哭泣。很多时候，刘东受了委屈，都会“躲”进小土屋里，一个人缩在墙角哭泣，越哭越觉得自己可怜，感觉自己是个没人要的孩子。也许，正是当初那个等刘东满 16 岁了就回爷爷奶奶身边的约定，改变了他的少年生活。那段时间，他特别缺少亲人的安慰和鼓励。

为了让父母不再说自己不务正业，每天放学回家后，刘东都先去地里干活，等天黑收工了，才回家做家庭作业。那时，常听见村里人说，“刚刚还看见刘东在地里劳动，现在又开始做作业，这个娃儿真能干！”无论白天和黑夜，只要一有空闲，刘东就把自己关在小土屋里。与周围的房子相比，小土屋是那么地矮小，又是那么地孤独。陪伴它的，除了房子后面的那片竹林，恐怕只剩下清风和明月了。他当时的处境与小土屋又是何其相似啊。

刘东曾经无数次面对皓月追问：“我的明天在何处？”难道就这样脸朝黄土背朝天，日复一日在土地中耕耘，春种秋收，让“老天爷”

根据自己的“脾气”决定一家人每年的收成？犹如父辈一样，刘东也强烈地感受到一种无力感。“改变！”刘东要改变这种现状！于是，刘东心中燃烧起一个梦想：考上重点高中，读完高中再去考重点大学，大学毕业后去找一份稳定的工作。他开始憧憬未来——那个时候，他再也不用害怕交学费了，可以每顿饭里都有肉吃了……于是，他白天更加努力地干活，晚上怕再惹父亲生气，就等父亲睡着了才开灯继续学习。

正当刘东踌躇满志地努力读书时，有一天继父告诉他，家里再没有钱供他上学了，让他退学。此时，“打工”——一个很陌生的词进入了刘东的生活。经历了80年代改革开放的破冰之旅后，90年代沿海地区的经济得到了优先发展。村子里很多年轻人都去深圳、广州这样的大城市揽活儿挣钱去了。与种地“靠天吃饭”相比，打工每个月有稳定的收入，一年到头有余钱。村子里很多人家的生活都由于外出打工而得到了很大的改善。

“你也去打工。”继父带着几分无奈但很坚定地说。说完，继父摇摇头走开了。刘东知道，他也已经尽力了。他在土地上辛勤劳作了几十年，唯一的手艺就是种地。靠着土地，他养活了几个弟妹。除了种地，他还尽力在村里揽些活儿干。记得刘东刚上初中时，继父与人合伙去村子里的一户人家打水井。他们没有现代工具，就凭着锄头和箩筐，一个人在井底挖，一个人在上面倒土，两人轮流。有一天放学后，刘东去看打井现场时，看到继父正在几米深的井眼里掏土，井口很小，下面很窄，他听见父亲在井底的声音：“土装满了，往上拉吧。”当继父从井底下上来时，看着他被汗水浇透的衣服，在那一瞬间，刘东幼小的心灵被强烈地震撼了。

而此时，就连一向很关心他的外公也劝他退学。外公说：“地里主要种粮食，没有其他经济来源，饭都吃不饱，哪里有钱交学费？不要等到将来上学上到一半全家人抱头痛哭。反正念不完，不如早点退学。”默默地听着外公说话，刘东的心里有苦说不出。他低着头，泪水早已模糊了双眼。

刘东知道，外公说的都是实话。他又何尝不知道家里的艰难呢？上初中时，为了省下中午的5毛菜钱，刘东宁愿每天走几公里山路回家吃中午饭。初中阶段，是生长发育最旺盛的时候，也是最需要补充营养的时候，但刘东经常靠一勺辣椒酱和几根咸菜下饭，如果有新鲜蔬菜，那就算是打牙祭了。

面对家里的现状，刘东经常问自己，“我的未来在哪里？”在当时，刘东知道，能够改变一个农村孩子人生轨迹的唯一途径就是两个字：念书！对于辍学的决定，刘东默默接受了。但他只有一个请求，就跟继父说：“要不然您让我把初中念完吧，还可以拿个毕业证。到时我出去打工，工作的机会可能会多一些。”继父答应了他的这一请求。

从地里收工后，刘东就立刻钻进小土屋里，抓紧分分秒秒的时间学习。刘东为各个学科定下了奋斗目标，如“英语140分”“物理100分”等，并将这些学习目标写在了小木门的后面。“人穷岂能志短！！！”刘东咬紧牙，心底一沉，集中全身的力量在一个本子上重重地写下了这六个字。“有志者事竟成，破釜沉舟，百二秦关终属楚；苦心人天不负，卧薪尝胆，三千越甲可吞吴。”刘东用粉笔小心翼翼、一笔一划在小土屋的小木门上抄写下这幅对联，让自己每天晚上入睡前都可以看到它，每天早上醒来一睁眼也可以看到它……

初三时，学校晚上增加了晚自习，下午放学以后是两个小时左右的晚餐时间。为了节省时间，同学们去吃饭的时候，刘东就饿着肚子独自一人拿着本书到没人的角落去复习功课。晚上9点钟上完晚自习回到家，匆匆扒完母亲给他留的晚饭，然后就到小土屋继续学习到凌晨。第二天天还没亮，他就起床读书了。

初三毕业时，刘东坚持要参加中考。2000年，他怀着复杂的心情，走进了中考考场。参加完最后一场考试，他强忍着的泪水还是夺眶而出。他快步走出教室，独自走在乡间的小路上，无声地哭成泪人——他知道，自己以后不能再上学了。之后，他就要按照继父的安排，一边帮着家里干农活，一边联系打工的去处。

2000年7月的一天早上，刘东正在井边挑水，一位刚从学校回来的邻居给他带来一个极好的消息：刘东以优异成绩考上了县里唯一的一所四川省重点中学——资中县第二中学，成为所在村里的初中第一个考上省重点高中的学生。

从那天开始，当刘东走在村落间时，会时常听到大家在讨论。

“今年新政中学破天荒，考上一个省重点。新政中学厉害啊！”

“听说考上省重点中学的那个娃儿叫刘东。”

“我认得他呢。”

……

当父母得知刘东考上了重点中学的消息时，短暂的兴奋之后就陷入了长久的惆怅——饿肚子与供孩子上学的选择题摆在了父母的面前。那段时间，对踏进重点中学大门的可望而不可及，成为刘东脸上最无奈的表情，但他心底依然渴望事情能出现一线转机。

“考上省重点中学，一只脚就已经跨进大学的门槛了。”

“省重点中学全县就只有一个，很多人想去上，学校还不要呢！”

乡亲们听说刘东要出去打工，都感到非常可惜，纷纷劝说刘东父母让他继续上学。学校很多老师也纷纷来做他继父的思想工作，说读书将来会有出息。乡亲们和老师的劝说让本来就有些犹豫的继父开始重新考虑刘东读书的事。此时，一个对刘东将来产生重大影响的人出现了，他就是刘东的三叔。他提议与继父一人负责一半费用，供刘东上高中。

三叔30好几了还是单身，独自承包了生产队的池塘养鱼。为了给刘东凑学费，所有人都表现出极大的热情，这让刘东喜极而泣——父母终于支持自己上学了！三叔一连十几天都在池塘里网鱼，继父则用背篼背着鱼在村子里挨家挨户叫卖，母亲则为自己准备报名所需要的物品。池塘的鱼刚养不久，还没有长成，一斤半左右一个，正是生长的好时候。但等家人下定决心供他上学时，已经临近开学，为了凑足学费，三叔只好忍痛割爱了。

当继父将卖鱼所得的700元钱交到刘东手上的时候，刘东将这些钱一张一张叠得整整齐齐地放在书里夹着。很多个夜晚，每当夜深人静时，刘东就打开书本，一遍一遍地数着那几张钞票，拿起来，又放下去。看着这些钱，想着在池塘里捞鱼忙碌的三叔，想着汗流浃背挨家串户卖鱼的继父，只觉得手上沉甸甸的……

关于初中的那段生活，刘东有着很多深刻的记忆。从即将退学到上省重点中学的转变过程，让他第一次真切地感受到了写在“立志门”上的六个字：有志者，事竟成！

四、绝不妥协

现实，它从来不给你一点商量的余地。在现实面前，梦想显得那样易碎。刘东不知道别人是不是最终都向这个世界妥协了，可他知道他还没有，也绝对不能。很多次，当不知道前方往何处去的时候，他就回过头看看已经走过的路，“哟，原来已经走出这么远了！”于是，他顿时获得了继续前行的动力……

“如果我能看得见，就能轻易地分辨白天黑夜，就能准确地在人群中牵住你的手。”每当刘东听到这首歌，都会想起自己的高中岁月。谁是他的眼睛，让他将未来看得清楚呢？经济的贫穷、精神的无助、对于未来的不确定，仿佛三座大山，如影随形，始终伴随着他。

经过初中阶段，刘东已经习惯了生活拮据的日子。因此，他最不怕的就是经济的贫穷。他还是一如既往地不能按时交学费，而且比起初中阶段还多了住校费和生活费。高一下学期，三叔再没有余力供刘东上学了，让他陷入了比初中更加艰难的境地。那时的刘东，不知道有什么办法可以解决生活问题。为了减轻家里的负担，他只有节衣缩食。

什么便宜吃什么。他和父亲一样，也特别喜欢吃面条。上高中时学校的面条两块钱一碗，包子 5 毛钱一个。那个时候食量也大，花两块钱吃一碗面条吃不饱，花一块钱吃两个包子就勉勉强强了。因此，吃一碗面条对刘东来说是很奢侈的行为，他只有在考试考得好或者情绪低落时去“放纵”一下自己，吃得那个津津有味啊。

穿，只要能保暖就行。在上初中和高中的 6 年时间里，他的衣服基本上都是别人送的。衣服很少，刚好够换洗，有时候天气不好，洗了不容易干，他就没有衣服换。外公知道他的情况后，经常送给他一些旧衣服。不管样式过时不过时，往身上一套，只要大小基本合适他就穿。除了他自己外谁都不知道，他脚上的两只袜子早已经没有了后跟，里面的裤子已经破了好几个洞，外面裤子的裤兜也是漏的。因为年轻而敏感的自尊心，刘东每次都精挑细选，将好一点的裤子穿在外面，将破了洞、烂了裆的裤子穿在里面。而每次最让他犯难的是，找来找去，已经找不出一条可以外穿的裤子了。刘东至今依然记得他第一次买新裤子时的情形。一年夏天，他第一次用攒下的钱买了一条新裤子，年轻的心充满了自豪和幸福，他终于有一条名副其实的新裤子了。回到家中已经是下午了，可他还是迫不及待地穿上新裤子，一穿上就舍不得脱，快步跑出门去找院子里的小伙伴，想方设法引起他们的注意——“我也有新裤子穿了！”那天，刘东挨家挨户串门，走起路来都感觉轻盈了许多。那种兴奋劲儿从白天一直持续到晚上。当吃过晚饭，刘东拿着电筒去小土屋睡觉时，由于刚下过雨，地上长有苔藓，路很滑，刘东小心翼翼地走着，心里却在憧憬着明天如何在全班同学面前扬眉吐气。突然，一脚没踩稳，刘东摔倒了，膝盖着地。他赶紧从地上爬起来，顾不上膝盖的疼痛，赶紧用手电照着看裤子。顿时，一股巨大的失落和懊悔袭来——裤子的膝盖处被磨坏了，露出一条长缝。为什么刚才没有走稳啊？明知道路滑，为什么不先脱下来呢？自己怎么这么不争气呢！巨大的落差让他心中非常懊悔。回到屋里，刘东不停地用手去摸裤子的那条缝，心痛不已。这时才发现，他的膝盖也磨掉了皮，血还在往外面渗。

由于不能开源，只好节流。高中上体育课，刘东每次都跑得汗流浃背，下课时大家都涌向学校的小卖部买冰镇矿泉水喝。体育课上出汗太多，需要补充水分。看着同学们喝着冰凉的矿泉水，刘东的嘴唇感到更加干涸了，好几次都想花5毛钱“享受”一下。可每到快要支持不住的时候，他就将老舍《骆驼祥子》里描写“天气热”的场景拿来实际运用，在头脑里展开想象：我现在掉进了河里，江水淹没了我；我被水包围着，江水咕咚咕咚灌进嘴里，肚子撑得快不行了。有时他也想象家乡那种没有熟透的柑橘，吃一口下去，哎呀，那个酸啊，能够酸掉大牙，清口水都酸出来了……这样，没过多久，嘴里就润了一些，就感觉不那么口渴了。

生活的艰难最多让刘东受点皮肉之苦，压得他一直喘不过气来的，却是担心家人对他求学之路的不坚定。在他上高中的时候，他的很多初中同学已经外出务工了，每月定期给家里寄钱贴补家用，而他却正是花钱的时候。他可以潜心学习，但他担心家人看到能有立竿见影改善生活的机会时让他辍学。穷不可怕，只怕家人人心不齐。为了避免这样的情况，刘东每次回家都兴高采烈地反复做着同样一件事情——鼓励家人。他经常安慰父母，说再过几年，等他上完学就让他们过上好日子。刘东为他们描绘着未来的情景：他考上了大学，大学毕业后留在了城市工作，找了一位爱自己的姑娘做妻子，每天下班回家，一家人围在饭桌上边吃饭边看电视边聊天……

那个时候，他把自己最乐观的一面留给了家人，从来报喜不报忧，因为他渴望得到家人的理解和支持。他把内心的绝望深深隐藏起来，让自己独自去面对压力和困难。那个时候，刘东是一个无助的追梦者，是一个在黑暗中寻找光明的孤勇者！

最让刘东倍受煎熬的是太多的不确定因素让他看不到自己的未来。刘东不知道他能否考上大学？即使能考上大学，以目前的经济状况，他是否还能继续上学？每天躺在床上时，他都是悲喜交集：喜的是，他终于离毕业的日子又近了一天；悲的是，明天该怎么度过？下个月怎么办？他不敢想未来，未来太遥远。很多次，当不知道前方往何处去的时候，他就回过头看看已经走过的路，“哟，原来已经走出这么远了！”于是，刘东顿时获得了继续前行的动力……

高中阶段，刘东的成绩稳定在全县前100名左右。但这时谁也没有想到，命运即将对他进行一次更大的考验。

2002年，高二。有一次学校放3天归宿假，刘东没有回家。那天中午，他正在宿舍复习功课，家住同一个镇刚从家里返校的室友跟他说：“刘东，你知道吗？今天龙江镇大集上发生了一起交通事故。”他告诉刘东，一辆从龙江水库开来的公共汽车到了龙江场镇的入口时，刹车突然失灵，闯入人群，当场撞死1人，20多人受伤。

“这是什么时候的事？”刘东有点儿紧张。

“大约1小时前。”

刘东扔下手中的书就往外跑。他有一种预感，家里的人一定出事了。他跑到了电话亭，匆匆忙忙拨通了村里王叔叔家的电话。王叔叔告诉刘东，他父亲的确出事了，颈部和腿部都受了伤……但最后他补充了一句，说：“都是轻伤。”

轻伤？那可是一个好几吨重的庞然大物啊！更何况出事的地方是一个大斜坡。刘东有点儿不相信。

第二天早上，刘东在电话亭旁站了很久。他呆呆地站着，很久很久才小心翼翼地拨起了那几个熟悉的阿拉伯数字。接电话的仍是王叔叔。

“王叔叔，我爸爸的伤怎么样了？”

“哦！他早上已经出院了，没什么事！”王叔叔回答说。

刘东心里的一块石头终于落地了。一个月后，学校终于又放归宿假了，刘东提着书包匆忙踏上了回家的车。人在车上，心却早已飞到家中。经过两个多小时的颠簸之后，刘东终于到了家。推开门，刘东被眼前的景象惊呆了：桌子上、柜子上、墙角边，全都堆满了大大小小的药瓶药罐。

晚上，在刘东的再三请求下，母亲讲出了事情的始末：车祸发生时，继父正在跟一个朋友聊天。突然，一辆从龙江水库开来的汽车闯入人群。他还来不及闪开就早已被慌乱的人群压倒在地。当人们从地上救起那些伤员的时候，却一直没有看见父亲。不知到了什么时候，父亲才从汽车的车轮下慢慢爬出来。是两个同村的人把他送进了医院，整整待了9天才出院。

“他一定伤得不轻，屋角里的药我都看见了。”刘东说。

“你爸的腿受了伤，医生让他多休息。那些药……”母亲长长地叹了口气。

祸不单行！屋角里的药一些是继父的，另一些却是刘东另外一个亲人——不满9岁的弟弟的！刘东的心猛地一震。

原来在继父出事之前，弟弟摔了一跤，手臂上的尺骨摔断了。弟弟躺在床上不能移动，疼得又哭又叫。继父只好把大夫请到家里医治。晚上，母亲抱着弟弟，继父协助医生给弟弟接骨，一直到凌晨4点。然后，继父又把医生送回十几里外的家中，然后顺便带些中药回来。这样，继父每两天就得上街去取药。那天正是继父去取药时发生了车祸。

那天晚上，刘东躺在小土屋的小床上辗转反侧，再度失眠。继父受重伤，弟弟也受伤，母亲照顾他俩都忙不过来，家里的农活没人照料。且不说自己的学费和生活费凑不齐，一家人的生活开销如何着落？那天晚上，刘东翻来覆去，像放电影一样，将这些年生活中的点点滴滴在头脑里过了一遍。两年前就差点儿辍学，能够走到现在这一步着实不易，是继续求学还是辍学打工？是屈服于现实的困难，还是奋力一搏？在一遍又一遍的犹豫中，在梦想与现实的挣扎中，刘东选择了继续上学。"对不起，我亲爱的父亲母亲，我的好弟弟，让你们受苦了。请你们再给我一点时间，我一定把咱们家的日子过好！"刘东在心底对自己说道。当刘东再次返校时，他告诫自己："即使再煎熬，也要熬到见到曙光的那一天。"

在母亲的悉心照料下，弟弟的手后来痊愈了，只是继父自从车祸之后，腿经常疼，再也不能干重活儿了。为此，家中少了一个劳动力，母亲更加劳累了。

返回学校后，刘东更加刻苦了。每天晚上宿舍熄灯之后，他都会拿着书本躲到宿舍楼梯间的路灯下面继续学习。为了确保学生应有的睡眠，学校会在晚自习下课后强制学生们休息，晚上宿舍熄灯后就不让学习了。为此，每天晚上熄灯后都有值班老师检查。刘东就只好躲在被窝里，一手拿着电筒，一手翻看白天的学习笔记。

盼望着，盼望着，2003年高考来了。由于四川省的高考涉及到试卷泄题，临考前换成了备用卷。事后人们普遍认为这届的考题是难度很大的一届。但即便这样，刘东的高考成绩依旧超过了四川省重点分数线50分。这一年多出的50分与其他年份不一样，这50分在2003年完全可以让他走进上海交大的校园。但他择校的标准却很简单。

首先是学费最低。他拿着招生手册翻来覆去地找。他对医学感兴趣，但看到学费一年需要1万多，便马上放弃了。选来选去，他将最终的标准定为每年不能超过 4 千元。然后是学制最短。学医至少要 5 年，家里肯定没有这个条件，但重点大学本科也实在找不到 4 年以下的学制，因此学制就定为了 4 年。最后是政策要好。家庭情况已经寸步难行，必须要找一个政策好一点的地方。而在这方面，首都北京应该是政策最好的。填志愿时，刘东反复思量着。在初填志愿时，刘东的第一志愿是重庆医科大学，但多年拮据的求学生活让刘东在递交志愿表的最后时刻，悄悄地将志愿改成了中国石油大学（北京）石油工程专业。

2003 年 7 月，刘东拿到了中国石油大学（北京）的录取通知书。那天，刘东再次躲进了小土屋里，一遍又一遍地翻看着录取通知书。回想起这十几年来起起伏伏的求学经历，就像打开了五味瓶，各种滋味儿一齐涌上了心头——刘东再一次忍不住哭了。与以前不同的是，这次他的脸上挂满了微笑。

第二节　梦摇篮

关于灵魂的成长、知识的吸收、能力的获得，刘东和他的同龄人虽然走在同一条线上，但在时间次序上却先后颠倒。或许穷人的孩子都是这样逆生长的，开始时以大人形象承担责任，少年时代显得老成，之后便越活越年轻，越来越富有激情。

一、逆生长

大学报到时，同学管刘东叫“大叔”；大学毕业时，同学们都叫他“小东子”。从迈入象牙塔的那一刻起，刘东找到了滋养自己生命的营养。在不知不觉中，他开始焕发出青春的光彩，开始了逆生长……

开学前，父母将所有的亲戚挨个“求”了一遍，东拼西凑借来了几千元钱。2003年9月6日，刘东清晰地记得那个日子。那一年，刘东17岁，带着无限希望，只身来到北京，开始了大学求学之路。

◎ 2003年，17岁的刘东

从偏远农村突然置身首都北京，从说一口流利的四川方言到要说普通话，面对来自五湖四海的多才多艺的同学，刘东感到很自卑，不敢主动跟同学说话。

由于刘东提前两天到学校，第一个入住宿舍。安顿下来之后，第二天一个同学来宿舍报到，进门就指着他的床，很有礼貌地问：“大叔，你孩子住这儿？”刘东的脸刷地红了，尴尬地答应了一声，“我住这儿”。后来宿舍其他4个同学来报到，见到刘东的第一面都很友好地喊一声“大哥”。后来他们才发现，原来这个自己口口声声喊的“大哥”，其实是他们之中年龄最小的一个。那时候，刘东很长一段时间都不知道为什么自己会给人如此成熟的感觉。多年以后，当他重新翻看老照片时才猛然醒悟：上高中时穿的是别人送的中年人的衣服，他只在乎大小是否合适，从来不在意是否与年龄匹配，高考的照片上俨然是一个“成熟稳重”的中年人。

◎ 2013年，27岁的刘东

刚上大学那会儿，刘东抱着试一试的心态开始了一些尝试，却接连遭受挫折。开学之初，学院学生会纳新，有文艺部、体育部、学习部、办公室等多个部门。刘东选了一个不需要特长，只要踏实肯干就行的部门——学生会办公室。刘东兴高采烈地和两个同学一起去面试，面试完了天天都去宣传栏查看录用通知。张榜那天，他仔细看着榜上的录取名单，结果看到了一起参加面试的两个同学的名字，却始终没有找到他自己。后来，班级选班委，刘东报名参选团支部书记，结果也落选了。

屡战屡败。但他总是不甘心，便屡败屡战，终于迎来了第一次成功——竞选上了班级生活委员。正是这次成功，让刘东迈出了与同学交往的第一步。

◎ 2005 年，北京昌平校园，石工 03-3 班班会。刘东被推选参加党课学习

由于刘东的职责是督促各个宿舍做好卫生、为同学取送信件、了解同学的心理动向、关心帮助同学等等，就免不了要跟同学们交流。渐渐地，刘东发现了身边同学的一些优点，对同学的优点他都努力加以学习。在短短的一年多时间里，刘东进步很大，跟同学的交流越来越自如，他也慢慢被周围同学所接受。在年终班级投票选举优秀学生干部时，刘东以绝对优势成为班级两名（班长和他）优秀学生干部之一。这让他慢慢建立了自信。

后来，刘东接连收获惊喜。入学报到时，刘东交了第一学年的学费和住宿费，几个月下来就只剩下两千多了。而这将是他整个大学期间的生活费用。大一时，正当他经济潦倒时，辅导员告诉他，他获得了国家奖学金。当辅导员把 8 千元现金交给他时，他特别兴奋，整晚都没有睡着，脑子里不停闪现着一些思维碎片。第一次国家奖学金，不仅仅是雪中送炭，而是让刘东体会到了来自心底的温暖——有老师关心，有国家帮助，他不再是孤军奋战！8千元，相当于他家里至少5年的年收入。这对于每年学费5千元、每月生活费300元左右的刘东，意味着一年的学费和生活费有了着落。刘东从来没有见过这么多的钱，也从来没有感到如此地轻松过。刘东赶紧将这个好消息告诉了家人，家人都很惊讶。第一次国家奖学金不仅减轻了刘东的经济负担，也更加坚定了他完成学业的信心。

很快，刘东发现了大学与高中生活巨大的不同：高中的课程每天都排得满满当当，而大学的课程自己是可以选择上课时间的。这让他看到了机会——可以用不上课的时间去做点儿兼职啊！于是，他天天留意着校园的兼职招聘信息。大学四年间他做了很多兼职工作——操场管理员、宿舍管理员、发报员等等，基本上把当时学校勤工助学中心设置的岗位轮着做了一遍。

后来刘东对北京比较熟悉了，就开始出去做家教。他找来一个硬纸板，做成一个可以举着的牌子，上面写着“家教”两个字。每天早上一大早，他就拿着“家教”牌子去早市找活儿干。还记得那是一个寒冷的冬天，天刚亮他就骑车来到早市，站在路边，手里高高举着“家教”的牌子，期待有人给自己活儿干。有时由于去得太早，街上店铺都还没有开门，他就饿着肚子，在寒风中哆嗦着。此时此刻，找到一份家教工作的希望让他充满了激情，也忘记了寒冷。因为这不仅可以解决自己的温饱问题，更重要的是他也能像在外打工的同学一样，帮助家里改善生活。纷纷扬扬的大雪笼罩着刘东，冬天的寒风呼啸着从他身边刮过，雪花弥漫了他的双眼，他的身体在寒冷中不住地发抖，而他仍然像雕塑一样矗立在风雪中。他通常一站就是一上午。那个冬天，他一连站了两个多月，却一个兼职工作也没有找到。多年以后，当刘东回忆起那段经历时，似乎忘记了冻得红通通的双手，忘记了耳朵上长的冻疮，忘却了风雪的寒冷，留下的是一份关于信念的执着。

冬天没有成功，暑假刘东又去早市找活儿。大学第一个暑假，他没有回家，而是在学校同时做着好几份家教工作。暑假假期长，是家教活儿最多的时候。为了抓紧这难得的时光好好挣一笔钱，刘东拼出了全部的精力。从早上9点开始一直到晚上9点结束，他一天要连续赶三个场。一天工作下来，喉咙开始沙哑，体力透支，见到同学也不想说话，晚上回到宿舍就躺在床上休息。不过，劳动之后收获的是喜悦，那个夏天的每一天他过得都很充实。暑假结束时，刘东给了家人一个意外惊喜：一张5千元的汇款单从北京出发，悄然寄回四川老家。他可以想象出父母收到汇款单时那诧异和幸福的表情。

大二时，学校又为刘东提供了3年学费和住宿费的助学贷款（共1万5千元），使得他在经济上宽裕了很多。生活的问题解决之后，刘东便想做点其他事情，于是在大三时，他开始一边上课，一边在中国石油大学钻井液实验室郑力会老师的课题组做兼职实验员。刘东想将以前错过的时间补回来，所以每天的生活都安排得很满。从最基本的实验操作到后来慢慢参与一些科研项目，郑力会老师像培养研究生一样培养刘东。在郑老师的指导下，刘东与另外3名伙伴一起研发了一种固体多元醇，解决了液态多元醇运输和储藏困难的问题。在郑老师那儿得到的科研熏陶，让刘东培养了良好的科研习惯，也让他对科学研究产生了浓厚的兴趣。

除生活和学习外，刘东还结交了两个“挚友”：一个是图书馆，一个是红旗操场。它们让刘东的大学生活充满了趣味。

在图书馆，他可以完全沉浸在自己的世界里。刘东喜欢图书馆，喜欢它给人的宁静和心灵的放飞。图书馆里通常寂静无声，大家完全沉浸在知识的海洋里，从中外名人传记到世界文学名著，从自然、人文与地理到历史、政治与经济，从与自己学习息息相关的石油工程专业书籍到摄影、茶艺等休闲文化，各种书应有尽有。呵，这对长期因为买不起书而缺书看的人来说，就像一个人饿极了之后突然可以饱餐一顿一样，那种兴奋劲儿让刘东给自己定下了一个豪情万丈的目标——读完图书馆里所有的文学名著。遗憾的是，每当快要实现目标的时候，图书馆又会重新买进一批新书，因此这个目标一直未能实现，但却培养了一个让他受益一生的习惯——阅读。这个习惯至今都让他受益无穷。

如果说图书馆里的书能够让刘东在安静中思考，那么，红旗操场的塑胶跑道则能让他在运动中清醒。每天傍晚，刘东都会去看看他的“老朋友”。他喜欢竭尽全力去奔跑，喜欢让汗水在他脸上流淌，喜欢让全身的每一个细胞都随着他运动起来。全力奔跑之后，他会再绕着操场散一会儿步，或坐在操场的一边，尽情享受出汗之后的酣畅淋漓。

这两个“挚友”不断健全着刘东的智识，不断丰富着他的内心世界，让他不断地“充电”“蓄电”“放电”。刘东的成绩逐渐上升：2003—2004 学年综合排名名列专业第 23/90 名，2004—2005 学年上升到专业第 2/120 名（大二时增加 1 个转专业班级），2005—2006 学年保持专业第 2/150 名（大三时增加 1 个大庆油田定向培养班）。

大学四年，刘东依靠助学贷款、奖学金、勤工助学，不仅维持了自己的生活，还改善了家里的困境，将高中时欠的 5 千元贷款还上了。对于一个贫困农民家庭的儿子来说，这本身就是一件多么不可思议的事啊！于是，在老家的村子里，到处流传着他不用家里花钱就能上大学的佳话，让很多贫困家庭的孩子从他的事迹中得到了鼓励——缺钱不应成为放弃上学的理由。

大四时，学校要从全年级选拔 10 名左右的学生保送研究生，由国家公费培养，不用交学费，且国家每个月还发放 200 多元的生活费。刚看到这个消息时，他似乎不敢相信自己的眼睛：“念书可以不用交学费？国家还倒贴钱培养？”抵挡不住继续念书的诱惑，刘东立刻将这个消息告诉了家人，并得到了家人的全力支持，刘东最终以大学四年学业综合排名第四名的成绩被推荐为中国石油大学（北京）油气田开发专业免试研究生。

“小东子，好样的！”同学们纷纷对他保研成功表示祝贺。

“小兄弟，咱们去合张影吧！”刘东终于成了全班名副其实的“小兄弟”。

回顾充满激情的大学四年，刘东最深的体会是：与高中时的无助不同，大学时代他第一次感受到了通过自己的双手改善生活和“以主动努力提升生命价值”的重要意义。

2007 年 7 月，参加完毕业典礼，刘东怀抱着刚发下来的学位证书和毕业证书，独自一个人来到校园里的林荫小道上，心里装的是满满的自豪。这次，没有泪水，唯有对未来更美好的憧憬。

二、阳光男孩

这二十几年来，有一句话一直让刘东坚持到现在——“在黑暗中寻找光明，于绝望中寻找希望”。无论何时何地，无论面对什么困难，他都心中有光，永不放弃……

◎ 2009 年 12 月，北京石油阳光会议中心。刘东荣获首届“王涛英才奖学金”后与老部长座谈

2009 年 12 月 10 日下午，刘东永远记得那个特殊的日子，来自中国石油大学（北京）和中国石油大学（华东）的 6 名首届“王涛英才奖学金”获奖者齐聚北京昌平石油阳光会议中心。6 名获奖者都是每所学校经过层层选拔和最终答辩选拔出的博士、硕士和本科生。从这个意义上说，

他们真可谓“万里挑一”。在同学们眼里，他们是学生中的尖子，是荣获首届“王涛英才奖学金”的幸运儿。他们全都穿得整整齐齐，精神抖擞地站在会议室的电梯门口等待着一位石油老前辈的到来。

当电梯开始启动时，刘东紧张地看着电梯的指示数——5楼，4楼，3楼，2楼，1楼……

“老部长来了。”当电梯门打开时，带队老师走出电梯说道。

大家一起热烈鼓掌。随即，电梯门口走出一位精神矍铄的老人，他主动与在场的每一个人热情握手。当他们在会议室坐下时，老部长开始询问每个人的情况。当快要轮到刘东时，刘东的心中砰砰直跳，十分紧张，不知道该说什么。

王涛老部长问刘东：“你家里那么困难，为什么还要坚持读书？”

刘东回答：“知识改变命运。越是在贫困的环境中，读书越是能给人快乐。”

王涛老部长问：“你有座右铭吗？”

刘东回答：“这二十几年来，有一句话一直让我坚持到现在——‘黑暗中寻找光明，绝望中寻找希望’。无论何时何地，无论面对什么困难，我都心中有光，永不放弃。”

“好！我说说我的座右铭。”于是，王涛给同学们讲起了“争雄、争气、争光”的“三争”精神。“‘争雄’，英雄的‘雄’。‘雄’就是实力，没有实力当不了英雄。我从小学就很想当个英雄，因为从小爱看武侠小说，武侠小说里面的主角都是英雄。我1948年入党后，争雄的动力就更明确了。记得入党之后挨的第一个批评就是爱跟同学们较真，表现出个人英雄主义。我才真正认识到，当英雄是要为国家、为民族当脊梁！做任何事情都要从国家利益和民族利益出发去争取第一，所以才有了‘争气’‘争光’。‘争气’，就是不甘落后，有志气，有勇气，有智慧，为民族争气。我们中华民族的近代史是一部屈辱的历史，是一部被侵略被压迫的历史，我们要建设富强国家，为人类做贡献，就必须用实际行动树立中华民族的形象，为民族争气！‘争光’，就是不管干什么事情，都要以优异的成果、杰出的表现，为国争光，为自己所从事的行业争光，为自己所在的单位争光，为自己的家庭争光。”

“刘东啊，你要永远保持这份激情和梦想，永远保持这种向前的动力，战胜困难，迎接挑战。”王涛语重心长地嘱咐刘东。

看着刘东稚嫩的脸上露出阳光般的笑容，王涛知道，这是一个历经生活磨练、对理想执着追求的“阳光男孩”。

王涛搞了一辈子石油，从他的话语中，刘东认识到了石油工业艰难的发展历程，感受到了石油工业为国家带来的光荣与梦想。他第一次感受到了作为一名石油学子的自豪。

不知道从何处来，如何知道往何处去？从那天起，刘东开始阅读石油历史，了解石油先辈们创造的辉煌，希望将先辈们的精神融进自己的血液里，做一名传承光荣传统的石油新人！于是，研三最后的一年，刘东几乎每个周末都会去王涛老部长在六铺炕的办公室。办公室里有很多书，从这些书里，刘东可以清晰地看到我国石油工业的发展历程和历史变迁。刘东先后阅读了《康世恩传》《石油老照片》《李聚奎将军传》《当代中国石油工业》等书籍，知晓了新中国的石油工程第 1 师由中国人民解放军第 19 军第 57 师整编而来，石油工人天生具有红色基因。这让刘东对所从事的石油行业多了一分热爱，对石油人有了更深的感情。

三、“到渤海湾去！”

“我就不信，石油光埋在外国人的脚底下。委内瑞拉能找个马拉开波湖，我们中国的石油工人为什么不能在渤海湾找出个马拉开波湖？渤海湾有大油区的味儿，一定能够找出个大油田来！”渤海湾——梦想的摇篮，中国的“马拉开波湖”。刘东仿佛亲耳听见了半个世纪前那个掷地有声的预言……

老部长鼓励年轻人到实践中去成长锻炼，在解决实际问题的过程中增长自己的才干。硕士毕业时，很多老师劝刘东继续读博深造，刘东婉拒了老师们的建议，也谢绝了北京几家石油研究单位的工作邀请。

“到老部长曾经战斗过的地方去继续战斗，让深埋在渤海湾海底的石油重见青天！”老部长当年豪情壮志般的预言让刘东对渤海湾充满了向往。刘东将自己想去渤海湾的想法告诉了老部长，老部长非常支持，并对刘东说：“去渤海湾吧，那里大有可为！”

2010年7月，刘东来到了渤海湾！宽阔的海洋，湛蓝的天空，石油人宽广的心胸，冥冥之中仿佛与自己有个约定一样。渤海湾——梦想的摇篮，中国的“马拉开波湖”。刘东仿佛亲耳听见了半个世纪前那个掷地有声的预言……

“我就不信，石油光埋在外国人的脚底下。委内瑞拉能找个马拉开波湖，我们中国的石油工人为什么不能在渤海湾找出个马拉开波湖？渤海湾有大油区的味儿，一定能够找出个大油田来！对此我们应该深信不疑，坚定不移！”

1965年2月的一天，北京和平宾馆，石油工业部一年一度的油田领导干部会议在这里召开。在当时，渤海湾几乎还是一片处女地，而南美洲的马拉开波湖则是一个大油区。有人却将渤海湾与石油地质储量逾百亿吨、石油年产量近亿吨的世界级油田相提并论，简直是吃了豹子胆！而这位“吃了豹子胆”的青年，就是怀着为报效祖国多找油田的强烈愿望刚从苏联留学归国不久的王涛。

近半个世纪过去了，王涛曾经的预言变成了现实，渤海湾不仅像马拉开波湖一样发现了石油储量，而且海洋石油也开花结果了。经过渤海石油人艰苦卓绝的奋斗，渤海油田的原油产量节节攀升，在2010年终于站上了年产3 000万吨的高点，至今依然连续稳产。

记得初次面对浩瀚的大海时，刘东立刻就被大海的宽阔深深震撼了。起伏的浪花渐渐地从远到近，一浪推着一浪，滚滚向前。或许波涛奔流本就是波涛永恒的追求。刘东沉浸在自己的思索中，让思绪随着滚滚波涛源源不绝地流淌。此时，刘东才终于理解了老部长年轻时的豪情壮志。老部长原名王金亭，父亲取这个名字时，取意“金山上耸立着一座金亭”。在考取行知师范学校时，他“自作主张”地在入学登记表上赫然醒目地把自己的名字改写成王涛——波涛的“涛”——他希望自己像滚滚波涛一样，永远向前。那一年，他还不满17周岁。而现在，“海波”——刘东，这远离大海的一滴水，也终于要融进大海母亲的怀抱之中了。刘东的心中犹如波涛翻滚一样，思绪回到了几个月前那次撞击心灵的对话……

那是2010年12月的一天，参加工作近半年后，刘东从渤海湾回到北京向老部长进行工作汇报。老部长告诉刘东，“你要学会把地下的东西全装在你的脑子里，人走到哪儿，油田就跟随你到哪儿”。2014年5月，刘东有幸被邀请返回母校参加了由世界石油理事会中国国家委员会主办的首届中国石油行业青年论坛。老部长再次语重

◎ 2010年12月，“王涛英才奖学金”获奖代表合影（左三为王涛老部长，左四为刘东）

心长地嘱咐刘东，做人要有“争雄、争气、争光”的“三争”精神，做事要“经得起三个检查——经得起群众的检查，经得起组织的检查，经得起历史的检查”。

一个人的思想和信念决定着一生的行动。从此，刘东找到了做人、做事的准则。老部长认为，“英才”不仅是石油工业的骄傲，也是国家的栋梁和民族的财富。而刘东深知，距离老部长要求的“英才”还差距太远。他必须既仰望星空，又脚踏实地。为此，从来到渤海湾的那一刻起，刘东便扎扎实实地从基础工作干起，在实践中获得真知。

第三节 攀登者

有的人是天生的追梦者。夜一程，昼一程，星月轮转；山一程，水一程，执着前行！有的人则是留给地平线的，永远是攀登的姿态。有的人则是留给世界的背影，永远是向前不弯的脊梁！刘东正如他的小名“海波”一样，奔腾入海，昼夜不息……

一、勇闯稠油“技术禁区”

“别人离开的时候，他留下来；别人团聚的时候，他还在耕作。他在脚踏实地中追求成长，他在点滴工作中寻求卓越。”2013 年 1 月 28 日，天津塘沽一个大礼堂里，气氛热烈，渤海石油研究院 2012 年度表彰总结大会正在隆重举行，10 名青年员工被授予“十佳青年科技先锋”荣誉称号……经过近 3 年的成长，刘东已经成长为一名海上稠油热采的科技先锋！

从一名大学生到科技先锋，回首刘东的成长足迹，每一个脚步都那样清晰，历历在目……

渤海湾稠油资源丰富，位于渤海湾周边的辽河油田、胜利油田、渤海油田均发现了大量的稠油储量。从 20 世纪 70 年代开始，辽河油田和胜利油田就分别进行了稠油热采的技术攻关，使蒸汽吞吐、蒸汽驱等一系列热采技术走向工业化应用。但遗憾的是，在过去的几十年里，还从未有哪个石油公司在海上进行稠油热采的先例。

2010 年 7 月，刘东带着两箱装得满满的书籍风尘仆仆地来到渤海石油研究院报到时，正是渤海油田“决战 3 000 万吨”宏伟目标的决胜之年。承担着渤海油田勘探、开发、生产全部研究工作的研究院，面临着巨大的科研工作量。而“决战 3 000 万”，则需要更多更及时的科研成果，如增产措施的提出、调整井的实施、老油田综合调整研究、新油田 ODP 开发方案的实施……宏伟目标的背后需要更多的工作量来支撑。按照很多油田年产油量 1 万吨 / 人的科研人员配置标准，渤海石油研究院至少需要 3 000 名科研人员，而让人惊讶的是，它当时的实际人数尚不足 500 人，而且平均年龄只有三十几岁。但正是这支精干的、年轻的科研队伍，创造了上产 3 000 万吨的科研佳话，完成了“3 000 万”这个数字背后隐藏的巨大科研工作量。正是在这样的背景下，2010 年，刘东快速加入到研究院的科研大军之中，并在短暂的培训之后投入到紧张的工作之中，成为海上稠油热采技术攻关团队的一员。

渤海油田探明石油地质储量中约有一半是稠油。渤海有很多稠油油田还没有开发，尝试开发的几个稠油油田采收率均很低，探明且已投入开发的稠油储量的大部分还没有开采出来。如果将这些潜在的“金娃娃”抱出来，渤海油田将大有可为！一场继承和创新开采技术、改变驱动类型和方式，大幅度提高采收率的稠油开发战役悄然酝酿。

随着越来越多的稠油油田被发现，稠油的有效开发引起了公司领导的高度重视。苦苦求索的科研人员纷纷将目光投向了稠油产量丰富的辽河油田。

世界上最稠的油在中国，中国最稠的油在辽河。多年以前，辽河油田就流传着一个顺口溜：“稠油、稠油，有油不流，油稠人更愁。”刘东曾经听人说过，辽河的稠油稠得不得了。一天，一匹高头大马走进了稠油地，油粘住了马蹄子。马一挣扎，又粘住了肚皮，最后还是用吊车把马救起来的。“这些原油从千米地层深处开采上来，在常温下就好像‘铁板’一块似的。”专家形象地称它为“流不动的油田”。从20个世纪80年代起，辽河石油人就开始跟稠油这块“硬骨头”较上了劲。90年代，辽河油田迎来了稠油开采的第一个春天。1993年，稠油产量达到739万吨，撑起辽河稳产的半壁江山。

看到陆地油田抱回了稠油这个“金娃娃”，中海油的领导也跃跃欲试。天津分公司先后几次派技术骨干去加拿大和国内辽河、胜利等陆地油田“取经”。国外油田先进的工艺、设备和管理让人耳目一新，也让人产生困惑：人家的油田大多是埋藏在400米左右的浅层普通稠油，且是未动用过的整装区块，而海上的稠油大多埋藏在1 000米左右，且大部分是复杂断块。

陆地油田蒸汽吞吐等热采开发方式已经趋于成熟，但在海上进行稠油热采却是世界难题。一个重要原因是海上特殊的开发环境，造成稠油开发成本高，单井费用是陆地的10倍，单井经济界限产量

◎ 2011年3月，辽宁盘锦。刘东和他的同事们在辽河油田热采现场调研

要求在10万吨以上。另一个原因是地质油藏条件差，储层薄，井段深，热损失大；稀井网条件下提高采收率难。因此，海上稠油的有效开发，不能照搬陆地油田模式，需攻克稀井网“少井高产”和大井距“高采收率”的矛盾，这让很多公司都望而却步。渤海湾那20多米深的海水，似乎也成了实施稠油热采技术的“技术禁区”。

简单的“拿来主义”并不适合渤海海上稠油油田的特殊情况，但它却为渤海稠油开发方式的转换指明了方向，只是消化、吸收、再创新的难度系数非同寻常：海洋工程、开发成本、油藏认识、开发部署、生产设施……

更困难的是，这些流不动的原油埋藏在素有“石油地质大观园”之称的构造中，多层系、复杂的断裂组合、复杂的油水分布规律等让“地下迷宫”更加扑朔迷离。有人说，“渤海湾，像一只盘子打碎了，又被踢了一脚”。要想在这样的地质、油品和环境条件下大有作为，何其难也。

每一次点燃科技引擎的创新实践，注定是群英荟萃的集体攻关。于是，一场涵盖地质、油藏、工艺、地面等多系统、多学科的稠油高效开发联合攻坚战悄然打响。小型化热采设备、多元热流体发生器、高温高压三维比例物理模拟模型，室内研究与实验的结果令人欢欣鼓舞，它证明了热采技术在渤海完全可以大有可为。

◎ 2015年1月，第二轮注热前刘东在南堡35-2油田B平台现场调研小型化热采设备

在室内研究取得进展后，2010年，中海油在南堡35-2

油田南区建立了世界范围内海上第一个稠油热采先导试验区。为了挑战深埋海底的稠油，在前无古人的技术领域开疆拓土，为渤海稠油开发寻找主导技术，锻造渤海油田持续高产、稳产的“神兵利器”，攻关小组的成员们将家安在了办公室。

那时候，刘东与爱人胡廷惠分居两地，刘东在天津塘沽，胡廷惠在河北沧州——大港油田最远的第三采油厂。记得他们结婚在沧州举行新婚答谢宴时，突然接到通知，说旅大27-2油田要在近期对稠油热采方案进行审查，计划开展400米大井距蒸汽吞吐先导试验。接到电话后，第二天一大早，刘东就到火车站买了最早的车票赶回单位加班去了。2013年五一放假期间，总公司技术交流会临时增加了稠油热采专题报告，刘东再次放弃了休息机会，取消了出行计划。当家庭与工作的天平出现倾斜时，刘东总会义无反顾地选择工作——因为那是他必须承担的责任！

“摸着石头过河”“一切从头开始”。这是稠油攻关小组成立之初的真实状态。渤海油田的第一个热采整体开发方案共设计了10口热采水平井。在“整体建设，分步实施”思路的指导下，2010年开始逐步实施热采方案。提起第一口热采先导试验井，刘东至今都难忘当时的情形。这口井投产后，含水由10%很快上升到了70%，产量下降了50%。这让他们的神经都绷得紧紧的。含水的突然上升，让密切跟踪试验动态的攻关小组顿时炸开了锅。是热采这种开发方式

◎ 稠油热采技术攻关小组成员正在讨论

不行？还是地层条件太复杂？地震、地质、测井、油藏各专业人员紧急集合，一起分析原因，研究对策。

“这口井位于纯油区，距离边水300多米，按照周边井的生产经验，初期含水没有这么高。”地质人员首先介绍了地质情况。

“从陆地油田吞吐生产的规律来看，含水也不应该上升这么快，但存在注入气体气窜沟通边水的可能。”刘东非常肯定地说。

“从地震属性上来说，这个区域的连通性很好，储层物性也很好。”地震人员补充道。

“通过数模拟合，看看是否是注入多元热流体中的氮气和二氧化碳气体沿着高渗通道沟通了边水？”刘东说。

最后，通过精细地质研究，跟踪数值模拟，发现该井确实与边水存在优势通道，是地层水导致了这口井的含水上升。为此，攻关小组在后来做热采方案设计时，特别提醒施工单位，在储层物性好、连通性好的井区，一定要想办法防止气窜。

作为先导试验，不可避免地要迎接各种问题的挑战。随着一口又一口热采井的实施，先导试验中不断出现新的问题，而攻关小组所要做的就是一次又一次根据上一口井的试验情况优化下一口井。

在刘东看来，每一口试验井取得的试验数据，都是进行稠油热采研究的宝贝疙瘩，都是花了“大价钱”“大力气”才得到的。在数不清的日子里，当办公楼前的广场上开始响起广场舞曲，上了一天课的孩子们开始追逐嬉戏，忙碌一天的鸟儿也归巢休息时，攻关小组的成员们还在办公室里冥思苦想，还在分析一组数据中隐藏的规律。不寂寞，不孤单，他们的心中另有一片景象。

当优化后的方案进行现场实施时，刘东的心又一次紧张起来。B33H是优化试验方案后实施的第一口热采井，于2011年8月投产。投产最初采用天然能量开发，日产油38吨/天。两个月后，该井进行多元热流体注入作业。在注入多元热流体的过程中，井口温度高达 265 ℃时，受热膨胀的油管把井口采油树抬高好几厘米，大家紧张极了。在这种情况下，锅炉停注焖井 3 天后放喷。但奇迹出现了，油井开始出油了。根据计量结果，这口井高峰日产油达到 99 吨，是天然能量开发产能的 2. 6 倍；下泵生产日产油达到 78 吨，是天然能量开发的 2. 1 倍。

是采油人的爱使它感动，还是采油人的精神使它振奋？这条沉睡了千万年的油龙再也控制不住自己的感情，嗷嗷叫着奔涌而出。试验初步获得了成功，攻关小组人员都情不自禁地欢呼起来。

这次完全依靠中海油自己的力量进行稠油热力开采的先导试验，驱散了多少年来缠绕在人们心头的忧虑。别看稠油那么顽固，但它特重“感情”，当你把“爱”传给它，它会回报以热情——温度每升高 10 ℃，粘度就下降 1 倍。

正是众多醉心于海上稠油开发攻关的技术人员披星戴月地不停歇努力，才终于走出了一条汗水哺育鲜花的收获之路。到 2014 年底，渤海稠油热采井的“大家庭”再添新丁，先后有 10 口井进行了第一轮的热采先导试验。南堡 35-2 油田多元热流体吞吐先导试验成功，成为我国第一个在海上实施稠油热采的油田。热采让先导试验区的日产油从以前的 200 吨上升为目前的 600 吨，预测热采采收率能在常规冷采 15% 的基础上提高近 10 个百分点。这个在当时被誉为“渤海最稠”、在探索对外合作时被外方瞧不上的油田，在投产多年后产量不仅没有递减，反而创造了新的高点。这一惊人奇迹也被《中国海洋石油报》头版予以报道。

随后，刘东和他的同事们依托国家重大专项和集团公司重大专项课题持续开展技术攻关，首次在海上开展多介质协同吞吐及转驱重大开发试验，并实现了海上热采“从 0 到 1”的重大突破。截至 2022 年 12 月 31 日，先后在南堡 35-2 油田进行了 25 井次“热 + 气体 + 化学剂”多介质协同吞吐、1 井次转蒸汽驱，吞吐后转蒸汽驱

◎ 2021 年第 20 届五省（市、区）稠油开采技术研讨会（右四为刘东）

先导试验区采收率从冷采的 14. 5%提高到 47. 0%，开发效果优于国内外同类型油田。这些技术在南堡 35-2 油田的应用，支撑了世界海上首个蒸汽驱先导试验的成功实施，刷新了海上稠油采收率的新纪录。

诚如天津分公司原开发总师赵春明所说："稠油不愁是我们始终追求的一个目标。未来的稠油开发之路还将遇到新的矛盾和问题，攻坚克难将是一个常态化的过程，但前景必将无限美好！"

二、成长始于每一个"第一次"

很多现在熟能生巧的事都始于曾经忐忑不安的第一次。第一次培养一个习惯，第一次面对挫折，第一次突破自己……每一个第一次都意味着压力和挑战，而每一次刘东都倾尽全力。他的成长，就由一个接一个的"第一次"汇聚而成。

"播种一个行为，收获一个习惯；播种一个习惯，收获一个个性；播种一个个性，收获一个命运"。这是入职之初田立新院长给新员工的寄语。在工作中，刘东以水滴石穿的执着劲头，开始了一步一个脚印的成长之路。

他一直保持着学习的习惯。这个习惯让他的知识不光是一桶水，而是像河流一样流动起来，因为这样才具有生命力。他将自己归零，从一图一表最基础的工作开始做起。他向身边的每一位师傅和同事学习，像海绵一样吸收各种知识和营养，不断增长自己的工作能力。他从学习单井生产动态跟踪分析入手，到提出低产井的治理方案，逐步到提出油井增产措施建议，再到油田综合调整方案设计。

他养成了每天做总结的习惯。每天临下班的时候，他都会对一天的工作做一个小结，想想今天完成了哪些工作，明天要重点完成哪些工作。今天想工作计划，明天执行计划，后天检验计划。而一旦投入到工作中，他就全神贯注地沉浸其中，即使中途被其他事情打断了也可以按照原计划进行，省下了重新梳理思路的时间。

他注意培养自己的观察能力，注重研究素材的积累。平时，他都随身携带一个记事本和一只笔，确保在任何时候，只要头脑里闪现出一点灵感就将它记录下来。他利用出差培训、参加会议和回家路上等零散的时间进行思考，并利用周末等业余时间开展一些感兴趣且能解决油田实际生产问题的专题研究。“挑战永远在前面”，他要做的就是不断迎接挑战。

他保持着撰写科技论文的习惯。总结过程中的思考，是获得下次科研工作灵感和方向的源泉。白天工作繁忙，没有时间进行思考和总结，那就利用晚上。很多个夜晚，办公室的同事们都走了，他仍然静坐在电脑面前，开始整理思绪。利用晚上的时间，他笔耕不辍，先后撰写各类期刊文章、技术交流会议论文30余篇。将经验提升为规律，将规律上升为理论，这是对所从事工作不懈的追求。

习惯的养成并非易事，但每一个习惯的获得，都给刘东带来了成长的快乐。而第一次面对工作中的挫折，则让他花了很长时间才从失败的阴影中走出来。

至今刘东还清晰地记得参加工作后第一次汇报时的场景。那是

2011年研究院的青年科技论坛，当时刘东向大家介绍了稠油热采中不同开发方式下热量的分布和对热采效果的影响。按照预定程序，每一个人汇报完之后，都会由评委和听众提出问题或进行点评。但当他汇报完以后，却没有一个人提问题，这让刘东的心中怅然若失。“问题出在哪儿呢？是内容本身没能吸引大家，还是自己的汇报有问题？”为了找到原因，刘东珍惜每一次听汇报的机会，学习别人汇报的风格和演讲思路。结果发现，原来他的演讲内容太多抽象的理论，没有具体的实例；有很多文字和图表，却没有凝练出相应的观点。在后来的几次汇报中，刘东都力求简洁，并且辅以图表说明观点。

从这件事之后，刘东开始从每一次失败的经历中寻找成长的营养，重拾信心，开始新的尝试，积极寻求突破。

很久以前，刘东无形中给自己强画了一个圈：将自己局限于固定的圈子里，圈子里是驾轻就熟的，圈子外是没有做过的。

记得上大学时，作为美国石油工程师协会（SPE）的学生会员，他每月都有机会到北京丽都饭店参加“月度会议”。每次会议都会有众多的壳牌、康菲、斯伦贝谢等外国公司的技术人员到场交流。但每次参加这样的会议，刘东都只能是个旁观者，很难开口说英语。当别人在侃侃而谈地交流技术时，他要么带着羡慕和崇拜的眼神站在一旁，要么笑而不答，转而将关注重点放在现场美味的咖啡和精致的糕点上。时光就这样悄悄地在忐忑不安和犹豫不决中流逝。

从旁观者到参与者，迈出这一步十分艰难，而要坚持下去更是难上加难。读研究生时，学校为即将在美国举行的第二届全球SPE论文大赛征文。刘东下定决心要挑战自己，兴致勃勃地写了一篇英文文章，并顺利通过了学校的初审。然而，当得知最后选定出国参赛的人员需要通过英语面试时，他在忐忑不安和些许惶恐中主动退出了比赛。第一次试图突破自己英语技术交流恐惧症的努力就这样在迈出半步后，又一次在犹豫不决中被放弃。

2011年，当看到院里发出的世界海洋石油博览会（Offshore Technology Conference）征文通知时，又一次尝试突破自己的念头在他心里生根发芽了。这次的勇气来源于实际工作中的锻炼。于是，刘东抱着试一试的心情撰写了一篇英文文章，结果被组委会录用了，而且成为中海油当年两篇录用文章之一。在那以后，刘东多次撰写英文文章，已先后有3篇文章被世界重油大会（World Heavy Oil Conference）等国际会议录用。

2014年3月5日至7日，第六届世界重油大会在美国海滨城市新奥尔良召开。中海油派出了12人的代表团参加本次大会，刘东也随团参会并做技术报告。刘东详细介绍了渤海稠油的资源情况、稠油常规开发的现状、热采先导试验区的进展、渤海稠油开发技术的最新研究成果。报告引起了各国石油科技同行的广泛兴趣，吸引了来自众多石油公司的技术人员参加交流和讨论。在会场上，当听说渤海在海上搞稠油热采时，很多国际友人竖起大拇指，不停地说“Well Done！”会议结束时，同行的领导告诉刘东说：“你是本届世界重

◎ 2014年3月，美国新奥尔良。渤海石油研究院代表参加第六届世界重油大会（左一为刘东）

油大会最年轻的论文宣读者！小伙子，继续努力！”

“给自己一点压力，勇敢地面对人生中诸多的第一次”。面对“第一次”，既可以选择放弃，也可以选择将就，而刘东选择倾尽全力。“想做，想做好，想做得更好”，这是刘东在工作中体会到的成长三境界。今天的第一次或许就是将来的第一百次，或许某一天也能像卖油翁那样，“无他，但手熟尔”。

三、逆势奋发“二次创业”

“争雄，事事敢于争第一；争气，不甘落后，有志气，有勇气，为民族争气；争光，不管干什么事情都要以优异的成果、杰出的表现，为国争光，为自己所从事的行业争光，为自己所在的单位争光。”面对新的挑战，老部长叮嘱多次的“三争”精神照亮他奋勇前行的道路。

“争雄、争气、争光”的“三争”精神是刘东从老部长那儿学到的宝贵精神财富，也是一位“老 80 后”对他们这些“小 80 后”的殷切期望。在日常的学习工作中，刘东将“三争”精神作为自己的做事准则，努力让“三争”精神融进自己的血液，一点一滴让“三争”精神在实践中开花结果。

南堡 35-2 油田是刘东参加工作后下足功夫的第一个油田。它是多种复杂矛盾的集合体：河流相沉积，稠油，低幅度构造，储层薄，过渡带储量比例大……在刘东心里，油田开发的难点，正是自己成长的沃土。

争雄，事事敢于争第一。在技术攻关中，刘东倾尽全力；在日常看似简单的事情中，他也争取做到极致——在平凡的工作中也能体现更高的追求！

随着渤海石油管理局的改革，2014 年，刘东成为南堡 35-2 油田油藏技术研究负责人、渤西开发室党支部宣传委员。以前只涉及油田的科研生产工作，现在开始涉及基层党务工作。新的角色需要开发左脑，同时也开发右脑。不久，刘东接受了陈建波主任交给他的第一项任务——写一份关于渤西开发室的材料。刘东想起了以前读过的徐迟老先生介绍陈景润的报告文学《哥德巴赫猜想》，它曾经激励了无数的中国人。于是，刘东鼓足勇气，尝试着撰写了一篇近万字的报告文学《“边薄稠水”上的舞者》，向全院同事介绍了渤西开发室——以攻坚边际小油田、薄层、稠油、底水等“边薄稠水”复杂油田开发技术为己任的地质油藏研究团队。诚如刘东在文中所写的那样：“边际小油田、薄层、稠油、底水”，油气田开发工作者的噩梦；舞蹈，一门高雅优美的艺术；舞者，情绪和态度的表达者。“边薄稠水”上的舞者，在巨大的困难中反而展示了渤西人最优美的“技艺”与最优秀的“品质”！2015年年底，渤西开发室从渤海石油研究院近30个科室中脱颖而出，以第一名的成绩被评为渤海石油研究院4个“四优科研团队”之一。“四优”即员工素质优，技术创新优，工作效率优，成果质量优。

争气，不甘落后。刘东透过工作去告诉大家自己心里的想法，自己眼中看世界的样子，自己所在意的、珍惜的。所以，工作就是他内心表达、精耕细作的对象。

由于刘东开始牵头整个南堡35-2油田的油藏研究工作，工作线条比以前增加了许多。以前他只需要约束好自己就行，现在则需要带领好油藏研究团队一起工作。面对先天不良的油田，唯有付出百倍的努力才能换来油田的顺利开发。同样一个提液措施，在别的油田可能日增油50吨，而在南堡35-2油田日增油10吨大家就拍手称快；同样是调整井，别的油田都是“批发”，一次审查会申报十几口，而在南堡35-2油田，家底太穷，只能吃干榨净搞“零售”。虽然南堡35-2油田原油总体上很稠，但在油田范围内也存在很大的差异。而这种差异，正是他要寻找和攻关的重点。为此，他们采取了“分门别类，对症下药”的开发技术策略。于是，一个同时存在天然能量、注水、注弱凝胶、多元热流体吞吐、保压热采五种不同的开发方式的油田诞生了，而这在渤海油田极为少见。再贫瘠的土壤，只要播撒上希望的种子，再经过汗水的浇灌，也能开花结果！2015 年 3 月 2 日，春节刚过，一篇名为《“渤海最稠”油田产量创纪录》的通讯报道赫然出现在《中国海洋石油报》头版显著位置。“老、稠、薄”的南堡 35-2 油田 2014 年原油产量刷新了历史纪录，比历史峰值高出近 7%！这是对他们地质油藏研究人员精诚努力、精雕细琢和辛勤汗水的最大回报！

中國海洋石油報

CHINA OFFSHORE OIL PRESS

“海洋石油981”第一口海外深水井开钻

中央第二巡视组专项巡视中国海油动员会召开

导读

中海实业公司召开六届二次职代会　同担挑战　共谋发展

海油携手中国石化做强润滑油产业

海油援建学校传捷报

“渤海最稠”油田产量创纪录

海油LNG将进驻冀鲁琼

海油钻完井请来“智囊”建起“学校”

◎ 2015 年，《中国海洋石油报》在头版位置报道南堡 35-2 油田先进事迹——《“渤海最稠”油田产量创纪录》

争光，为自己所从事的行业争光。无论出现什么情况，刘东坚持用自己的努力为渤海稠油高效开发增砖添瓦。

2016年初，国际油价从每桶110美元断崖式下跌到每桶30美元。为了油田整体的经济效益，油井措施减少了，新技术研发的节奏变缓了，队伍士气一下子低落了很多。一片哀嚎之中，摔伤的不仅是石油生产企业，还有人们的梦想！很多人开始离职，很多人开始转换行业。是屈服于环境，还是逆势奋发？这是当时摆在每一个石油人面前的必答题！

在困难面前，刘东想起了老部长曾经给他们说的“三争”精神。老部长的叮嘱犹然在耳。“为行业争光！”刘东在心底里为自己呐喊。短暂的失落之后，他依然下定决心——跟大家一起，开始油田的二次创业！决定之后紧跟着的就是行动。经过长达1个多月逐井逐层的摸排，最终他们将目标锁定在了馆陶组。但结果很让人失望：钻前探明储量800多万吨，钻后储量仅为140万吨，含油面积从一片绿叶变成了一块破抹布。

在绝望中寻找希望。对这块破抹布，他们寄予了很大希望。于是，他们对成藏规律进行再认识，恢复古地貌；对沉积特征再认识，加强动态监测……从2015到2017，3年的时间里，他们屡战屡败，却又屡败屡战。油层和他们较劲，他们也和油层死磕，谁也不屈服。为了落实一个低阻油层的含油性，他们对一口井的含油水层进行了补孔——他们多么希望它是油层啊！一天过去了，两天过去了，含水率还是80%。但他们依然充满信心，以为这是井筒的积液；一个星期过去了，两个星期过去了，含水率还是80%，他们有点失落了！一个月过去了，两个月过去了，含水率一点都没有变，他们彻底绝望了。整整180天，产出来的还是水！随着时间的流逝，他们的希望一点一点地破灭了。但就在他们苦苦思索，打算重新论证潜力时，油井生产形式开始逆转。日产油从8吨上升到40吨，含水率从80%下降到50%。大家的心情像过山车一样，从绝望中重新燃起新的希望。最终，这口井的生产情况证实，他们的预测完全正确——馆陶组有油，而且潜力还很大。

他们赶紧抓住时机，设计开发评价井。2016年10月，一口开发评价井钻遇油层30多米，使馆陶的储量潜力终于浮出水面。到2018年，已经落实储量1 800万吨。终于，从一片树叶到一块破抹布的馆陶组，经过他们3年多的努力，像变魔术一样，又从一块破抹布变成了一片绿洲。

他们马不停蹄，立刻开展整体方案研究，实现了当年发现储量、当年投产的渤海新速度。而新投产的调整井也非常争气，没有辜负他们的汗水，初期产能是以往井的2倍。渤海南堡35-2油田的年产量也从35万吨再迈上一个新台阶，达到了43万吨。在创造产量历史最高点的同时，油田寿命再延长5年。

中國海洋石油報

中国共产党第十八届中央委员会第六次全体会议，于2016年10月24日至27日在北京举行。全会由中央政治局主持。中央委员会总书记习近平作了重要讲话。全会听取和讨论了习近平受中央政治局委托作的工作报告，审议通过了《关于新形势下党内政治生活的若干准则》和《中国共产党党内监督条例》，审议通过了《关于召开党的第十九次全国代表大会的决议》。全会决定，中国共产党第十九次全国代表大会于2017年下半年在北京召开。

CHINA OFFSHORE OIL PRESS

中国共产党第十八届中央委员会第六次全体会议公报

（2016年10月27日中国共产党第十八届中央委员会第六次全体会议通过）

南堡35-2油田评价发现优质储量

惠州炼化前三季度实现利润25.94亿元

◎2016年，《中国海洋石油报》在头版位置报道《南堡35-2油田评价发现优质储量》

油层终于服输了。油田挖潜的成功，仿佛是黑暗中的一丝光亮，照亮了大家的梦想，让大家看到了希望！于是，油田的事迹再次登上了《中国海洋石油报》头版；而刘东，也再次成为渤海石油研究院的“十佳青年科技先锋”。

“争雄、争气、争光”，老部长的“三争”精神鼓舞着刘东，让他在逆境中不低头，在困难前不服输。将“三争”精神与实际工作结合起来，在工作中就会有取之不竭的动力，在任何困难面前就不会却步，在工作、学习方面都会坚持高标准严要求。而今，“三争”精神已经成为刘东工作中最重要的指导思想。一个人的思想有多远，他就有可能走多远。有感于此，刘东撰写了一篇《感悟王涛老部长“三争”精神》的文章，发表在单位的内部刊物上。

四、从“先导试验”到“规模化推广”

海上稠油开发，是困扰行业多年的难题；海上稠油热采，长期是国内外开发同行的技术禁区。在没有路的地方，拼尽全力创出一条路，考验的不仅仅是技术，还有品质……

油气工业事关国家能源安全。中国石油工业的发展与国家的建设密切相关，新中国石油工人的底色是具有红色基因的“石油师”。在新中国成立后不久，石油工人甩掉了“贫油国”的帽子；在新时代，党和国家领导人对石油工业高度重视。2021 年 10 月 21 日，习近平总书记在视察胜利油田时强调，“能源的饭碗必须端在自己手里”。2022 年 4 月 10 日，习近平总书记连线“深海一号”作业平台时做出重要批示：“建设海洋强国是实现中华民族伟大复兴的重大战略任务。”2022 年 6 月 25 日，习近平总书记在视贺“深海一号”超深水大气田成功投产时指出：“加强科技自主创新，加快进军深海步伐，不断在油气增储上产、‘卡脖子’技术攻关、绿色能源转型上取得新的进展，为保障国家能源安全、建设海洋强国不懈奋斗。”

将能源的饭碗端在自己手里，躬耕海上油田高效开发，能源报国——刘东从心底里更加坚定了自己的初心和使命。而进行“卡脖子”技术攻关、高效开发稠油，将是刘东今后继续努力的方向。在渤海湾工作十几年，刘东慢慢发现，诚如老部长所说——渤海湾，真的大有可为。

在过去的十多年里，渤海稠油热采的里程碑意义在于突破了海上稠油热采的禁区，实现了稠油热采技术从消化吸收“陆地模式”到“海油模式”的集成创新。南堡 35-2 油田和旅大 27-2 油田两个试验区的成功，让海上稠油热采从无到有、从理论到实践，让稠油热采这种开发稠油的有效技术在海上“安了家”。但是如何降低成本，将这种“奢侈”的稠油热采技术转化为“廉价”的开发方式，将井组式的“单打独斗”转换为规模化的“集团军作战”，成为新阶段困扰海上稠油开发的瓶颈。稠油规模化热采势在必行！第二次稠油开发战役已经悄然打响。

2020 年 9 月 1 日，位于渤海湾的世界海上首个规模化稠油热采平台——旅大 21-2WHPB 的正式注热，标志着海上稠油规模化热采迈出了具有里程碑意义的一步。海上稠油热采的卡脖子问题主要是开发成本高、经济效益差，而规模化热采是降本增效的一项重要举措。为提高稠油开发的经济效益，海上稠油热采不能照搬陆地“小井距 + 定向井”的多井少产模

◎ 2020 年，位于渤海湾的世界海上首个规模化热采平台——旅大 21-2WHPB 平台正式投产

式，而是因地制宜进行技术攻关，采用了具有海油特色的“大井距+水平井”的少井多产模式。旅大21-2油田B平台的投产，集成了过去10年沉淀的海上稠油热采经验，是海上稠油规模化生产的重要一步，对后续的稠油油田开采具有重要借鉴意义。

为建设好我国首个海上热采规模化示范区，自2018年开始，在为期2年的钻前优化和ODP实施过程中，刘东和他的同事们在充分吸收陆地油田热采经验的基础上，着力解决了一系列难题，为旅大21-2热采示范区的顺利投产注入了技术力量。

旅大21-2油田馆陶组属于辫状河沉积，看似储层发育，但构造十分复杂，隔夹层发育和横向展布极不稳定。由于井少及地震资料品质差，构造及隔夹层精细描述是摆在研究人员面前的“拦路虎”，也是影响热采水平井成功实施的关键因素。面对问题，研究人员沉着应对，各个专业集思广益、协同攻关，开展了多项地质油藏专题研究。为此，他们查阅参考文献上百篇，整理基础数据上千个，建立预测模型50余个，最终成功地将地下构造特征、隔夹层分布特征“摸”清楚，绘制了地下“油龙藏宝图”。他们利用“藏宝图”优化热采水平井井位，保证储层钻遇率；同时，与钻完井部门充分结合，优化轨迹最大限度规避断层，降低井漏风险。最终，10口热采水平井成功实施，油层钻遇率均在90%以上，为规模化稠油热采示范区的成功开发奠定了坚实基础。

旅大21-2规模化热采示范区在集成南堡35-2、旅大27-2油田两个热采先导试验区过去10年热采经验的同时，也有自己的特殊问题。旅大21-2规模化热采示范区的地层原油粘度是试验区的1.2～6.5倍，试验区的规律还能用吗？旅大21-2油层厚度40米，是试验区的4.0～6.7倍，注采模式还一样吗？……围绕这些困惑，刘东带领油藏人员迎难而上、潜心钻研，力争扫清从热采试验区到旅大21-2热采规模化应用的障碍。

“经过 275 次实验测试数据的验证，我们提出的新方法是正确的！”一大早，渤海石油研究院开发总师刘宗宾收到了一条来自刘东发来的短信。短信来自重庆科技学院重稠油油砂热采及 GAGD 实验室，此时的刘东正在检验核实实验数据。他抑制不住满脸的兴奋。原来，海上第一个稠油热采规模化示范区的攻关项目——旅大 21-2 油田稠油流变性研究取得了突破性新进展。

“在问题中起步，在过程中清晰，在坚持中突破”。从项目立项到实验设计再到实验分析，刘东对实验的每一个过程都进行了精心设计。看着为之努力奋斗 300 多天的成果，刘东的脸上露出了少有的笑容，悬在他心中的一块石头终于落了地，也让他第一次感到了一丝轻松。

故事还得从多年前说起。2010 年刘东刚入职时，正值渤海热采的起步阶段，他有幸参加了海上第一个热采试验区——南堡 35-2 油田的热采攻关工作。10 年下来，从旅大 27-2 到旅大 21-2，从试验区到重大专项，作为技术骨干，他几乎全程参与和见证了海上稠油热采的每一个试验进程。当得知海上第一个规模化热采示范区旅大 21-2 油田 ODP 方案通过公司审查，正式进入钻前优化阶段时，他主动请缨，加入了旅大 21-2 钻前优化研究项目组。

但在工作中，他遇到了一个难题：旅大 27-2 油田地层条件下原油粘度是 2 336 mPa•s，旅大 21-2 油田地层条件下原油粘度是 2 908 mPa•s。像从杯子中倒水一样，对于装蜂蜜的杯子和装水的杯子，将杯子倾斜同一个角度，水很容易流出来，而蜂蜜则不容易流动。蜂蜜和水的粘度差别很大，肉眼就能看出流动规律的差别。而对于旅大 27-2 和旅大 21-2 这两个粘度相近的油品，该如何区分呢？

刘东不停地问自己：“性相近，习相远？两个油田油品的差距，感觉就像双胞胎一样，单凭外貌这种宏观特征很难去区分，而父母却能依据性格和习惯这种微观特征很容易进行区分。”为了区分这两种油田油品的差异，在吸收旅大27-2油田试验区经验的基础上找到旅大21-2的独有特性，刘东开始了漫长的探索。为此，刘东专门设计了文献阅读笔记模板，将每篇文章的结构、方法、知识点、表达方式、优点和缺点等逐一进行解剖；从博士论文、硕士论文到专业书籍，他一篇一篇地啃；为了得到斯坦福大学的一篇学位报告，他多次拜托高校教授帮助寻找，后历时数月终于找到了相关的关键文献。

◎ 2020年，刘东在中海油服稠油热采实验室观察从稠油中提取的轻质组分

白天，他有空就钻进实验室，上手做实验；晚上，把孩子哄睡了，他就立刻开始另一段的忙碌——啃文献。时间有用就有用，时间没用就没用，这样的见缝插针，让他在2019年阅读各种学位论文50余篇，并找到了区分"双胞胎"油品的路径，提出了一套定量计算拐点温度的新方法，解决了稠油拐点温度定量描述的难题。他预测，旅大21-2油田的拐点温度比原先的认识高出了整整20 ℃。按照新的认识，如果不增加周期注汽量，旅大21-2油田的加热半径仅仅只有原先设计的60%。而要想取得好的热采效果，则需要大幅度提高注汽量。

经过上百次实验的验证，新方法的创新性和有效性得到了证实。可喜的是，新方法的适用范围不再受粘度的限制。这项成果，马上应用在了海上第一个规模化热采示范区——旅大21-2油田的第一轮蒸汽吞吐方案设计中。刘东将新的认识向主管领导进行了汇报，并提议将旅大 21-2 油田 ODP 设计的热采井第一周期注汽量从 3 900 吨提升到 6 700 吨。旅大 21-2 油田第一口热采井 B1H 投产后，高峰日产油从原先设计的 90 吨增加到 120 吨，稳产时间也大幅度延长。现场实施效果表明，方案的优化是正确的，旅大 21-2 热采示范区成功投产并达到了设计要求。

后来，集团公司团委开展了应对低油价挑战攻坚战“青年先锋队”创建活动。渤海石油研究院青年科研人员立足海上第一个规模化热采示范区旅大 21-2 油田，瞄准海上稠油热采规模化卡脖子关键技术进行攻坚，组建了一支“渤海稠油规模化热采技术创新青年先锋队”，刘东被大家推选为队长。

“海上稠油热采攻关就是困难连着困难，挑战连着挑战，是不断摸索的过程。我们的角色是伞兵，伞兵天生就是被困难包围，除了倾尽全力突破，我们别无选择！”在青年先锋队启动会上，作为队长的刘东对全体队员说道。他是这么说的，他们也是这么做的。2021 年，刘东所在的团队荣获集团公司金牌班组。而他自己，也被评为 2019—2021 年度天津分公司“最佳员工”、第四批集团公司“青年科技英才”。

◎ 2021 年，刘东所在的海上稠油技术攻关团队被集团公司评为“金牌班组”

◎ 2022 年，刘东荣获 2019—2021 年天津分公司“最佳员工”荣誉称号

五、新征程，再出发

刘东的家乡四川内江处于丘陵地带，沟壑纵横，山峰连绵起伏。小时候的刘东经常登高望远，心头好奇：“山的那一边是什么？”长大后，面对技术攻关过程中的一个又一个难题，刘东奋勇攀登。每登上一个山峰，他在心底总是忍不住问自己：“山的那一边是什么？”仁者乐山，智者乐水。在刘东的生命里，总是在不断出发，开启一个又一个新征程……

2022 年 4 月，集团公司进行三项制度改革，刘东踏上职业经理人的岗位，成为地质油藏室主任，开始了新的征程。地质油藏室是渤海石油研究院开发一路唯一以技术攻关为主业的专业科室，业务主要涵盖地质建模、稠油热采、方案设计、开发图集、数据治理等工作，同时承担了国家重大专项、集团公司重大项目等技术攻关工作，是渤海油田高质量发展的重要技术支撑。

“独行快，众行远。我们生逢其时，赶上了渤海油田高质量发展的好时候。有幸并肩战斗，有幸共同见证，有幸共同奋战！同行共成长，同心向未来。”在地质油藏室新经理任职会上，刘东对领导和同事们说道。

“以前是处理技术，自己做到、做得好就行。现在不一样了，你需要带好一支队伍，带领大家共同做到。”上任之初，开发总师刘宗宾提醒他说。从上任那一天起，刘东带领团队坚持每天做两件事：一件是以前做过的事，这次总要比上次做得好；一件是没有做过的事，成功了收获经验，失败了收获经历。无论如愿以偿还是事与愿违，在刘东看来，都是成长的营养。

作为新任经理，刘东第一次站在更高的维度，以鹰眼的视野俯瞰渤海油田存在的开发难题和需要开展的技术攻关，不断锻炼自己的全局思维和解决实际问题的能力。在学校做过多年班长和研究生会副主席的刘东深知，一个人的成长具有惯性，几十年养成的习惯不是轻易就能改变的。一个人就像大海中漂浮的冰山，外在表现的行为只是露出水面的一小部分，是内心想法的外在呈现，更多的实质内核，则是冰山水面以下的内在思想。“想推动冰山前进，不能从行为层面、从冰山的表面做功，而要从冰山的下面、从潜意识层面努力。”刘东这样想，也这样做。

“请从我们科室中任选两个你比较熟悉的人，说一说他们身上的三个优点或优秀品质。”在上任之初与科室成员进行一对一谈心谈话快要结束时，刘东进行了一个附加选项。同事们没有心理准备，一开始都被这个突如其来的问题给难住了。但稍加思考之后，都非常开心地说出了身边同事的优点。“严谨细致”“见贤思齐”“热忱友爱”“任劳任怨”“乐于助人”“博闻强识”“潜心钻研”“坚韧执着”……在每天的工作间歇，刘东见缝插针地找人逐一谈心谈话。两周之后，刘东收集到了团队成员的40多个优秀品质。“这可是我们这支队伍的光和热啊，我得想办法将这些微光和微热聚集起来，让它们释放出更大的能量。”刘东暗暗告诉自己。

当刘东将这些优秀品质呈现给科室成员时，大家都惊讶了。因为很多优秀品质他们自己都没有发觉，是身边同事挖掘出来的。马不停蹄，刘东带领大家从这几十个优秀品质中萃取出“热情”“严谨”“担当”“坚韧”四个关键词作为大家共同的优秀品质，并作为地质油藏室的团队品格，引领科室的日常工作。

除此之外，刘东还根据每个成员的成长经历，非常用心地对每个人给出了一句鼓励的话语。有的同事刚参加工作不久，“找准跑道，奋力奔跑”“扎根成长，为破土而出积蓄力量”，刘东鼓励他们迅速转变角色，快速融入团队；有的同事尝试多次，但也失败多次，“享受每一次起跑，那是赢的姿态”“每一次的用心用情，都是对生命的点燃”，刘东鼓励他们重新振作；有的同事正在努力奋进，“每增加一份阅历，就增加一份滋养”“每一份付出，都浇灌着心底的梦想”“每一次踮起脚尖，都离梦想更进一步”，刘东对他们的成长和付出进一步加持助力……聚焦优秀品质，发掘个人潜能，刘东鼓励大家一起做更好的自己，让每个成员都焕发出昂扬向上的奋斗姿态。

凝心聚力，求同存异。寻找到科室发展的重要动能和最大公约数之后，刘东带领他的新团队奋勇前行，开始在渤海三个开发阵地上攀登向前。

第一个阵地是渤海稠油热采，力争经济有效地动用更多的海上稠油储量。2022 年，我国原油对外依存度达到 71%，习近平总书记指示：“加大勘探开发力度，保障国家能源安全。”渤海是全球最大的海上稠油生产基地，实现海上稠油开发技术的重大突破，既是国家能源战略的重大需求，也是中海油重要的上产方向。为经济有效地开发海上稠油，亟需开展针对性的技术创新与攻关，力争在提高单井产能的同时提高采收率，突破海上热采油田投资经济门槛，动用更多稠油储量。

而早在 2020 年，中海油集团公司就已经成立了渤海热采提速提效专班，对海上稠油下达了总攻的命令，计划 2025 年稠油热采年产量规模达到 300 万吨。海上稠油热采技术攻关，注定是一场艰苦卓绝的接力赛，涉及到海洋工程、地质油藏、钻完井、采油工艺、地面集输等多个专业。刘东所负责的地质油藏室是整场接力赛的第一棒，方案设计是从源头上保障后续参战队伍有效工作的关键。为此，刘东带领这支参战队伍制定了 300 万吨详细的构成计划，并对每个热采项目的投产时间、注热时间等进行了细致规划，制定了上产 300 万吨的作战图。

正是多专业、多部门的协同作战，让渤海稠油热采的产量规模在 2020 年到 2022 年实现了从 10 万吨到 30 万吨，又从 30 万吨到 50

万吨的“三连跳”；2023年，渤海正瞄着“保70万吨争80万吨”的目标在稳步迈进。“渤海稠油规模化热采技术攻关，是渤海油田上产的主战场。我们每个人都要挂图作战，我们要牢牢守住我们的主阵地。”刘东对大家说道。

第二个阵地是提高采收率，力争通过技术攻关，进一步提高在生产油田的采收率。经过多年持续深入的勘探，新发现储量品质的劣质化是不可逆转的行业规律。提高采收率，是油田开发人员持续关注的永恒话题。经过简单的估算，渤海采收率每提高1个百分点，相当于新发现一个亿吨级大油田，这太有诱惑力了。

历经多年技术攻关和生产实践，渤海油田油藏描述有效指导了油田高效开发及高含水期精细调整挖潜，形成了较为成熟的曲流河相、浅水三角洲相、辫状河相、常规三角洲相油藏精细描述技术体系、碎屑岩储层三维定量表征技术体系。随着渤海主力油田进入开发中后期，有的油田已开展3次油藏精细描述，研究精度已达单砂体内部。要想进一步提升油田采收率，势必对油藏精细描述提出更高要求。如特高含水期储层微观孔喉结构变化及剩余油赋存规律是什么？长期水驱开发微观孔喉结构会发生什么样的变化？由于对微观剩余油赋存规律认识不清，需要探索微观剩余油描述技术，对高含水期微观剩余油赋存规律和微观孔隙产出特征进行深化研究，确定不同驱替条件下剩余油的赋存状态，从而指导后期的剩余油深度挖潜。此外，井点以外受资料精度的影响，砂体内部泥质隔夹层的定量描述存在技术瓶颈，需进一步提高资料精度，提升描述精度，提升低油柱底水油藏的开发效果。还有，历经整体加密及精细挖潜后，单砂体内部及砂体间剩余油分布规律复杂，需要进一步攻关单砂体之间的叠置关系及连通性，更加精细、准确地描述剩余油分布。

2023年年初，集团公司下达了油藏描述三年行动计划的工作任务。“积极建立滚动油藏描述机制，定期开展精细油藏描述工作，促进提升油气田开发水平”成为所有勘探开发人员新的行动指南。刘东带领地质油藏室正按照“提升年、深化年、巩固年”的统一步伐，不断提升科室人员的油藏精细描述技术水平，争取为高水平实现“油气资源供给保障中心”建设目标作出新贡献。

第三个阵地是智能油田和绿色低碳油田，力争在智能和绿色低碳的双重背景下提高油田开发效果。中海油正在加快推动智能油田和绿色低碳油田建设。刘东带领地质油藏室也积极拥抱科技，全力提供相关技术和工作支持。

在渤海，有一个特殊的老油田——秦皇岛 32-6 油田。虽然它已经有 20 多年的开采历史，但却是中国海上首座智能油田。作为一位经验丰富的“老矿工”，秦皇岛 32-6 油田历经多年风雨，却仍然坚定地矗立在天际线上，迎接着一个又一个新的挑战。2021 年 10 月 15 日，这位海上“老矿工”完成了一期智能化改造，为自己注入了全新的活力，焕发出新的光彩。现在，秦皇岛 32-6 油田就像一个智能

◎ 2023 年 6 月，超临界多源多元热流体实验研究方案审查会（GAGD）
（第一排左二为刘东，左六为周守为院士）

化的海上工厂，通过先进的技术手段，实现了自动化生产、数字化监控、智能化管理等多项功能，推动着油田运营、管理不断朝着更高效、更精准的方向前进。

超临界多源多元热流体技术（简称 GAGD）是中海油周守为院士首先提出和研究的一项技术，是一种以稠油产出液为物质和能量来源，以超临界水氧化技术为核心的新型多元热流体发生方式。超临界多源多元热流体热采新技术相对于传统的蒸汽锅炉热采来说具有燃料适用性广，可以直接利用生产水、无需庞大的水处理系统，热损失小、热流体热焓值高等优势。该技术可以充分利用有机废液，并且没有烟气排放。开展超临界技术研究同时也有助于解决平台有机废物的再利用问题，能有效减少锅炉烟气排放，对保障国家资源安全、助力实现“碳达峰、碳中和”目标具有重要意义。中海油集中研究力量争取在“十四五”期间将该项技术从实验室搬到矿场试验，刘东和他的团队正在积极参与到方案设计和目标井位的筛选中。

◎ 2022 年 6 月 17 日，地质油藏室在“庆祝渤海油田建成全国第一大原油生产基地”横幅前合影（左八为刘东）

“在茫茫的人海里，我是哪一个；在奔腾的浪花里，我是哪一朵。在征服宇宙的大军里，那默默奉献的就是我；在辉煌事业的长河里，那永远奔腾的就是我。不需要你认识我，不渴望你知道我；我把青春融进，融进祖国的江河。”正是数不清的渤海石油人经年累月的持续奋斗，助推着渤海油田不断向前发展。

渤海油田自2010年上产3 000万吨以来，已经连续10余年稳产，并在2022年站上了原油产量达3 013. 2万吨、油气总产量达3 273. 16万吨的历史新高点，成功建成我国第一大原油生产基地。3 000万吨原油年产量的实现，将为海洋石油工业发展史增添浓墨重彩的一笔。作为中国海上最大的油气生产商，中海油已连续3年国内原油生产增量位居三大油公司之首。渤海油田，犹如一个充满力量的壮年小伙，正使出浑身的劲儿，全力奔跑在上坡的路上。“十四五”期间，渤海油田将继续推动“七年行动计划”，确保2025年实现油气上产4 000万吨。站在新的历史起点，所有的渤海石油人都重新出发，在新的起点，为了新的目标，以新的姿态，攀登向前。

◎ 2022年，地质油藏室成员在“全力上产4 000万”标志前合影（左二为刘东）

汪国真先生说："我不去想是否能够成功，既然选择了远方，便只顾风雨兼程！"

拥有梦想的人生是充实的，为逐梦而努力的人们是幸福的。有的人，是天生的追梦者，夜一程，昼一程，星月轮转；山一程，水一程，执着前行！长江、尼罗河、亚马逊河、多瑙河昼夜不息、奔腾向前，尽管会出现一些回头浪，尽管会遇到很多险滩暗礁，但大江大河奔腾向前的势头是谁也阻挡不了的。

刘东正如他的小名"海波"一样，奔腾入海，昼夜不息；滚滚波涛，前进不止。向前，向前，再向前！留给地平线的，永远是攀登的姿态；留给世界的背影，永远是向前不弯的脊梁！

第四章　志存高远

在“不请长缨，系取天骄种”的仲军故里——仲宫镇，有一个叫阳阳的小男孩，知书达理的母亲经常给他讲《南华经》《诗经》里的故事。他也因此记住了“鲲鹏”的名字。转眼间到了上学的年龄，父亲给他起名叫“腾飞”，寓意“为中国之腾飞而读书”。

非学无以广才，非志无以成学。志存高远的腾飞与地下石油结缘。他为了探寻“石油存在于地质家的头脑中”的命题而上下求索，海外求学，又到海外创业。

回首往事，一首诗道出了他的心路历程——相隔万水不曾还，细雨微微入锦园。锦官缚龙映青山，方得华夏冬日暖。身披锦服脚踏云，一片泥路一片天。谁说锦城好去处？持剑辟地化能源。

——题记

第一节　追根溯源

一、名字的由来

2009年12月10日下午，首届“王涛英才奖学金”获奖者座谈会在北京石油阳光会议中心举行。王涛同中国石油大学（北京）及（华东）两校获奖的6位同学能源、纪仁杰、刘东、张明江、谭双妮和林

◎首届“王涛英才奖学金”获奖者座谈会

腾飞亲切交谈。王涛看到同学们有些拘束，就笑着说：“我今天不听汇报，但是我愿意听一听大家对学习有什么体会啊，遇到了什么问题啊，以后有什么打算啊。咱们互相交流一番，也是一个互相帮助、互相启发的过程。咱们每年见一次面，第一年6人，第二年12人，第三年……除了中间可能有些人出国了、出差了，大家都能见面，越来越多，多好啊！”随后，王涛便与大家唠起了家常，气氛立即活跃起来。

当了解到林腾飞在高中18岁就入党时，王涛充满激情地对他说：“你作为一个拥有多年党龄的年轻党员，国家需要你这样的人才。”接着，王涛若有所思地问：“你为什么叫‘腾飞’呢？”

“这是我父亲起的名字。他说当年周总理就是立志‘为中华之崛起而读书’，现在我们国家已经崛起了，叫你‘腾飞’，以后就‘为中国之腾飞而读书’吧。”林腾飞回答道。

“那你肯定也有座右铭啦？”王涛接着问道。

林腾飞激动地说：“我的座右铭就是正名、修身、齐家、治国、保天下！”

“好大的志向！远大的志向是靠脚踏实地积累起来的，不然再好的理想也是空中楼阁。”王涛鼓励他说。

俗话说，三岁看大，七岁看老。这在林腾飞的成长经历中似乎得到了验证。

1989年，林腾飞出生在山东省济南市南部山区的一个小山村。一直到读书之前，林腾飞还都只有一个小名——阳阳。像太阳那样阳光灿烂，在太阳下茁壮成长，大概是每一对父母对孩子的期望。林腾飞的老家是“不请长缨，系取天骄种”的仲军故里——仲宫镇，镇上一直伫立着仲军的一座雕像。虽然父母都是农民，但当地民风淳朴，崇尚忠君爱国，加上他母亲酷爱读书，每次路过仲军雕像，都会给他讲一些相关的故事：仲军18岁时就已经博览群书、才华出众，更在27岁出使南越，成功说服南越王内附汉朝，最终为了国家的统一献出了自己年轻的生命。仲军的故事在小腾飞的心中埋下了一颗种子，他渴望能够像这位跨越千年的同乡一样学富五车，主动请缨，甚至为国家献出生命。

孩童时代的生活清贫而又充满了欢乐。作为木匠，父亲在那段时间越来越不容易找到活儿干，最后只能回家开山劈石，打理几亩地养活家小，一家五口的温饱都是问题。可他们的生活却总是充满了欢声笑语。母亲是当时留在村里的少有的高中生，经常让他坐在床头，一边悠闲地在床边走来走去，一边给他读着《南华经》《诗经》中的故事。他对书中的一切都感到新鲜而好奇。他不理解为什么郑伯和叔段作为亲兄弟还要打架，而他和哥哥两个人关系就一直很好；他不知道为什么庄子的亲朋有人去世而庄子还要唱歌，他只记得奶奶刚走时他难过得哭了好几天。在好奇、困惑和思考中，他记住了“鲲鹏”的名字，也让他爱上了读书。他至今还依稀记得，自己的第一本课外读物竟然是一本厚达500多页的《列宁选集》。当时识不了几个字的他，是从数书的页码开始的。有了这些杂乱的积累，在小学写作文时，林腾飞也能照猫画虎地写几句对仗的词句，用几个押韵的注脚。后来他喜欢写辞赋，应该也是受小时候启蒙的影响。

1995年，转眼间到了上学的年龄，一家人围在桌子旁。父亲林荣山说：周总理曾经说“为中华之崛起而读书”，你就叫“腾飞”吧，以后就“为中国之腾飞而读书”。就这样，他有了一个寓意深刻的姓名——林腾飞。

二、与石油结缘

林腾飞与石油结缘，是从高中时开始的。2004年秋，林腾飞进入高中学习，遇到了授业恩师陈少祥老师。陈老师是学校的党支部书记，教英语课。与陈老师相知，是一次林腾飞在路上小跑着去教室上课，迎面第一次碰到了陈老师。他在老师前面整理了一下校服，恭恭敬敬地向陈老师鞠了一躬，然后快速跑开了。这一鞠躬给陈老师留下了深刻的印象：学生见面向老师问好十分常见，对于没见过的老师也十分尊重还颇有古风地给老师行礼的却第一次遇到。自那以后，陈老师便十分关注林腾飞，也经常找机会与他聊天谈心。陈老师非常注重立德树人，善于挖掘学生的潜力。他经常鼓励林腾飞立功先树人，才德之间更要以德为先。正是在陈老师的鼓励下，林腾飞才得以在各方面有了更加优异的表现。2007年5月，在林腾飞刚满18岁那年，他光荣地成为一名共产党员，而陈少祥老师就是他的入党介绍人。

陈老师酷爱大自然，对地质非常感兴趣。他家里摆放的各种矿物和化石，都是跑野外收集来的。为了一枚三叶虫化石标本，他会独自爬到人迹罕至的深山去搜寻。1978年恢复高考的那一年，陈老师本来计划报考华东石油学院。但迫于家庭条件的限制，他最后选择了师范。听了陈老师的这个故事，林腾飞开始慢慢地了解石油勘探这个行业，知道了石油对于国家的重要性。于是，成为一名石油勘探专家，延续老师的梦想，成为林腾飞最初的追求。他向往着有一天自己能够成为石油行业的尖兵，把手中的笔化作红缨，牵出一条条地下的油龙！

2007年，在填写报考志愿的时候，他毅然选择了中国石油大学（华东），成了一名石油勘探系的学生。入学前，林腾飞已经了解到中国油田大多数分布在沙漠戈壁、沼泽山地，条件极其艰苦；勘探系更是经常以“乞丐”自嘲，这反而激发了林腾飞的情怀——

朝引鲲鹏驾西端，
三山两盆化千川。
汉家威仪通丝路，
哥舒帐下旍旗展。
左公植柳三千里，
春风得度玉门关。
而今啸天吠明月，
瑶池王母旺新年！

作为一名新生，大学生活充满了新奇和憧憬。高中时就已入党的林腾飞，深感自己应该为同学们做点什么。于是，军训前后、课上课下，到处都可以看到他的身影。同学病了，送他们去校医院就医；谁家里有困难，他帮助申请奖助学金；班里有几位学习比较吃力的同学，他帮助答疑解惑。元旦假期，大部分同学都会留在学校。林腾飞就和其他班干部带着同学们包饺子。元旦晚上，他们一边看着晚会节目，一边吃着自己包的饺子，其乐融融。有付出才会有收获。正是因为大家的共同努力，不只他个人拿到了专业综合测评第一的好成绩，班里的另外两名同学也进入了专业综合测评前五名。他们一起经历了很多愉快的时光。

大二上学期，经过一年的培养，林腾飞负责发展的几名入党积极分子也走到了宣誓台上。他们经常去敬老院陪老人聊天、下棋。在那里，他们遇到了当年在胶东地区参加过抗日战争的老战士，倾听老人们为保家卫国而浴血奋战的感人故事。

三、格物致知

自从参加了“王涛英才奖学金获奖者座谈会”后，林腾飞的视野仿佛宽阔了许多，也更激发了他向外闯荡的信心。2010年寒假的时候，他只身从青岛来到北京寻找社会实践的机会。在王涛老部长助手的帮助下，他如饥似渴地阅读了大量课外读物，涉及历史、哲学等从未接触到的知识，并且了解到石油工业杰出科学家翁文波创新思维的故事。翁文波是我国著名的地球物理勘探、地球化学勘探、地球物理测井等应用科学技术的创始人之一，他治学严谨、知识渊博、建树频多。翁文波也因此成了林腾飞学习的榜样。

更为难得的是，林腾飞爱读书，更善于思考，总能抓住问题刨根问底。有一次，他请教王部长说：有人说，石油不是存在于地下，而是存在于地质家的脑子里。我一直不理解这里边的含义。王涛没有直接回答，而是讲起了自己的经历。在苏联留学时，导师传授给他一个非常重要的基本观点，就是“作为一个地质学家，证实哪个地方有油是容易的，但要否定哪个地区没有油则一定要慎重”。这句话深深地铭刻在了王涛的心中，并被大量的勘探实践所证实。事实证明，一个人的认识以及技术手段都是有限的，所以绝对不要轻易下否定的结论。王涛回国找油时，一直牢记着这样句话：当时没找到，就把它暂时放下，以后再来找，但决不能说这个地方没油了。如果一个地质家脑子里没有油，那是最大的悲哀。一次一位地质师向王涛汇报工作，王涛问他：“你脑子里面以为这个地方有没有油？”那位地质师回答说：“我脑子里以为这地方没油了。”王涛很是赞扬他的老实，但同时也告诉他：这个结论不能下！如果一个地质师脑子里面都不知哪里有油了，勘探工作就很困难了。后来的事实证明，直到现在那个地方还在不断有新的发现，不断有油和气产出。

这个故事告诉林腾飞，搞石油勘探是一项有风险的事业，是一个艰辛的探索过程，它要求勘探家必须具有坚定的信念、锲而不舍的追求和艰苦细致的工作作风。特别是在恶劣的自然环境和地质情况极其复杂的含油气盆地，不能期望一镐头就能刨出个“金娃娃”。只有在积累必要资料的基础上反复研究，对地下油气藏形成的基本条件有了一定认识之后，才会取得成功。

纸上得来终觉浅，绝知此事要躬行。2011 年暑假，他又争取到了在东方地球物理勘探公司研究院实习的机会。短短几个月的实习，让他加深了对石油工业形势的认识，也激发了他投身祖国石油勘探事业的热情。实习期间的七月一日是党的生日。望着窗外的月光，林腾飞难以入睡，提笔写下《七律·七一》——

文武雄于乱世，
为国披肝沥胆。
当仿赳赳老秦，
气吞万里河山。
荡平夷狄蛮胡，
马踏塞外平原。
埋骨仍需梓地，
固我华夏轩辕。

现场学习

千帆竞发东风助，
正是扬帆远航时。
梦里几回盼盛世，
而今吾辈恰少年。

四、曲径通"优"

在保证学习和工作不受影响的同时，林腾飞将剩余的时间转向了学科竞赛与科学研究。此前，他参加过学校举办的大学生数学建模大赛，慢慢地喜欢上了这项活动。每次比赛过程中的紧张氛围，都让他心潮澎湃。就这样，他们一路过关斩将，终于走进了美国大学生数学建模大赛的会场。

美国大学生数学建模竞赛（MCM/ICM）由美国数学及其应用联合会主办，是最高级别的国际性数学建模竞赛，也是世界范围内最具影响力的数学建模竞赛。赛题内容涉及经济、管理、环境、资源、生态、医学、安全等众多领域。竞赛要求 3 人（本科生和研究生均可参加）为一组，在 4 天时间内，就指定的问题完成从建立模型、求解、验证到论文撰写的全部工作，从而展现出参赛选手研究问题、解决方案的能力及团队合作精神。2010 届美国大学生数学建模大赛吸引了全球范围内多达 1 700 多支队伍参赛，大赛需要在 72 小时中分组完成一项复杂的建模项目。一张桌子，三把椅子，三个人面对面地坐着。那里既是比赛场地，又是他们的餐桌、卧室。比赛期间，不少参赛选手通过搜集材料找到了一个类似的数学模型。这给了他们很大的压力，因为他们的模型是完全建立在自己推导的公式之上的，相比之下还不够成熟。但经过讨论，他们一致认为，自己的模型更符合大赛崇尚独立自主和团队协作的导向，并且经过完善后更符合实

◎ 在参加美国大学生数学建模大赛期间合影（左一为林腾飞）

际情况。也正是由于他们坚持了自己的想法，林腾飞所在的小组成为中国石油大学历史上第一次获得该奖项一等奖的队伍。

在获得国家批准立项的国家大学生创新性实验计划——“不同尺度地震数据匹配处理试验”中，林腾飞他们也取得了不小的收获。作为中国石油大学（华东）第一支被批准参加此类项目的队伍，他们运用不同的地球物理方法所获得的多尺度资料进行匹配，通过分析测井、地震数据和地质资料，把小尺度的测井数据与大尺度的地震、地质数据结合在一起，探索使用机器学习的方式将各类尺度数据自动整合到一起，在大大提升效率的同时，也节省了人力分析的成本，提高了匹配的精度。在那段时间里，办公室里经常出现这样一个现象：研究小组里的三个人围着一台电脑显示器，逐字逐句地检查程序中可能存在的漏洞。地震数据量十分庞大，因此，如何处理每一批数据因人为边界所产生的误差成了难题。为此，他们查阅了很多相关资料，终于发现美国的一位学者曾经做过相关研究。通过交流，那位学者不仅在回复中详细地阐述了问题，还专门腾出时间编写了一个小例子附带在邮件中，极大地加速了他们的研究进度。最后，在大家的共同努力下，终于出色地完成了项目。期间，有一次大家交流到深夜，望着窗外远处的海湾和隐隐约约海浪涌动的声音，林腾飞回到座位上，默默地写下一首《沁园春》——

伫立看台，唐岛湾畔，独岛跟前。那潮起潮落，乌云吞天，雨帘如幕。

穿梭车流，孤叶凌空，鸟无所依，

唯见茫茫天际路。

叹苍穹，奈夷狄胡虏，如何称雄？

俄而雷鸣电闪，逢昔日年少多事秋，恰弱冠之年，意气风发，将军把酒，

虎啸龙游。污泥磅礴，狭渊浅潭，

定能不负鲲鹏志。

岂不知，持晴天霹雳，问鼎中原。

◎ 与创新性试验计划指导老师孙成禹教授（中）在一起（左一为林腾飞）

第二节　远游必有方

一、破格录取

临近大学毕业，林腾飞陷入了迷茫之中。看到国内油田热火朝天的景象，尤其是与自己同时获奖的博士毕业生能源已经就职塔里木，硕士毕业生刘东已经就职渤海湾，他恨不得立刻投身到这钢铁洪流之中去。

“去海外学习开阔视野吧，我等你学成归来。”正是王部长的这番话，为林腾飞指明了方向，也坚定了他赴海外创业的信心。

2010 年暑期，林腾飞成功申请到文化交流学生，来到美国俄克拉荷马大学。这里诞生了世界上第一条地震剖面，成立了世界上第一所石油地质学院，还曾经是美国的石油中心。处处密布的井架和抽油机诉说着这里曾经的辉煌。从石油之都到非常规之都，俄克拉荷马可谓历经坎坷。曾经的美国最大的原油生产基地，也曾一度失去了往日的辉煌。但它并没有遵从命运的安排，随着非常规页岩油气藏的大规模开发，俄克拉荷马重新成为石油界的宠儿。

世界上对页岩气资源的研究和勘探开发最早始于美国。依靠成熟的开发生产技术以及完善的管网设施，美国的页岩气成本仅仅略高于常规气。这使得美国成为世界上唯一实现页岩气大规模商业性开采的国家。数据显示，2010 年美国页岩气产量已经超过了 1 000 亿立方米。林腾飞的导师 Marfurt 教授是石油勘探界的地震属性领域专家，曾经在美国阿莫科石油公司主管机要部门二十几年，后来回到大学继续从事石油勘探相关研究。Marfurt 教授招生非常严格，所招收的学生大多都有硕士以上学历。而林腾飞只有本科学历，但从上百位申请者中，他仍然被 Marfurt 教授选中，成为当年招收的唯一一名中国留学生，并获得了全额奖学金。有一次，Marfurt 教授讲起录取林腾飞的原因：“我毕业于哥伦比亚大学，我的导师是一位知名华人教授。在导师的培养下，我们同门中先后有三人成为国际知名地质学家，被称为‘哥伦比亚三剑客’。我正是从你的身上，看到了导师对我们要求的那样——自律、严谨、勤奋、刻苦，所以才破例将你录取。”

◎ 林腾飞在俄克拉荷马大学能源大楼留影

作为世界上第一所石油地质学院，在俄克拉荷马大学能源大楼的大厅里，有一尊石油工人的雕塑——两位石油工人在井口紧张地忙碌着。每次路过，王涛部长的嘱托便会在林腾飞的耳边回荡，时刻提醒着他，不忘自己是一名石油工人，不忘自己的初心使命。就这样，4 年时间里，他克服了外语、环境、专业等各方面的难题，以优异成绩先后获得硕士学位和博士学位，在地震属性领域发表文章共计 10 余篇，并被评为俄克拉荷马大学优秀研究生。

在美国读书的 4 年时光转瞬即逝。回想起过去，从 10 年前走进高中校园开始，林腾飞便与石油结下了不解之缘。在石油大学学习的那 4 年，加深了他对石油勘探事业的认识。在中石油总部的实习，更让他被那些石油先驱所折服，使他得以在石油工业发展的历史长河中畅游，也让他明白：正是先辈们经历的血与火的考验，才从一场场会战中打出了新中国的石油新天地。学习之余，他难抑思乡之情——

相隔万水不曾还，
细雨微微入锦园。
锦官缚龙映青山，
方得华夏冬日暖。
身披锦服脚踏云，
一片泥路一片天。
谁说锦城好去处？
持剑辟地化能源。

二、求学若渴

回想起王部长在苏联长达 8 年的留学生涯，林腾飞顿时没有了在异国他乡的孤单。为了完全理解教授所讲述的专业问题，他经常在课间和课下与其他同学进行讨论。有时表达不清楚，就用手势、用笔表达，常常不知不觉间就到了深夜，以至于导师经常告诉他：“Tengfei，you should have a good rest.”在俄克拉荷马大学的日子，

◎ 林腾飞向导师汇报研究进展情况

紧张而有序。由于他的优异表现，他拿到了俄克拉荷马大学优秀研究生奖学金。

第一次见到美国地震采集作业现场，给了林腾飞极大的震撼。在茂密的森林里，只能听到隆隆的直升机的声音。穿越一片树林，才看到一处半个足球场大小的基地。几架直升机在空中来回盘旋，将钻机和检波器送到附近的施工点。这样的施工方式将对环境的影响降低到了最小，也最大限度地提高了工作效率。面对此情此景，林腾飞陷入了沉思。他意识到，虽然国内石油工业发展迅速，但与世界上最先进的技术还有不小的差距。地震采集是如此，地震数据处理也是如此。而林腾飞所能做的，就是在这里踏踏实实地掌握好每一项技术，以便将来能够为我所用。

在中石油实习期间，林腾飞了解到国内由于多为陆相盆地，地质条件极为复杂，必须采用叠前深度偏移技术进行地下成像。因此，结合国内油气勘探所面临的问题以及地震属性和叠前深度偏移，他将研究生毕业课题定为“基于属性的叠前深度偏移与叠前时间偏移数据对比解释研究”。通过对地震属性的改进，他创造性地将地震属性应用到叠前深度偏移数据中，并在一年半的时间内，完成了硕士研究生论文，继续攻读博士学位。

◎ 参加国际非常规能源会议合影（中为林腾飞）

太平洋的广阔，没有隔断他对故乡的思念，知识会为他筑起返程的桥梁。身在异乡的他，“多么希望早点学成回国，也许我只是一个很渺小的存在，但我还是希望可以为国家做一点事情。正是这一滴滴细小的水珠，才可以汇聚成滚滚洪流。因为我一直憧憬着几十年前的那一幕，像当年年轻的王部长那样，从车站走出，重新踏上祖国的土地，满怀热情地投入国家的石油勘探事业之中……”

◎ 博士毕业后向王部长汇报工作

三、归心似箭

作为一所知名石油高校，俄克拉荷马大学聚集了一大批中国留学生。在大多数人的眼里，中国留学生的形象往往是学习成绩优异，但普遍不善于发表个人意见。作为学校的一个重要群体，中国留学生应该发出自己的声音。俄克拉荷马大学 SEG 协会是全球勘探地球物理学家协会，每年举办的 SEG年会与 EAGE 年会同属于全球最具权威的专业学术会议，其总部位于学校附近的 Tulsa 市。经过考虑，林腾飞决定去参选 SEG 协会主席。而与他一同竞争的是一位印度留学生和一位美国学生，他们相对于林腾飞来说有语言方面的优势。因此，在竞选之前，林腾飞丝毫不敢放松，他需要克服大家对华人留学生的固有印象和偏见。在竞选团队的帮助下，林腾飞在能源学院向师生们讲解了自己的工作计划和主张。经过近一个月的精心准备，林腾飞终于克服了语言上的劣势，高票当选为俄克拉荷马 SEG 协会首任华人会长。在他当选后，SEG 与 AAPG 共同举办了 challenge bowl 活动。作为一项国际竞赛，这一活动以地球科学（地质学、地球物理学、地理学和大地测量学）为主题，旨在测试学生对地球科学领域知识的广度和深度，并以竞赛的形式，鼓励学生多多关注地球科学问题。作为协会主席，林腾飞组织了一支由多国留学生组成的联队参赛。经过大家的共同努力，俄克拉荷马大学参选队获得了小组第一的好成绩。

林腾飞还策划组织成立了美国俄克拉荷马州华人石油协会，并担任首任会长。协会成立之后，他经常组织开展学术交流、分享经验和互帮互助活动，使协会不仅成了华人教授、留学生和油公司华人员工的重要交流平台，还架起了与国内沟通的桥梁。随着协会的影响逐渐扩大和华人留学生的日渐活跃，其他国家的学生也慢慢改变了对中国留学生沉默寡言、性格内向、不善言辞的刻板印象。他

◎ 俄克拉荷马华人石油协会部分成员合影

们更多地看到了中国留学生阳光、向上与自信的一面。

一个人静静地走在回家的路上，天上的星星是那么地明亮。Sarkeys 能源大楼的灯光将林腾飞的影子铺在前方，为他指引着回家的方向。这栋能源大楼历经 20 余年，没有一丝改变；但却如那历经千年的化石一样，见证了众多师生在这里镌刻下的生命印迹。

◎ 林腾飞参加 SEG 协会会长竞选

◎ 参加 SEG 协会 challenge bowl 活动

四年刻苦攻读，四年朝思暮想，大洋的彼岸有家有亲人有朋友有祖国。用十几年的时间，林腾飞绕地球画了个圈。千帆经历，唯有对祖国和亲人的初心不改。博士答辩之后，林腾飞驱车来到学校旁边的雷鸟湖畔，他抑制不住自己回国的心情。此时此刻，他一刻也不想耽误，当晚便预定了5天后的归程飞机，并在湖边写下了一首小词——

昨夜微风散，起舞在天边。
碧眸粉黛垂环，琴瑟踏云端。
玉簪人间洒落，
金乌沉浮其间，
分隔作两岸。
鹏程跃万里，安等朱雀还。

话星辰，共换盏，夜非寒。
小镇诺曼，镜湖雷鸟皱波澜。
拟化微风拂面，
又遇思绪万千，
驻马难向前。
且待归来日，披甲到幕前。

第三节　中东排头兵

一、立志海外

中国石油勘探开发研究院既是油田勘探开发决策部署的参谋部，又是油田勘探开发理论基础创新研发中心、勘探开发技术支持与服务中心和科技人才培养中心，拥有科研人员近2 000人，走出了侯祥麟、翁文波、童宪章等19位两院院士和无数的石油技术专家。2017年，林腾飞进入中国石油勘探开发研究院中东研究所工作。他的人生开启了新的航程。

中东所主要负责中东地区的石油与天然气的勘探开发业务的技术支持工作。中东位于世界能源的心脏地带，是共建“一带一路”的重点领域，也是中国石油五大油气合作区之一，地位和作用尤为重要。中东地区油田虽然储量大，但地质和油藏条件复杂，开采难度大，在中东国际油气高端市场打响中国石油品牌尚面临着一系列的挑战。

林腾飞想，国家提出“一带一路”倡议，中东正是“一带一路”的交汇地区。这为自己跨上国际石油舞台施展才能提供了最好机遇。于是，他决心申请“到中东去”。

“我年轻，有留学海外的经历，有良好的外语条件，请领导批准我去中东油气合作区经受锻炼！”林腾飞向所领导提出了前往中东地区工作学习的请求。他深知，中东地区的动乱和距离的遥远会让很多人望而怯步。但他也明白，自己是最适合这项工作的人选之一。“单位遇到难题，我们年轻人必须首当其冲、迎难而上，何况我是一名有着10年党龄的共产党员。”经过进一步向领导汇报思想，林腾飞最终如愿以偿。他马上把这一消息报告给了王部长，并写下了当时的感悟——

光阴冉冉二十载，家有佳儿已长成；
寒窗苦读十又二，学有小成在油中。
师恩如天要牢记，同窗皆是袍泽情；
戒骄戒躁再努力，脚踏实地路漫行。
男儿有志在四方，经天纬地常思量；
中华儿女多奇志，旭日东升待飞腾。
恩师指路如明灯，巨人肩上看分明；
青年才俊众同窗，来日皆是肱骨成。

◎ 2018 年 2 月前往海外工作前夕，向王部长汇报工作

三、持剑辟地化能源

“中东”这个词，往往与动荡紧密联系在一起。他刚刚入职中东所的那段时间，项目公司历经了局势动荡、地震等多起突发事件，而且工作时间紧、任务重，加班和现场停电更是家常便饭。

“我为祖国献石油”绝不是一句空话、大话，而是实实在在、脚踏实地干出来的，需要精湛的技术和扎实的专业技术做支撑。入职之前，林腾飞已经在石油勘探领域学习了 8 年多。但他深感“纸上得来终觉浅”，自己所学的一些理论知识只是纸上谈兵。

面对油田储量大、产量高、储层非均质性极强、沉积相带变化大、储层预测难度极大等特点，反倒激发起了林腾飞的斗志。从天亮到天黑，他在办公室一待就是一整天，积极向同事们求教中东地区生物碎屑灰岩的储层特征和相关的地震技术操作流程。这让林腾飞在很短时间内就掌握了精细构造解释地震反演、属性分析等储层预测流程，并承担了伊朗阿扎德干油田（1 200 km^2）和伊拉克西古尔纳 1 期油田（453 km^2）两个千万吨级大油田的技术支持工作。期

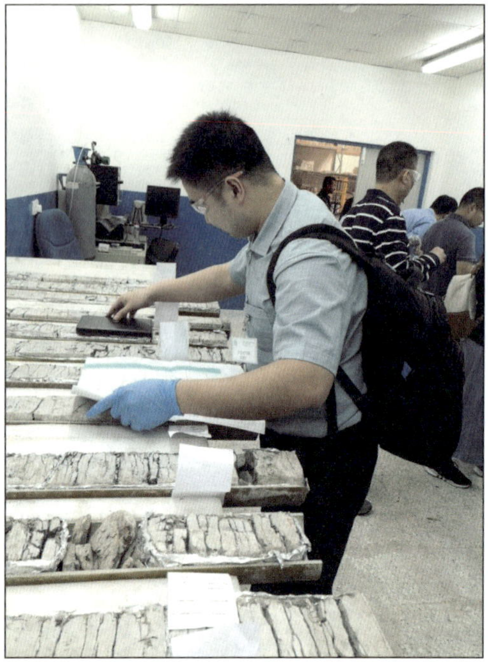

© 2019 年，阿联酋迪拜。林腾飞在岩心库描述岩心

间，林腾飞充分将读博士期间的研究成果与项目研究需求相结合，探索总结出了中东大型生屑灰岩油层储层综合表征技术流程，同时还利用自身的语言优势，晚上研究合作方的技术提案，白天与同事们分析利弊并确认技术谈判方案。

阿扎德甘油田是目前中国石油海外运作的第一个回购合同大型油田开发项目，是实现中国石油伊朗油气战略发展的奠基项目。针对阿扎德甘油田地面沼泽地下强非均质复杂生物碎屑灰岩油藏，林腾飞的工作重点是剖析源数据，提升储层表征精度，并将科研成果直接应用于阿扎德甘项目建设。

© 2019 年，林腾飞（左二）在阿联酋迪拜项目与团队成员共同研究地质情况

◎ 阿联酋迪拜项目团队成员合影

二、薪火相传

2018 年，在中国石油勘探开发研究院 60 周年职工文艺汇演的小品节目中，林腾飞扮演了一位终生从事海外石油事业的老专家讲述“石油故事”的节目。这是发生在石油先辈身上的真实故事：老专

◎ 2018 年，中国石油勘探开发研究院 60 周年职工文艺汇演小品节目《盼》剧照

家不畏艰险，鼓励自己的儿子前往苏丹石油合作项目工作，期间遭遇苏丹暴乱，大家的生命面临着危险。老专家用铿锵有力的声音回答道：中石油海外业务从无到有、从小到大，靠的就是一代代海外石油人不畏艰险、抛家舍业换来的！我是老石油人、老海外，中国石油需要我、中国石油需要我们的时候，更应该用实际行动践行一位石油人的誓言。老专家薪火相传，把大庆精神和铁人精神传递给了年轻一代。

2018 年初，林腾飞开始承担青年工作站事务，负责共青团工作。中东研究所的青年员工由本院和来自西北分院、杭州分院的 50 多人组成，其中有三分之一的人员常年驻扎在中东各项目现场。面对来源广、工作分散等特点，如何提高青年员工的凝聚力是当务之急。林腾飞一上手，就在各方协作下，围绕思想引导、团队扩展、技能交流等方面开展活动近 20 项，让大家在繁重的工作之余，在各类活动当中加深了感情、凝聚了共识，使新老员工、所内所外员工很快就打成了一片。即使对远在波斯湾的同事，他们也时常送上节日的问候或组织项目部员工开展交流学习。

针对中东所业务对英文要求高的特点，青年工作站先后举办了“青年技术大比武”和“青年技术交流会”等活动，在英文报告、PPT 制作及汇报等方面提升大家的专业英语水平，从而更好地为中东各项目服务。由于表现优异，成绩突出，中东研究所青年工作站在 2018 年度被评为“优秀青年工作站”。

在短短几年时间里，林腾飞发表各类期刊文章 10 余篇，并先后 5 次在 SEG、IPTC、IFEDC 等国际会议上做报告，并获省部级科技进步奖 2 项、局级荣誉若干项。

◎ 2020 年，北京。在共青团中国石油勘探开发研究院第六次代表大会上的合影

2020 年 8 月，在共青团中国石油勘探开发研究院勘探院第六次团代会上，林腾飞当选为团委副书记，肩负起了新的使命。

第五章　落地生根

张元法小时候的梦想是当一名医生，好给父母治病。然而现实就像梦境一般，他却成了一名“油井医生”——给油井把脉问诊，并学会了“中西医”结合，综合施治。不仅如此，他还练就了一双“火眼金睛”，打造了一个泵站“智能大脑”。在他的精心呵护下，一棵棵采油树茁壮成长，如同自己的女儿一样水灵灵般长大。年迈的父母看到他工作和家庭都有了起色，也非常欣慰。张元法沉淀在基层、成长在一线，成才于技术、成熟于管理。“不服输、不怕输、不能输”是他的特质，“干一行、爱一行、专一行、精一行”是他的标签……

——题记

◎ 张元法在井场留影

“张元法是一个非常执着的孩子。”虽然王涛只跟他见过两次面，但经常能通过电话和短信的方式了解到他的工作情况。2011 年毕业后的 3 年中，他有 3 次选择工作的机会：第一次是毕业后留校当老师，第二次是去北京科研单位工作，第三次是从采油队调入厂机关科室工作。出乎很多人意料的是，他都毅然决然地放弃了，而坚持到艰苦的生产第一线从修井工、采油工做起。

为什么？抱有偏见的人说他“傻”、不随大流。作为农民的儿子，张元法深知能吃苦、能受累是他最大的优势。到基层实现人生抱负、奉献石油事业的理想深深扎根在他的内心深处，“争雄、争气、争光”的精神时刻鞭策着他努力前行。工作 12 年来，他坚持扎根基层，从一名修井工干起，先后从事过技术员、采油队队长、技术管理室主任、信息化建设主管等岗位，现在又担任起采油管理区经理的职务。

张元法把油井看作亲人一般。从“播种”到“发芽”再到长成葱郁的“采油树”，他就像呵护自己的儿女一样呵护着这些油井。张元法用青春浇灌这些“采油树”茁壮成长的故事确实令人感动。

第一节　“油井医生”

张元法从小就志愿当一名医生，救死扶伤。这想法源于他的家庭——母亲患有椎间盘突出症，父亲是一名伤残军人，他们一直饱受病痛的折磨。张元法看在眼里，疼在心上。但命运竟有如此的戏剧性，他现在成了一名“油井医生”。

2011 年 7 月 16 日，张元法硕士研究生毕业后来到胜利油田胜采三矿作业队报到。这里地处山东北部的黄河三角洲地带，主力油区分布在黄河入海口两侧，放眼望去是看不尽的盐碱滩涂；一路颠簸，尘土飞扬，满目尽是芦苇地、通井机和大车压过后的一道道深深的车辙；简陋的宿舍，一张小床，一把椅子；单调的上下班，繁重的体力劳动，每天都是一身油污尘土。对于一线工人的苦，他是有心理准备的，可当他亲眼看到这场景时，那初来乍到的兴奋劲儿已经一扫而光了。面对理想与现实的巨大落差，他不免有些失落。他不禁怀疑：难道这就是实现自己人生梦想的地方吗？对，只有困难才能磨砺自己、增长才干。“到基层实现人生抱负、奉献石油事业”，王涛老部长的嘱托再一次在耳边响起。

回想 7 年大学时光，张元法始终坚信知识能够改变命运。所以他刻苦读书、努力钻研，学习成绩一直非常优异，并获得了免试攻读研究生的资格。除此之外，他还一直担任学生干部，在服务同学的同时提高自身的综合素质，荣获了多项比赛荣誉，如第三届全国大学生节能减排社会实践与科技竞赛全国二等奖、第十一届“挑战杯”全国大学生课外学术科技作品竞赛国家三等奖、山东省首届大学生专利产品设计大赛发明专利银奖等。最值得张元法高兴的，是他在 2010 年获得了第二届“英才奖学金”。这是对他 7 年大学辛苦付出最大的肯定和鞭策。

胜利油田曾经是王涛等老一辈石油开拓者奋斗过的热土。1964 年，这片由黄河挟带的泥沙淤积而成的共和国最年轻的土地沸腾了。数万名石油职工汇聚于此，展开了华北石油大会战。他们在盐碱地、荒沙滩上安营扎寨，住帐篷、草棚和地窝子，吃窝窝头就咸菜，喝咸水苦水……当时，王涛是作为石油科学研究院地质研究所的一员参加会战的。

王涛曾经向他们回忆过这段难忘的经历。那时，会战指挥部在一个小村庄借了几间民房，一间小土屋住好几位领导，余秋里、康世恩的办公桌和床都架在老乡的土炕上，墙上挂满了地质图。王涛他们住的是通铺（一个大床十几个人）。天气很冷，烧炉子用的是原油，油烟弄得身上、被子上全是黑的；吃的是地瓜面窝头和咸菜疙瘩。村口有个水洼子，上面飘浮着一层绿毛，人吃，牲口也饮用。

他们就是在这种艰苦的环境下开始了石油大会战，并一举拿下了胜利油田。

“石油工作者的岗位在地下，斗争对象是油层。”

给油井治病，一样可以当一名好医生——“油井医生”。他暗下决心，要做“油井华佗”。他跟着作业工师傅从场地工学起，搞现场“三标”、学搭油管桥和抽油杆桥……

一件小事让他认识到了自己对现场的无知：3286井因管漏实施作业，夜班师傅发现，第57根油管本体有直径1厘米左右的洞。他惊讶了：不用说是晚上，就是白天也很难发现这个洞啊——油管外面一层黑黑的原油，哪能看清洞啊！研究生毕业的他想不明白，但碍于面子又不敢问，便晚上偷着查课本找答案，但没找到。第二天，他跟队上技术员聊起这事，张师傅告诉他：这个问题很简单，看第几根油管见管内液面，能不能稳住，漏点就在这根或上一根。他还是不明白，管柱设计中有泄油器，怎么会见液面呢？他带着问题去了现场，发现原来提油管时是不开泄油器的，等见到管内液面时才打开。一个简单的问题居然难倒了一名研究生。这也让他真正认识到了“文凭不是水平，阅历不是能力，资格不是资本”的含义，深刻体会到了老部长要求年轻人扎根基层的良苦用心。

于是，他放下自己的研究生身份，在现场操作中，甘愿从一名小学生做起，从一点一滴学起。思想转变了，干工作也就有了兴趣。在接下来的3个月中，他与现场的师傅们同吃、同住、同劳动，像医生珍惜上手术台的机会一样，珍惜每一次上井的机会，杆管泵封等工具一根根地下，冲砂打塞磨铣打捞等工序也都一样样干。这段经历，不仅锻炼了他的体魄、锤炼了他的意志，更积攒了他“眼过千遍不如手过一遍”的底气。他要求自己找到每口井的“病根”，记录下“医生”开的每一个“药方”。遇到不会的就问，遇到不懂的就学。不久，他发现修完井后缺乏效果跟踪：作业完就搬家，这口井“术后”恢复如何？当时的“药方”是否对症？于是，他大胆提出建议，时时跟踪作业后每口井油量的产油情况，并在送班会上向各位师傅汇报。师傅听到自己修理的油井正常了、增油了，都非常高兴。如果哪口井作业后还是不正常，他们就会讨论作业过程中的细节，找到原因，以便在以后的工作中避免出现类似情况。

第二节 “中西医”结合

2011 年 11 月，张元法被调到采油 26 队担任工程技术员，负责管理全队 78 口油井的技术分析、管网改造设计和电网维护。

上任的第一天，他就接到了 4 口井的“急诊”通知：液量不正常。到现场一看，他就傻眼了：管、杆、泵还都在井里，他咋知道是哪儿的问题？他回去找队长，说“这活咋干？今天有 4 口井不正常，需要诊断”。“小张，别急！这油井跟病人一样，120 接来的急诊病人，医生能马上做手术吗？肯定不行！而是需要医生做初步诊断后才能采取下一步措施。你现在需要做的就是判断油井初期的‘病症’。到底你的判断对不对，需要作业时来验证。”队长一语点醒梦中人。他明白，还拿着作业工那套办法来工作，显然不合适了。

油井初期的“病症”究竟在哪里？他仔细地进行观察和研究，发现正常井光杆发亮，“生病”的井光杆发黑，摸一下会感到光杆发烫；“井无压力不出油”，不正常井也量不出“血压”、“听”不出“呼吸”。他把现场的这些情况一一记录下来，回到队上跟队长讨论。“为什么 38170 井油管有呼吸？而 3821 井油管没呼吸、套管有呼吸？”“咱们结合示功图和液面来分析这个问题。38170 井最大载荷比正常生产时的最小载荷还要小，这说明抽油杆断脱了。再来看看油管呼吸……”听着队长的分析，他仿佛感到这就是中医上讲的“望闻问切”，西医上的“脑电图”和“心电图”。

那天晚上没有丝毫睡意，他仔细思索着白天发生的一切，并在笔记本上这样写道：“今天我从一名外科见习‘医生’换到了‘门诊’实习，我学习到了如何给油井做初步诊断，其中需要用‘中西医’相结合的方法。‘望’就是要观察光杆的颜色和温度；‘闻’就是要听听皮带是否打滑、抽油机有无异响；‘问’就是要询问师傅这口井最近有没有停过井、量油是否正常；‘切’就是要给油井‘把把脉’，看看油井有没有‘呼吸’。还要结合油井的‘血压’——井口憋压情况、‘脑电波’——液面情况和‘心电图’——示功图情况等作出正确诊断。”

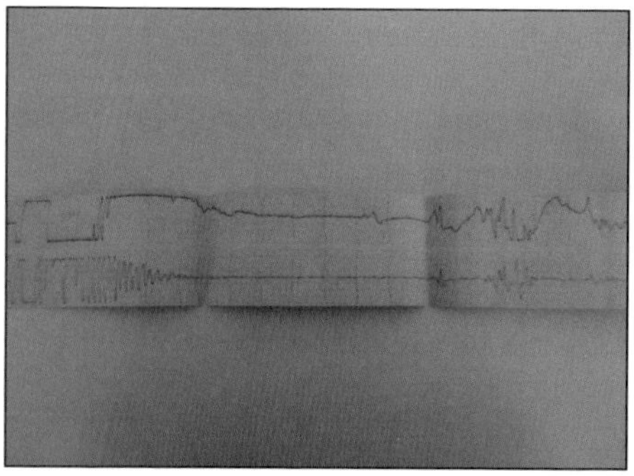

◎图1　油井的“脑电波”——液面曲线

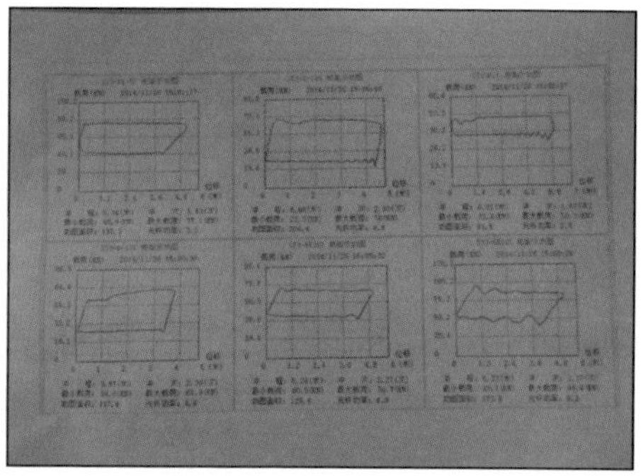

◎图2　油井的“心电图”——示功图

他坚持白天跑井，晚上整理资料，给作业的每口井建一份“病历档案”。半年下来，他已经分析了三分之一的油井。有了一定的数据支撑，他就开始琢磨创新“疗法”了。此时，他想起了魏文王与名医扁鹊的一段对话。

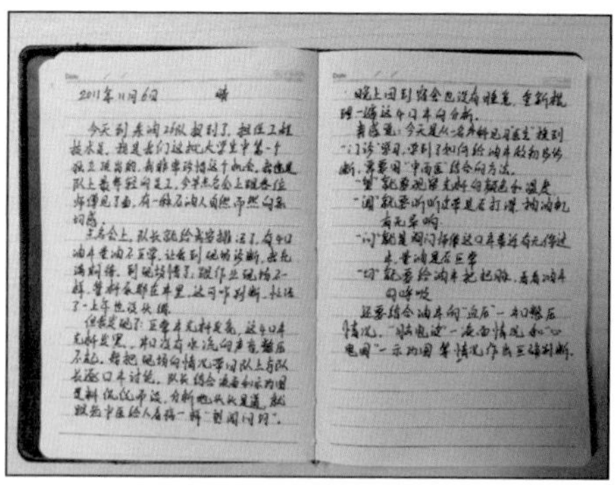

◎图3　工程技术员第一天日记

魏文王问扁鹊：“你们兄弟三人到底哪一位医术最高？”

扁鹊不假思索地回答道："长兄最高，中兄次之，我最差。"

魏王诧异再问："那为什么你最出名呢？"

扁鹊道："我长兄治病于病发之前，一般人不知他是在为人铲除病源、防患于未然，所以他医术虽高，名气却不易传开，而只有我们家人知道；中兄治病，是治病于病情初起之时，一般人以为他只能治轻微的小病，所以名气只及于本乡里；而我是治疗于病情发作和严重之后，人们能看到我为患者把脉开方、敷药刺穴、割肉疗伤，我也确实让不少病家化险为夷，大家就以为我的医术比长兄高明。"

扁鹊的这番话使张元法恍然顿悟：我们不能只看重诊疗结果，却忽略发病过程。事后控制不如事中控制，事中控制不如事前控制，我们能不能建立一套预警系统，在油井正常生产的过程中发现问题、分析问题，治病于未然。为此，他总结出了油井工况"7525"分析法（七套工况模板，五个分析步骤，两种辩证问题分析法，五大提升措施），并对队上78口油井进行分类分析，并结合前期做的每口井的"病例"，制定了横向上分区、纵向上"三位一体"的解决方案，使全队的油井工况合格率由31%上升到的58%；挖潜了5口长停井，使它们焕发出青春的活力，年累计增油达到了138吨。

随着数字化油田的建设，采油队的信息化手段不断增多，还安装了油井示功图监控系统。这套系统能够实现每小时传回一个油井的示功图，大部分同志对它的理解就是能够及时发现不正常油井和油井停井。一件小事却加深了张元法对这套系统的理解。那天他值夜班，凌晨1点发现35132井载荷发生变化。这口井是一个月前的措施井，作业开井一直高含水，已安排重新修井。发现载荷变化后，他马上赶到现场取样，证实已经出油了，便立即把这一消息汇报给了矿领导，避免了一次作业，节省了20万元的作业费。这次成功，给了他很大的鼓舞，也更加坚定了他创新进取的信念。

按照厂里的规定，实习满一年要结合自己的工作实际写一篇论文，以检验他们的实习成绩。其实早在半年前他就已经开始准备论文了。通过躺井分析因素统计，他发现杆断是影响油井“生病”的主要因素之一，占到了47%。如果能搞清楚为什么杆断，以及如何预防杆断，那油井躺井率将会大大下降，寿命也会延长。于是，他就给自己选了“特高含水期抽油杆失效原因调查分析”这一课题。对于如何来研究这一课题，他专门请教了采油组的老师傅李宗明。他们前后商讨了11次，制定了一个量化表，包括偏磨程度、偏磨的形状、偏磨的位置、腐蚀的位置、腐蚀的形状、腐蚀深度、腐蚀的类型等等。接下来就是艰苦的跟踪记录工作，一口井一口井记录，一根杆一根杆测量，经常是到凌晨四五点钟才能提完。半年下来，他统计了52口油井的资料，光照片就拍了上万张。最后得出两条结论：“偏磨、腐蚀是导致抽油杆失效的主要原因，失效点主要在接箍处；内衬管的使用缓解了杆管偏磨，但加重了抽油杆的腐蚀。”这一结论得到了采油厂和管理局专家的高度评价，认为他毕业仅一年能有这样的成绩，是应该充分肯定的。他撰写的论文《特高含水期抽油杆失效原因调查分析》也因此获得了管理局见习论文比赛二等奖。

◎ 2011年12月，张元法正在落实油井工作状况

◎ 2012年3月，张元法正在做油井作业杆管鉴定

第三节　辩证施治

出色的表现不仅得到了采油厂领导的认可，也给了张元法一次调入采油厂机关科室工作的机会。但他和工人师傅之间深深的感情牢牢地拴住了他的心。他坚信，他的事业在基层，他的未来和成功就在艰苦的工作中。所以，他要求留在基层继续接受锻炼。

张元法认为，只有受前人的累、吃前人的苦，才能厚植石油情怀，才能学会“苦中作乐”。别人能干好的，自己一定要干得更好，但前提是业务能力必须要强。为此，张元法把学习作为打开智慧之门的“金钥匙”，不断提升自身的业务素质。

2012 年 8 月，他临危受命接管 T128 单元。T128 单元是三矿自 2008 年开始开发的特低渗稀油油藏，是三矿重要的资源接替阵地和上产主阵地，产量占到了全矿产量的 1/5。领导说，“T128 单元产量稳住了，全矿产量就稳住了。T128 单元成本不超，全矿成本就能完成”。但由于 T128 单元的地质条件差、油层对比难、埋藏深、技术要求高、管理难度大，且油井寿命短、躺井率高登问题难治理，所以大家都不愿意管这些井。但张元法却把这些难啃的“硬骨头”当成“金疙瘩”，做梦都想把这些“金疙瘩”挖出来。

T128 单元共有油井 121 口、水井 42 口，油层在 3 000 米左右，还含有高浓度的硫化氢。张元法是学油气田开发的，对于地质学知识并不精通，但复杂的 T128 断块要求他必须具备较深的地质功底。于是，他把白天遇到的难题记到本子上，晚上向课本要答案，先后自学了《地质学基础》《构造地质学》《岩石学》《地球物理勘探》等理论书籍。矿长十分重视 T128 单元的发展，决定成立 T128 项目组，张元法主动请缨担任了组长。他第一次带着技术人员到地质研究所汇报油井措施方案时，准备了十几口井的资料，感觉准备得很充分，结果却一口井都没通过。从地质研究所大门出来后，他的心里五味杂陈——“地质真的这么难搞定吗？”他没有认输，回到矿上，便一头扎进了地质组，与技术人员一起，天天搞分析、找潜力，一干就是9个月。后来，他渐渐地感觉到每口油水井都像自己的孩子一样，对它们的性格脾气也一清二楚了。他非常享受这种“人在井中，井中有我”的状态。第二次去地质研究所汇报油井措施方案时，基本啥资料也不用带了，光凭脑子就能把百十口井的井况和潜力说得一清二楚。

为了摸清每口井的情况，他带领8名项目组成员白天跑井，了解每口井的生产状况；晚上搞动态分析，研究油井的长寿措施，并针对每口井的具体情况，实行“一井一策，辩证施治”。为此，张元法还总结归纳出了“坚持不懈健身法”“营养失调修身法”和“打通经络养身法”等方法。他们用“坚持不懈健身法”治理稳升井组，加班加点对曲线、找连通关系，注好水，保证油井“血压”正常；用“营养失调修身法”治理欠注井，采用分子膜技术打通水井“血栓”；用“打通经络养身法”治理注水不见效井，使半年内单元开井数增加了20口，成为全矿最大的开发单元。2013年7月，T128X108井泵漏，准备检泵。因为有分析每口维护井的习惯，他发现T128X108井和T128X109井在同一单元不同层位生产，距离很近，当时两口井的产量为5吨。通过地质资料分析，他发现两口井层位发育不一样，交叉换层生产效果一定会更好。他十分兴奋地把这个想法跟有关领导进行了汇报，结果没有通过。但他没有气馁，而是深信自己的分析判断。于是，他一次次地找领导汇报论证，最后终于获得领导同意。两口井同时作业，取得了日产油22吨的好效果。通过这件事，进一步坚定了他对技术的痴迷和信心。不久后，一篇名为《低渗透油藏综合利用成效显著》的报道相继发表在《中国石化报》和《胜利日报》

上。该单元一季度取得了累计增油 2 700 吨、平均单井日增油 2. 8 吨的好效果；单元开井数由 97 口增加到了 107 口，日产油由 304 吨增加到 340 吨，不仅圆满完成了矿领导交给的原油产量任务，还超产 1 500 吨。他撰写的质量改进论文《提高 T128 产油量》还获得了管理局 2013 年度 QC 成果二等奖。凭着自己认真踏实的工作，他被评为采油厂“优秀开发工作者”。

◎ 2013 年 1 月，张元法（左二）与项目组成员正在进行油井动态分析

◎ 2013 年 2 月，张元法正在落实措施效果

7

低渗透油藏综合利用成效显著

◎《低渗透油藏综合利用成效显著》发表于《中国石化报》

经济新闻

胜采厂三矿:攻关坨 128 低渗油藏

◎《胜采厂三矿：攻关坨 128 低渗油藏》发表于《胜利日报》

第四节　问诊团队建设

张元法始终认为，只有敢想敢干，才能突破自我。全力以赴把工作做好、做完美，是人生最好的修行。

2013年11月，通过竞聘，张元法开始担任采油16队队长。那一年他29岁，参加工作才两年。从一名技术干部走上管理岗位，对他来说是一个全新的考验。他给老部长打电话汇报说：自己如履薄冰，担心干不好这个队长。老部长鼓励他“要牢记梦之队‘争雄、争气、争光’的精神，即便组织安排自己打扫厕所，也要做打扫得最干净的那个人”。

带着老部长的鼓励，他走马上任了。没想到第一天就给他来了个下马威：胜五岗集输支干线阀门堵塞，造成干线压力升高，多处穿孔。为保证产量损失降到最低，他在队上四天四夜没合眼，白天想办法、冲管线，晚上盯压力、处理紧急情况，直到带压打孔开旁通，压力降下来了，他才松了一口气。

他的吃苦耐劳和面对紧急情况时的沉着冷静，给全队职工留下了很好的印象。在这次事故处理中，他还发现了一些管理问题——他感觉自己就是一个“救火队长”。因此，他想在队伍管理上来个大“手术”。面对“没有围墙的工厂”，采油厂开发几十年来，采油人粗犷豪放的性格，造就了采油队粗线条的管理习惯；工作和生活环境比较杂乱，也给职工的工作和生活带来了很大的不便。作为队长，他觉得有责任改变这种现状。为了规范职工的日常工作和生活环境，他和队班子成员经过深入思考，确定了工作的突破点——从改变大家几十年的习惯入手，参照国外的经验，建立“整理、整顿、清洁、清扫、自律”为核心的“5S”管理办法。在推行之初，阻力很大，大家不理解、不支持，觉得生活和工作这么多年习惯了，不愿意改变。他就在管理思路和现场实施中身体力行，带头清理管理死角；晚上则一遍遍修改资料，使“5S”管理在采油16队从无到有落地开花，形成了“事事有管理、处处有管理”的“5S”规范。这一做法很快便得到了领导的认可，并将其作为典型做法在全矿推广。

成绩的取得并没有让他沾沾自喜、固步自封。2014年，中石化集团公司开展了“从严管理年”活动。作为基层队的领头人，面对基层一线采油队人员自然递减的结构性矛盾和中石化控制用工总量的严峻形势，他和班子成员一起，在上级领导的帮助下，深入挖掘企业内部潜力，推行了以“班组优化、量化赋分、劳务流转、精神激励、提质提效”为核心的员工行为积分管理办法。该办法一经推行，便遇到了极大的阻力。在以往的工作中，采油队不管怎么调整，还没有人敢动工资和奖金这个牵扯所有人利益的“老虎尾巴”。为提高劳动生产率，他带领着班子下决心要做“摸老虎尾巴”的第一人。在推行过程中，他受到了不少既得利益者的反对，有的甚至对他进行攻击和谩骂，他的家人在坐班车的时候都会听到有人故意“说三道四”。但是他顶住压力，按照既定方针，在上级领导的大力支持下，一步一个脚印地将工作向前推进。其间他共组织召开班子会、民主管理会、党员大会、女工代表会等各类会议 27 次，深入听取大家的意见和建议；与厂矿领导讨论方案 23 次。该管理办法实施后，经过不断修改和完善，收到了很好的效果，并得到了上级领导的充分肯定，在队上先后召开了矿级、厂级、局级层面的员工行为积分现场会。在管理局半年工作会议上，局领导充分肯定了他们在绩效考核工作中的创新性做法。他带领的团队也因此收获了采油厂“甲级队”“最佳基层队”，管理局“红旗团支部”和中国石化集团“青年文明号示范集体”等荣誉称号。张元法

◎ 2014 年 8 月，张元法（右一）组织召开采油 16 队“积分管理”讨论会

本人也被评为2014年度“感动三矿人物”。

2014年5月，他作为来自基层的优秀代表向老部长做了工作汇报。王涛老部长看到他把根扎到了基层，成长为开发一线的骨干，感到非常高兴。老部长说：“采油队长很光荣，基层单位很能锻炼人。石油工业的未来发展要靠你们年青一代。采油队长这段经历对你今后的发展会非常重要。”老部长的鼓励，更加坚定了他扎根基层、在实践中锻炼成长的决心和信心。

◎ 2014年5月，张元法等在中国石油大学（北京）向老部长汇报自己的成长经历（第一排中为王涛部长，第二排左三为张元法）

经过3年的技术磨练，他在技术领域里攻克了一个又一个难题。在他看来，油井的问题就是自己的目标，单位的难处就是自己的责任。2015年6月，油公司改革后，他担任了采油管理七区技术管理室副主任。采油管理七区有三低井131口、含硫化氢井65口，井多、面广、难管理。而且又赶上低油价的寒冬期。“怎么办？”“怎么干？”凭着一股从不服输的精神，他带领着技术团队转变过去“只管油不管钱”的老思想，先算后干、边干边算，让每一滴油都产生效益。

敢于走禁区，是张元法的过人之处；敢于负责任，是张元法义不容辞的担当。面对问题，他不怕、不急、不推脱，每一个数据都经过他无数次的推敲，每一个设计方案的确定都饱含了他精密的分析。他的话之所以会掷地有声，即是因为底气！35121井进行检泵作业，因为含水低、油稠，提到地面后温度降低，好多死油堵在了内衬管中，作业队要求更换油管。凭着多年的技术经验，他仔细一算，1 800米的泵深、温度接近80 ℃，死油肯定能化，所以不同意更换。作业队就提出：没法用通管规进行通管，如果完井活塞因死油下不到位或者发生泵漏，他们不负责。他坚定地说："责任，我负！下吧！"经过一夜的紧张施工，这口井顺利完井并试抽成功！这一次，这口井光管材就节约了20万元。

◎ 2016年5月，张元法（中）在作业井场制定作业方案

在他的手里管理着上千万的作业费，占全区全年成本的三分之一。因为肩上有责任，他必须一丝不苟；因为心中有担当，他不敢有丝毫懈怠。数据分析到毫厘，时间精确到分秒，他把全部的热情投入到了工作之中，还是觉得时间不够用。于是，他压缩了吃饭睡觉的时间，却投入了百倍的精力用来攻克技术难关。

他的付出得到了领导和同事们的认可，他被评为了第一届"七区榜样人物"。"张元法有办法！"在颁奖现场，采油厂领导这样夸赞他。在技术的海洋里，张元法尽情遨游；在保效创效攻坚战中，他肩扛责任，勇立潮头，践行着一名共产党员的光荣使命。在他心中，石油梦是永远璀璨的明灯。为了心中的梦想，他正一路拼搏，风雨兼程！

第五节 打造泵站“智能大脑”

2017年，他开始负责注水泵站管理工作。地下采出的液体，有油也有水，油分离出来留下了，水要经过处理进行回注。注水泵站就是负责把水升压后回注到地层中。有一次他到注水站时，看到职工正拿着测温仪在测量泵和电机的温度。机器跟人一样，也有正常体温，发烧了就不能正常工作。他就想，用人去盯机器，不科学——机器24小时运转，人总是要休息的。

那段时间，无人超市、无人银行、无人码头……网上热词不断。于是，他大脑中突然闪过“无人泵站”这个词。但他心里没底。现场的问题还要靠现场的职工来解决。于是，他就跟泵站的职工探讨，泵站能不能无人值守？职工听了这个词后，吓得目瞪口呆，说他“真是个书呆子，泵站是个非常危险的地方，稍有差池，就会造成事故”。张元法喜欢打破砂锅问到底，就问他们“害怕什么”。职工说：“泵站是个三高的地方，高电压、高水压、高转速（运行电压是1万伏，水压在16～35 MPa，电机转速1分钟接近3 000转），有问题时一旦发现不及时，瞬间就会出事故。”相关知识的缺乏加上安全责任重大，便让他产生了强烈的畏惧心理——他怕自己承担不起这份重任。所以，他便想打退堂鼓。可身边的老师傅说，科技攻坚是一个没有硝烟的战场。设备安全的提升需要新技术的突破。你要耐住性子，经住磨练，不要犹豫，要勇敢向前！

于是，张元法下定决心：一定要实现技术自主，给注水泵站装上“智能大脑”！他跟他的团队成员说：现在还让我们的职工在安全风险这么高的注水泵站工作是不行的，最大的安全就是让职工从泵站中脱离出来。这是我们义不容辞的责任。

虽然在大学期间学习过程序语言课程，但离现场应用还有很大差距，实现技术自主谈何容易！于是，他从请教承包商开始做起，却经常吃闭门羹。但他不放弃，主动寻求兄弟采油厂的帮助，到孤东、到桩西、到现河，“见缝插针”跟同行学。为掌握第一手资料，每次他都力争第一时间赶到现场。如果等不上车，他就骑自行车去，有时一骑就是十几公里。

有一次在从胜五注回来的路上，他一边骑着自行车，一边在心里琢磨着如何解决注水站自控系统可靠性差、成本高的问题，竟然灵机一动，想出了“分区建站”的方案。可就在他高兴万分的时候，突然发现居然多骑出了 2 公里——到了采油厂路口都忘记了拐弯。虽然多骑了 2 公里，但他一点也没觉得累。

为了研究注水站自提系统，他和他的团队成员一个星期都没有回家，就待在注水站上，看泵站职工白天干什么活、晚上如何巡检、都发现了什么问题、哪些参数最重要。回到办公室后，张元法通过查阅资料，并经过两个月的连续奋战，终于拿出了一套方案：给泵站装上“智能大脑”——能自动采集数据、会逻辑判断，有问题要推送报警，问题严重时要自动停泵；给泵站装上“千里眼”——在泵房内装上摄像头，只要坐在电脑边就能看到泵站的情况。他把方案给领导做了汇报，经过一天的讨论，领导终于采纳了这一方案。

◎ 张元法（右二）在胜八注水站跟班劳动

在信息时代，数据就是生产力。但如果不能得到准确、稳定的生产数据，他的方案就没有任何意义。为了保证数据质量，他从设计和建设阶段抓起——仪器装在哪儿、如何安装、线缆怎么铺设……他总共梳理了181个节点，并做成了表格。他让现场的职工参与进来，共同盯好施工质量。结果，第一个泵站取得了开门红，经过现场比对，数据准确率达到了100%。

这个泵站按照他的方案如期完成。经过调试，报警和自动停泵均能实现。就这样，运行了几十年的"倒班制"被打破了，实现了泵站的无人值守。与此同时，这个站的用工也从28人降到了12人，职工终于离开了危险的工作环境，安全感和幸福感得到明显提升。张元法也因此逐渐明白了一个道理：作为一名技术人员，只要善于钻研、肯使钻劲，就没有解决不了的问题。

第六节　练就一双"火眼金睛"

2021年12月，他被任命为采油管理一区党总支副书记、经理。担任基层正职期间，他养成了五个雷打不动的习惯：

第一个雷打不动的习惯，是坚持每天7：00前到办公室，理清当天重点工作量；8：00准时开晨会，精细安排重点工作。周一大晨会总结分析上周2～3个运行、技术、管理等方面出现的问题，教会干部和员工有效处理，做好举一反三。一年下来就是100多个问题剖析，人员素质和能力得到快速提升。这就是人教人教不会，事教人一教就会。

第二个雷打不动的习惯，是坚持夜班亲自到重点油井取样，估算含水，查看现场，即使大年三十也雷打不动。他不值班时就让夜班人员把取重点井井样、估含水的视频发给他，化验室上班后再将含水数据发给他，以便能精准掌控第二天的实盘产量，确保产量平稳运行。

第三个雷打不动的习惯，是手机生产指挥系统（PCS）收藏夹里每天都有几十口井的工况，新开重点井每天看十几遍，睡觉之前和早上醒来必看一遍，看见没见油、含水降没降。几百天的坚持，练就了他的一双“火眼金睛”，让他能够及时发现每口油井工况的细微变化，凭感觉就能准确分析出问题所在。全区重点油井工况一旦出问题，他都能第一时间发现，并在通知人员落实后，给技术人员详尽讲解如何判断分析，手把手教技术。

第四个雷打不动的习惯是，为了把油藏经营价值最大化，每旬他都看“两个表”：一个是旬度利润项目完成表，做好以旬保月的措施，做到利润的实时掌控；另一个是旬度产量对比表，无论产量主动与否，将产量按照增减因素分类进行旬度对比，做好分析，做到产量的精准掌控。

第五个雷打不动的习惯，是上作业的油水井工作量由他决策。每一口油水井在上作业前，他都会反复分析，把每口维护井当成措施井来对待，主要分析产量能不能再涨点、沉没度能不能优化、杆管怎么投、完井参数如何确定、成本投入多少，然后再决定干不干、如何干。对措施井主要考虑投入多少、作业风险点、作业周期、工序优化、措施增油多少，并按效益高低排出顺序。最后，他会根据当月作业费排出油水井上修的工作量。他认为，只有亲自掌控好“家底”，才能避免油藏经营出现偏差。

产量运行要居安思危、未雨绸缪。准备正常旬度措施工作量时，他都是亲力亲为。每当碰到产量吃紧需要上产时，他既当指挥员又当战斗员。由于熟悉和掌握地下潜力，为了节约时间，他一般会把单元召集起来，直接说井号和潜力层，由单元准备资料，制定措施上产工作量。在这种亲自带着干、快乐一起干的氛围中，大家比学赶帮超，使管理区产量一直平稳主动。

无论从事什么工作，解决问题的能力体现了岗位的价值。面对复杂形势和困难局面，他始终沉住气、静下心，想尽一切办法解决。

在管理区班子中他是年龄最小的，如何抓好班子、带好队伍是摆在他面前的一个难题，如何团结年长的同志一起奋斗对他来说也是一种考验。他要求自己保持一颗公心，按照“三条红线、一个保底、一个原则”来抓班子带队伍。即不听工作指挥的、违反劳动纪律的、工作虎头蛇尾有事不汇报出问题的，这三条红线不可逾越；汇报后由他拍板干的工作出现纰漏的责任他全担，这个保底承诺给了员工极大的工作安全感；一个原则是充分信任下属，对他们职责范围内的工作不插手、厂里单项奖分配不插手。在红线以上留出空间，充分发挥班子成员的聪明才智。超出职责范围的工作，班子成员汇报完需要他亲自上手干的他全接下来，真正做到了放权不放任。按重要程度分层次管理，使岗位工作不重叠，大大减少了工作内耗。这个“收放式分层次工作法”在管理区运行得很好，实践证明也非常有效，最大限度地激发了干部和员工工作积极性，确保了各项工作平稳高效运行。他相信，只要自己一身正气，就不会招来邪气。

身边同事评价他“每临大事有静气”。他自己认为，这份静气来自于负责任的态度，更来自于敢担当的信念。T193 井是他印象比较深的一口井。这口井于 2022 年 10 月 29 日开井，但到了晚上 8 点左右，他通过手机 PCS 发现压力涨得很快，感觉不正常。他立即通知“停井，宁海分离器倒旁通，水泥车压井准备”，并迅速赶赴现场。在 3 毫米油咀放喷情况下，眼看着油压一路上涨到 13 兆帕，有人建议做压井处理。但他清楚，一旦压井，这口井就无法再生产了。工作经验告诉他，只要盘根加得好，静密封 15 兆帕没问题。就这样，他顶着巨大的压力，在井上盯了一夜，直到压力回落到 10 兆帕的安全区间。最终，这口井回馈给他们的是当月产气 120 万方、实现利润 200 多万元的“丰厚大礼”。他深知，组织和领导信任咱，把阵地交给咱，再苦再难也要守住守好。

第七节 就把根儿扎在这里了

基层火热的生活和实践增长了他的知识和才干，也使他感到有数不完的工作需要去干，有数不尽的技术课题需要去探索、去攻关。他恨不得把一天当作两天用，却还是感到时间不够用。为了把整个身心都投入到工作中去，干好他所喜爱的事业，在参加工作的12年里，他没有休过一个完整的假期。

他刚当队长的时候，女儿才10个月。由于产量紧张，白天要协调生产运行，晚上加班搞技术分析，每次到家时孩子都睡着了，早上上班时孩子还没有醒。有一次晚上没有加班，他下班回家想抱抱女儿，结果刚把孩子接到手里，孩子就哭了。对于孩子来说，爸爸太陌生了。虽然他的心里在哭泣，但这就是他的工作。

他爱人经常埋怨说："嫁给你，一年四季守空房，心里真亏得慌。"他回答说："是的。亏是亏了点，但我想，一个人要想干成点事儿，不付出点牺牲、不吃点亏是不可能的。况且，采油工作本身就是一个艰苦的行业，吃亏的也不是我一个人。"那天队上新井"三胞胎"投产，要上三台抽油机。他带着队伍从早上一上班就开始忙，中午大家也没休息，在井场上简单地吃了几个包子接着干。刚开始上第二台抽油机时，他媳妇打来电话说女儿发高烧了，不停地闹，想让他回家一趟。张元法无奈地说："今天任务很重，队上男同志又少，我不能走啊！""到底孩子重要还是工作重要？！"妻子哭着挂断了电话。这时他才感觉到什么叫"近在咫尺却又远在天涯"。他放下电话继续工作，三口井顺利开井时已是凌晨了。

他的家乡离东营市有200多里地，交通也方便，但参加工作12

年来，他陪伴父母的时间屈指可数。他把心思全部放在了油井上，没时间回家，每次打电话时都跟父母说很忙。父母实在是想儿子，便坐车到油田来看他。当时他跟维修班刚处理完管线穿孔，母亲见到晒得黝黑、浑身油污的他，心疼地说：“元法，咱不干了。跟娘回去吧！我本以为你研究生毕业能有一份体面的工作，坐在办公室里，没想到你这环境还不如回家种大棚。”他笑着对母亲说：“娘，您费了这么大劲儿把我培养成了大学生，现在我毕业了，能为国家做贡献了，您应该高兴才对啊！基层也需要大学生，我已经把根儿扎在这里了，就不走了。”由于没有时间陪父母，他们只住了一晚上就回老家去了。回去以后娘更担心他的工作了，每次打电话时都问他是不是还在队上。尤其是碰到晚上值班的时候，娘总是叮嘱他“出去巡井，喊上个伴，遇到坏人机灵点，干活的时候注意安全啊”。

2018年年初，张元法接到父亲的电话，说母亲突然晕倒了。放下电话，他心里上下翻腾，恨不得一下子飞回到母亲身边。可是，当时正值“无人值守”方案实施的关键时期，他作为技术负责人，怎么可能走呢？他只能含泪祈祷母亲平安无事。母亲担心他不能安心工作，便拨通电话，用虚弱的声音说：“儿啊，别担心，医生说是脑血栓，打几天吊瓶就好了。你安心工作，不用挂念。”拿着电话，张元法强忍着哽咽的声音，泪水早已滚烫而下。

他小时候的梦想是当一名医生，好帮父母治病。然而现实就像梦境一般，他却成了一名“油井医生”，给油井“把脉问诊”。眼看着采油树一棵棵长成，就如同看着儿女一天天长大一样，石油已成为他生命的一部分。父母看到他工作和家庭都有了起色，也非常欣慰。

“我为祖国献石油。哪里有石油，哪里就是我的家……”石油人的家国情怀始于责任，终于信仰。无论何时，只要穿上那身红工服，他们就会始终坚守，从不懈怠。

第六章　放飞梦想

从大山大河之间走出来的吕健，最知道大山的追求是蓝天白云、大河的去向是宽阔的大海。或许是山水塑造了他的秉性，当自己的梦想之花开始绽放的时候，他便义无反顾踏上了非洲大地，去创建“一所改变人生的学校”。这些“富有情怀的非洲创业者”，在“一带一路”的康庄大道上奋勇前进。因为梦想一直在路上，追梦人便一直在前行，一直在进步，一直在超越……

——题记

2017 年 10 月 2 日，河北省唐山市乐亭县的一个小乡村沸腾了。伴随着喧天的锣鼓和热闹的歌舞，人们从四面八方赶来，共同庆祝吕树清老人 100 岁寿辰。

我也伴随着这些人群从北京赶来参加祝寿会，也是来考察一下这个家庭是如何培养出吕健这个佼佼者的。就在几天前，我和刚刚从乌干达赶回来的吕健在北京二环北护城河边上散步。我们倚靠在河边的栏杆上，观赏着碧波荡漾的河面，但见一条鱼儿在艰难地游动，它的旁边还有几条已经反白的好似刚刚死去的鱼儿飘荡在河中。我说：“你看，为了生存，鱼儿还在奋力游动，寻找它的归宿；而飘落的树叶，却不知会流落何方……”

此情此景正是吕健的心境。当下正是他们最为艰难困苦的时候。这年 1 月，吕健、马博、段晓飞、宫智武四个中国石油大学（华东）的在读研究生，响应国家关于青年“在创新创业中展示才华、服务社会”的号召，在学校的地标雕塑“创造太阳”前许下了“运用知识能源开发物质能源，创造出一个新太阳”的铮铮誓言，奔赴9 000公里外的非洲新兴油气资源国家乌干达，以青年人创新创业之举为中非国际能源合作培养技术人才，为中非经贸交往铺路搭桥。

然而前进的道路崎岖坎坷，由于资金严重不足以及产生的连锁反应，使他们创建的公司刚刚踏上“一带一路”就遭受到无情的巨大打击，甚至到了濒临倒闭的边缘。见他一脸愁苦的样子，我继续说：“如果等到明年春暖花开的时候，我们相约再到这里来，应该就是‘柳暗花明又一村’的新景象了。一个人的命运又何尝不是如此呢？”

但见他舒展开眉头，用坚定的话语说，“老师，我们明年见”。那一刻，我突然极想了解清楚，这个初生牛犊不怕虎的“90后”，是如何从渤海之滨的小村庄走出来，走向非洲那片广袤大地的，就如同想要追寻那条鱼儿和那片飘落的树叶究竟会流落何方一样。于是，趁着“十一”的假期，我来到了吕健的家乡……

吕健、马搏都是“英才奖学金”获得者。按照王涛老部长提出的“跟踪培养”的嘱托，我在接下来的几年里，一次又一次地走进了吕健与马搏、段晓飞等创业者共同学习和创业的生活之中……

6年间，他们以“创造太阳”乌干达学院为基地，合作业务不断扩展到乌干达、肯尼亚、坦桑尼亚、南苏丹、尼日尔、埃塞俄比亚等12个“一带一路”沿线非洲国家，为非洲的年轻人提供了急需的职业技能培训机会；他们积极承接中国政府援非人力资源培训项目，为在非的中资企业提供了30 000余人次的本土化技术技能提升培训，一届届毕业生以100%的就业率前往各行各业投身于中非命运共同体的建设之中。

他们打造中乌“鲁班工坊”，采取“中文＋职业技能”的教学模式，在跨文化语境下培养“精技术、通语言、懂文化”的知华、友华、爱华的优秀人才。组织超过 400 所中国职业院校深度参与非洲国家职业教育改革，合作领域覆盖职业标准与专业教学标准的开发、课程标准与教学资源的开发等方面。“中国方案”和“中国标准”受到高度重视和普遍欢迎。

他们积极参与混合所有制改革，同央企中智集团共同成立了中智国际教育科技（北京）有限公司。从中国到非洲，从 10 平方米的办公室到 4 000 平方米的国家级培训中心，他们创立了“一所改变人生的学校”。他们将中国职业教育及中华优秀传统文化沿着“一带一路”搬进了非洲，为中非命运共同体的构建做出了自己的贡献。

青春，从来都不是一个静静的名词，而应该是一个奔流不息的动词。让我们沿着丝绸之路，看看他们是如何在非洲大地上演绎着“一带一路”追梦人的故事……

第一节 山水之间

人生，最重要的不是你从哪里来，而是你要到哪里去。生在农村、长在农村，看着祖祖辈辈整日辛勤劳作换来的却是与之并不对等的收获，看着书中描述的外面的精彩的世界，看着奔流的河水越过高山险阻汇入大海……他们逐渐领悟到：只有走出去，才能拥有梦想。

一、渤海之滨的青春之歌

吕健出生在一个红色革命家庭。

爷爷吕树清 1917 年出生在河北省唐山市乐亭县大吕庄村，1948 年参加中国人民解放军，1949 年入党，曾参加过打新保安、打太原、解放石家庄、解放北平、南下和解放甘肃宁夏等战役。全国解放后，吕树清 1950 年入朝，参加了抗美援朝战役，并荣获两次三等功，还获得过东北司令部的嘉奖。1955 年复员后，吕树清回村务农，曾任

◎ 吕健的爷爷吕树清

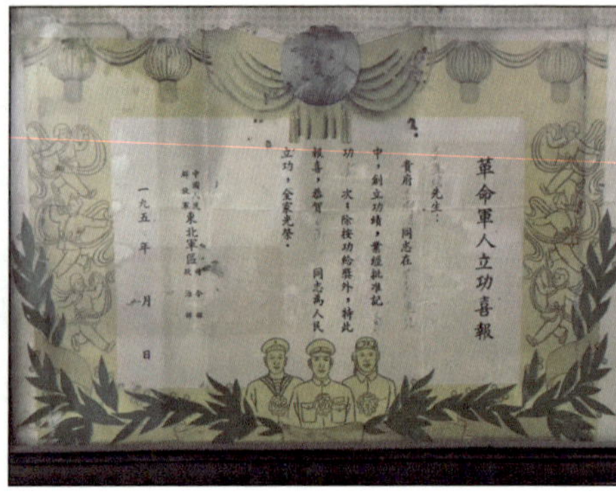

◎ 吕树清的立功喜报

大吕庄村村干部，为村级集体建设和农村发展奉献了半生。

父亲吕木林是一名有着40多年党龄的老党员，做了20多年的村支书，后被选为县人大代表；母亲是县孝老敬亲道德模范。

吕健是由爷爷一手带大的，从小听得最多的就是爷爷唱的军歌、讲的军旅故事。

吕健出生在1990年8月，当时爷爷吕树清已经73岁，父亲吕木林39岁。一位是老来得孙，一位是中年得子，自然把吕健当成宝贝一样。爷儿俩给这个小生命起名一个“健”字，就是希望他能健康快乐，至于学业以及将来如何则没考虑太多。儿时的吕健确实如他祖父辈的期望一样，每天下河摸鱼、爬树捕鸟、打架逃课、听爷爷唱军歌讲故事，不用为生活忧愁，不用为学业担心，过着无忧无虑的日子。

如果说有什么是这个懵懂无知的少年所崇拜的，那就是爷爷故事里那些奋不顾身、求战心切、勇往直前的英雄形象。

1948年12月，新保安战役爆发。这是爷爷吕树清参加的第一次重大战役。连天的炮火下，一个个战友在身边倒下，他们踩着战友的尸体继续往前冲，最终160人的连队只剩下60人。战士们用生命赢得了平津战役的第一仗，保护了古都北平的完整。

1950年，吕树清参加抗美援朝作战，荣获两次三等功。一次大雪过后，巷道里的炮弹全被大雪覆盖。吕树清想到大雪融化后肯定会让炮弹受潮，从而直接影响我军战斗力，于是紧急汇报，组织人力清雪，最终保全了炮弹。而敌军由于疏漏，致使炮弹受潮，最终以我军全胜赢得了战斗。

泡在家乡的小河里，看着鸟儿飞翔、鱼儿雀跃，听着爷爷讲战斗的故事……那个看似无知的顽童早就被老一辈革命家艰苦奋斗、艰难创业的韧劲所感染，小小的梦想已经在他幼小的心灵里不知不觉地扎下了根。

美好的童年总觉短暂，即便吕健懂事很晚，也还是没能逃过成长所带来的忧伤。高三那年，距高考还有3个多月的时候，吕健突然肚子疼得厉害，县医院诊断说要做肾切除手术，风险和费用几乎超出了他们一家的承受范围。手术再难父母也不可能不管，他们一边四处筹钱，一边联系北京的大医院，最终确诊为肾结石，算是有惊无险。但是，当医院让家属在手术同意书上签字的时候，母亲因为害怕不敢签，吕健只好替母亲签了字。那一刻，吕健才突然发现，父母原来已经老了，自己也已经18岁，是个成年人了，是时候主动承担起责任了。

在住院的日子里，他开始反思，发现自己一直是这么不堪，吃穿从来都是张口向父母要，学习成绩却一直在班内倒数，好像这18年来从未做过让父母欣慰的事。出院后，吕健仿佛一下子长大了。但第一年高考还是失败了。他决定复读，父母花了高价的借读费让他上了省里的重点高中——河北乐亭第一中学。同时每个月还给他1 500元的生活费，这在同学中是最高的。“学了这么多年，一定不能半途而废”。爷爷故事里那股子不服输的英雄气概仿佛一下子在吕健身上被激活了，他开始发奋学习。渐渐地，他从刚进复读班时的第55名，跃升到了第10名，最后以班里第二名的成绩考入了中国石油大学（华东）最好的专业——石油工程专业。

当时父母都已上了年纪，干农活已经有些吃力，为了供吕健读高中和大学，父母一下子承包了村里的20多亩地，建了7个香瓜大棚，总共投资20多万元。20多万元对一个农民来说，可以说是赌上了一切。

大棚建好后，父母基本上等于住在了地里。尤其是到了收获季节，白天采摘完毕，半夜11点就得起床，将香瓜用小型拖拉机分多次运到市场上，一直忙活到第二天上午10点将香瓜全部卖完了，回来后再接着采摘、运输。这样的日子一直持续了8年，直到吕健大学毕业。父母在五六十岁本该颐养天年的年纪，选择拿出所有的家当进行农业“创业”。这些不易，吕健直到18岁才真正理解，却也为时不晚。父母这种愿意拼、不服输的闯劲一直是吕建在后来的创业道路上的精神支撑。

父亲是爷爷唯一的孩子，母亲自然是家里家外一把手。地里的农活不能落下，家里的老人更不能丢下。吕健的爷爷100岁时依然健朗，奶奶也是93岁时才离世，这都离不开母亲的悉心照料。爷爷1948年结完婚就去参军了，留下奶奶一个人在战乱中一等就是7年。对丈夫生死未卜的担忧和战乱中的孤独无助，导致奶奶患上了间歇性的精神病。为了让奶奶少发病，母亲在照顾时更是尽心竭力，一切按照奶奶的习惯，努力让她保持好心情。爷爷98岁时患上了泌尿系统疾病，小便失禁，必须使用尿袋，每周还要去10公里外的县医院去换一次。母亲坚持每天早晚给爷爷热敷双脚，没想到爷爷的身体竟然在一年内奇迹般地恢复了，连医生都不敢相信一位98岁高龄的老人能够恢复如常。

母亲不仅要照顾一位百岁老人，还要照顾吕健的大舅和二舅。大舅70多岁，膝下无儿无女，母亲自然承担起了家里的很多责任；二舅64岁，患有脑血栓，行动不便，但儿女不在膝下，母亲毅然挑起了这个重担。母亲几乎牺牲了自己的全部生活，将三位老人照顾得妥妥贴贴，也因此被评为县孝老爱亲道德模范。对这一切，吕健都看在眼里、记在心中。母亲的善良与责任担当，督促着他在为人处事中敢于承担责任。

俗话说，家是梦想开始的地方。吕健在爷爷的故事里找到了梦想的方向——他要像革命先烈一样，不怕苦不怕难，勇敢走出去，闯出属于自己的一片天。

就是这样一位拥有光辉军旅历程和光荣业绩的老人，在他 100 岁寿诞之际，从地方政府领导到村里的老少乡亲，300 多人慕名前来为他贺寿。10 月 2 日—3 日，这个昔日宁静的小乡村鼓乐齐鸣。老人激动之余，亲自登台献唱当年战场上的歌曲《雄赳赳气昂昂跨过鸭绿江》。

“雄纠纠气昂昂跨过鸭绿江，保和平卫祖国就是保家乡，中国好儿女齐心团结紧……”鸭绿江水在静静地流淌，嘹亮的军歌在耳边回荡。

听着熟悉的军歌，台下的吕健默默地流下了眼泪。

因为非洲创业的缘故，吕健已经一年时间没有回家了。这次回家是为了给爷爷祝寿，他也只是住了两天，就直接飞到北京洽谈投资事宜了。紧接着，10 月 6 日，又飞到山西吕梁参加合伙人段晓飞的婚礼……

二、大山深处的层层蜕变

10 月 7 日，山西吕梁街头，伴随着唢呐和旗手队伍，新娘乘坐八抬大轿，新郎骑着高头大马……这样一支热热闹闹的迎亲队伍，彷佛穿越而来，吸引了众多路人的围观。那骑着高头大马、状元郎打扮的正是新郎段晓飞。

当天，段晓飞的婚礼设在了市北方大酒店。当迎亲队伍吹吹打打到达酒店时，婚礼现场正在播放两个视频：一个是段晓飞和妻子从华的共同好友来自天南地北的祝福；一个是沙画表演，讲述了二人从创办“向阳花”公益组织开始相识，到后来去各地支教过程中逐渐相知，最终相爱走到一起的过程。

中午 11：58，婚礼正式开始，当段晓飞单膝跪地从岳父手中接过新娘的手的那一刻，他忍不住流下了眼泪。这眼泪里满是感激——对岳父岳母的感激，对妻子丛华的感激。丛华在山东烟台当老师，段晓飞常驻非洲，二人相隔万里，还有 5 个小时的时差，这让他们之间的交流都变得困难。结婚前两天，段晓飞才匆匆赶回来，婚礼上所有的细节全是妻子在上班之余筹划联系的。

传统婚礼热闹庄重，敬茶、改口等感恩父母的仪式尤为庄重。当二人改口叫完“爸爸”“妈妈”，张开双臂拥抱父母的那一刻，段晓飞再一次流下了眼泪。这一次是悄无声息的，自然也是感恩的。

当感谢的话一说出口，泪水第三次模糊了他的双眼。这么多年来，他能从大山里的窑洞走进城市里的楼房，从黄河边的小山村走到大海边的象牙塔，从不知梦想在何处到梦想扎根非洲，他最为感恩的就是自己的父母。

说起感恩父母，这个大山里走出来的孩子突然变得像大山一样沉默了，迟迟不知道该说些什么。作为家里最小的孩子，如今也有了自己的家庭和自己的事业，也许就是对父母最大的安慰。

1991 年 8 月，段晓飞出生在山西省吕梁市柳林县高家沟村的一口窑洞里。那一年，哥哥段晓亮 7 岁、姐姐段晓霞 4 岁，一家五口的吃穿用度，使本来就清贫的日子变得更加捉襟见肘。山上那 35 亩地是家里的全部经济来源。因为地势陡峭、山路曲折，播种和收获全部都是肩挑手抬，唯一可以依靠的就是家里的一头老黄牛。所以，三个孩子早早就懂事了，知道帮父母分忧。段晓飞从四五岁就开始帮着干活，他小小的身躯端着大大的种子盒，紧紧跟在母亲身后，母亲刨一个坑，他就往里面丢一粒种子。父母和哥哥姐姐中午也顾不上休息，就派段晓飞回家拿饭。只见连绵的大山中间，大大的太阳底下，一个黑色的小影子沿着蜿蜒的山路慢慢前行，步子迈得不稳却有力。

◎ 山西省吕梁市柳林县高家沟村

段晓飞最开心的还是收获季节。玉米秸、高粱秸和大豆脱完壳剩下的混合着泥土的碎屑，全都堆在化粪池里烧掉。这时候，段晓飞就会拿来地瓜、土豆，有时候还能搞到一两个鸡蛋，埋在冒着烟的灰土里，坐等享受香喷喷的大餐。

在那个刚刚可以填饱肚子的年月，没有人买得起新衣服新鞋子，但母亲从未让他们穿过带补丁的衣服。段晓飞的衣服有的是哥哥穿过的，母亲拿来改一下依旧干干净净；有的则是母亲买来几米布，自己一针一线缝的。那时候，白天要下地，所有家里的活都是晚上来做，买不起蜡烛，就点上煤油灯。母亲在灯下纳鞋底、缝衣服，他们几个就在灯下看书写作业。

段晓飞生活的地方煤矿很多，贫富差距特别大。在他过年都不敢想有新衣服的时候，已经有人穿上了皮鞋。五年级毕业前夕，有一次去地里送饭，母亲突然跟他说，如果你这次考试能够考到全镇前五名，就给你买双皮鞋。段晓飞当时并没在意，一个月后偶然间遇到老师，才知道自己考了全县第一。母亲也兑现了自己的承诺，过年时花 10 块钱给他买了一双皮鞋。

其实在 2001 年段晓飞读小学三年级时，家里的经济就变得很拮据了。哥哥要读高中、姐姐要读中专，学费和生活费支出一下子增加了好几倍。因此，父亲去了市里的焦化厂打工，留下母亲一个人收拾 35 亩地。这样的情况一直持续到 2007 年姐姐毕业结婚。因为姐夫的关系，父母在市里的煤矿谋得一份职业，压力才得以减轻。

穷人的孩子早当家。段晓飞兄妹三个从小就懂事，不仅帮着父母干农活，学业上也从未让父母操过心。初中之前，兄妹三个的成绩一直都是学校班级的第一名，甚至能落第二名几十分。初中后，因为成绩优秀，也经常被减免学费。段晓飞小升初时，本来打算就在镇上读初中，后来听说县里有一所煤炭公司投资的联盛中学，成绩优异者除了可减免学杂费和住宿费外，每个月还能给 100 元的生活补贴。于是，父亲去县里交了 10 块钱的报名费，段晓飞因为成绩优异，便顺利考入了免费的联盛中学。开学时，段晓飞先步行 5 公里到镇上，再花 3 块钱坐一辆挤满 20 多人的面包车到县城学校。但他一点不觉得苦，他想去上学。知道父母不易，段晓飞在学校也是省吃俭用。初一那年中秋节返校时，他带了 30 块月饼。早晨一块月饼，中午、晚上花 5 毛钱买两个馒头，就着免费的汤吃下去，就这样撑了 1 个月。回家之后，看着又黑又瘦的儿子，母亲心疼不已。

初中时段晓飞曾经自己做过一条“七分裤”。本来是一条长裤，穿得时间长了，右腿膝盖处碎了一条缝。因为没钱买新的，他便找来几个别针将裂缝处连起来，然后将裤管全部挽起来把裂缝遮住，左腿也同样挽起来。这样一来，就好似一条七分裤了。段晓飞看着自己的创意，竟然忍不住心中欣喜一番。

段晓飞所在的联盛中学大多是富家子弟。因为他与其他同学之间的物质差距特别大，也就很难融入到他们当中。虽然他并不在意吃穿，但因为这些外在的东西被人瞧不起是他不能接受的。当时他就暗下决心，将来一定要比他们强。

初中毕业时，他坚持要考市里的重点高中，一方面是想摆脱这种氛围，更多的是想去更大的城市里见见世面。成绩一向优异的他不出所料地考上了吕梁市的重点高中——离家 70 公里的贺昌中学。

高中时期，15 岁的段晓飞情窦初开，悄悄地恋爱了。不知道是不是这个原因，成绩一直拔尖的段晓飞竟然高考失利，分数只够上二本。他不甘心，决心复读。同时，他打听到另外一所学校的消息，说复读生考上一本可以奖励 12 000 元。他便毅然去了那里，还带去了十几个同班同学。第二次高考他如愿以偿，高出一本线 50 分，填报志愿时他首先排除了山西省内的高校——他要走出大山！最终，他成功报考了地处青岛的中国石油大学（华东）石油工程专业。

报到的第一天，他就来到学校南门的海边。眼前一望无际的大海，让他突然想起第一次见到黄河时的情景。8 岁时，段晓飞曾经跟随父母到黄河边上的一个小山村走亲戚，那是他第一次看到黄河。看着滚滚流逝的黄河水，这个整日与黄土打交道的孩子瞬间惊呆了。他这才知道，原来大山外还有这么波澜壮阔的地方。他不知道该如何描述自己的感受，好不容易在自己有限的知识里想到一句诗——“黄河远上白云间，一片孤城万仞山”。但是黄河到底有多远，到底流到了哪里，他不得而知。直到多年后他真正走出大山才知道，黄河经过九曲十八弯，最终奔腾入海——就是他梦想起飞的那片海。

段晓飞的童年和少年时期无疑是贫穷的，但贫穷并没有磨灭他的意志。他坦然接受贫穷的事实，从小到大都竭尽所能度过了贫困的一个个难关。但他不满足于大山深处有限的农村生活，定要出去闯荡一番。哥哥姐姐同样如此，一个博士毕业在国家粮食局工作，一个本科毕业去了市里煤矿工作。寒门三子弟，两个读了博士，这在当地自然成为一段佳话，父亲段元望也因此成了当地的名人。

从求学到工作，段晓飞一直是按照自己的想法一路走过来的，过程艰辛却也算顺利。这些都离不开母亲胡马英的言传身教。父亲初中毕业后当了7年兵，身上有西北人典型的质朴和粗犷性格。母亲与父亲性格正好互补，虽然也只有初中文化，但她为人和善、通情达理，处事大方得体，可以说扭转了整个段氏家族在村里的“坏名声”。原来，段式一家都是出了名的暴脾气，说话做事常常思虑不周，导致亲戚不睦、邻里不和。母亲嫁过来以后，无论是本家族还是同村乡亲，无论是红白喜事还是农忙时节，她都会主动帮忙、打点妥当。亲戚邻里都羡慕段家娶了一个好媳妇。正因如此，段晓飞7岁那年，他们家被评为“文明家庭户”，而且整个乡镇只有两家。

今天的段晓飞身上有很多母亲的影子，言谈举止、为人处事，包括走出大山的信念，都离开母亲的言传身教。

在婚礼上，段晓飞专门请来自己的合伙人吕健来做自己幸福的见证人。二人从大一开始同学7年，大二共同创办“向阳花”，2016年共同创办“创造太阳”能源服务公司。吕健登台首先送上祝福。这时，他们的另外一位合伙人——远在非洲的马搏也打来电话表达祝福。马搏与他们同是7年同学，也是“向阳花”“创造太阳”的共同伙伴。一路走来，吕健、马搏、段晓飞互相见证了彼此的成长。

三、长江岸边的灵动

“创造太阳”的另外一位合伙人马搏同样也是一个从大山里走出来的孩子。他也无时无刻不在感念父母从小对自己从善向上的教育。

马搏是重庆奉节人。奉节县位于四川盆地的东部山区，四面环山，却因长江过境而多了一份灵动。历史上称奉节“控带二川，限隔五溪，据荆楚之上游，为巴蜀之喉吭”。

唐代大诗人李白有一首广为流传的诗《早发白帝城》——“朝辞白帝彩云间，千里江陵一日还。两岸猿声啼不住，轻舟已过万重山。”这里的“白帝城”就位于重庆市奉节县，与马搏出生的地方仅一江之隔。从记事时开始，马搏已记不清自己曾经多少次跨过长江，北上求学。

1993年3月，马搏出生在奉节县冯坪乡百福村的一个教师家庭。父亲马国善自1978年开始已在村里的小学执教35年，母亲袁存英从1998年开始在村小学执教，已在工作岗位上执教30年。父母亲一辈子坚守在山村学校的讲台上，在师资匮乏的年代，一个班只有一个老师，除了教授全部课程外，还要担起班主任的职责，照顾好学生们的生活。可以说，父母是家乡几代人的启蒙老师，当然也是马搏的启蒙老师。小学一至五年级，马搏一直都是母亲的学生，而且是母亲学生里面的第一个博士生。无论在家里还是在学校，母亲的一言一行都给马搏留下了深刻的印象。

马搏上一年级时，母亲的第一堂课并没有让他们学习课本上的知识，而是带领一群孩子走出教室，站在山坡上，问他们看到了什么。群山环绕，除了蓝天白云，他们看不到大山外的任何事物。母亲用这种方式教育他们要努力学习，将来走出大山，去看更美丽的世界。

马搏上学较早，一年级时他才5岁，当时他还不能真正理解这堂课的意义，但他却因此养成了一个习惯，就是在闲暇时喜欢站在山坡上，向远处眺望。

小学毕业后，因为户口问题，马搏只能在镇上的中学读书。但为了能让他接受更好的教育，以便将来有机会读更好的高中和大学，父母四处借钱才缴纳了高价借读费，为他争取到了去县城奉节中学读书的机会。

奉节中学位于长江北岸，距离马搏家40多公里。为了节约11块钱的车费，年仅11岁的马搏坚持住校，只在寒暑假的时候回一趟家。那时候的马搏每周有50元的花销，但因为每天的花费分配不均，为了控制预算，他经常在周末的时候跟同学合打一盘菜。早餐时学校有免费汤，为了保证一天不饿，他能喝下五六碗。作为县重点初中，每一次月考之后都会召开家长会。初一时的第一次月考，马搏的数学考了全班唯一的100分，那时的他很想让自己的爸爸妈妈一起来参加家长会，共同分享他小小的成就。但在外出读书的几年时间里，他的那张留给家长坐的书桌永远是空着的。看着其他同学有爸爸的表扬或者妈妈的训斥，马搏都觉得那是一种让人羡慕的生活。也正是因为这样的生活，让马搏早早学会了独立生活，并将自己阅读的习惯坚持了下来。周末时间，在同学们都回家了之后，当宿舍里只剩下他一个人的时候，他就与书为伴——他从阅读中得到了很多的乐趣。

马搏有两个姐姐——大姐马蕴、二姐马境，从小她们都会把学校发的各种书带回家，互相换着看。小学的时候，马搏最喜欢的就是《鲁滨孙漂流记》《一千零一夜》，后来他迷上了《西游记》和《水浒传》，并且把白话文版和文言文版都看了个遍。这些书带给他无限的憧憬，使他对大山外的世界充满了遐想。也许，他不愿墨守成规、向往自由、喜欢思考的性格就是在这个过程中慢慢养成的。

说到性格，马搏骨子里还有一股拼劲，他总是在不断努力争取自己想要的生活。正如他的名字一样——拼搏、向上，搏击长空。

马搏的父亲马国善出生在1953年，在家里8个兄弟姐妹中排行老四，整个童年恰好赶上“三年经济困难”时期。物质极度匮乏，填饱肚子都成问题，更没有多余的钱让他上学读书了。加之家里孩子多，爷爷实在没有能力支持他们上学。但是，马国善并没有因此而放弃学习。他白天下地干活，晚上熬夜看书。就这样，马国善竟然自学完了初中课程。1978年，马国善作为村里的“文化人”，被推荐到村小学任教，从此褪去泥巴，拿起粉笔，开始了35年的教师生涯，成为村里至少两代人的启蒙老师。

如今，父亲已经退休，母亲依然坚守在教育岗位上。回想当初为了正式教师的身份，母亲着实付出了很多。

1998 年，母亲以代课教师的身份入职村小学，一教就是 10 年。虽然每个月只有 300 块钱，但她从未耽误过学生一节课。2008 年，学校有一批转正名额，机会十分难得。母亲在她 45 岁的年纪，在将近 40 ℃的高温环境中，坚持学习两个月，最终通过考评，成了一名正式的人民教师。

母亲经常教育自己的孩子说：“世上无难事，只要肯登攀。你想要什么样的生活，只能靠自己去争取。”母亲是这么说的，也是这么做的。在教师身份转正之后，母亲并没有停滞不前。2010 年，为了提高自身的教学水平，适应现代化的教学方式，在没有任何基础的情况下，母亲通过自学计算机和英语，考取了计算机等级证书和大专学历。母亲还有一年就要退休了，但她从未放松过自我学习和教学研究。2016 年，作为乡镇唯一的优秀代表，她被评为奉节县“优秀教师”。

父母虽然做了一辈子的山村教师，但他们每天都在向前，努力做到最好。马搏就是在这样的家庭环境中，走出奉节、走出大山，跨过长江、跨过大洋，最终走出国门、走向非洲的。

支撑马搏在外闯荡的，还有他的未婚妻王丹。作为大学同学，两个人属于同一学院、不同专业。他们相识在共同组织学校活动的过程中，一个是社团负责人，一个是秘书长。他们一起出策划、写方案，一起熬夜奋战。她的细腻大气，他的成熟坚韧，让他们相互吸引。毕业后，一个为了追逐梦想成为“非漂”，一个勇于挑战成为“北漂”。因为跨国的时差，往往只能在凌晨 1 点以后，王丹才能接到期盼已久的电话，享受每天难得的“电话粥”。但又往往是说着说着，要么是王丹太困睡着了，要么就是马搏要讨论加班，电话中常常传输的是一边的梦呓声和另一边的键盘声。

第二节 向阳花开

他们求学创新，砥砺创业，以青年人的创新之举为21世纪“海上丝绸之路”的中非交往搭桥铺路。燕雀胸怀鸿鹄志，求知立业做栋梁。他们是新时代创业路上的追梦人。

一、从比赛走向创业

或许是机缘巧合，他们三个在2010年入学那天同时到达了学校大门口。看着未知的校园，他们默念着眼前的几个大字——中国石油大学，心中似有远大理想奔腾而过。是缘分让这三个男生从此相识，他们一个跨过渤海湾、一个沿黄河向东、一个过长江北上，相聚在这黄海之滨。2010年9月，中国石油大学（华东）迎来了她的第58级学子。这些来自天南海北的学子相聚一处，谁也无法预知将会上演怎样的精彩故事。

三个人都是石油工程专业，从大一到研究生，7年同窗。大一时，吕健和段晓飞是同一个班同一个宿舍。军训结束后第一件大事就是竞选班干部，几人商议后决心都去参选。段晓飞成功竞选为团支书，马搏竞选为班长，只有吕健竞选学习委员失利。但这次失利反而激起了吕健的斗志。他开始思考：大学期间应该做点什么，而且要做点与别人不一样的。

刚上大一的时候，吕健通过院里组织的“非常1+6”活动，结识了宿舍导师步玉环教授。步玉环是该学院油气井工程系系主任，她通过三四年的时间，研制出新型产品——油气井水泥浆宽带缓凝剂。该产品不仅在油气井中得到成功实践，还申请了国家专利。后来，吕健通过一次校园讲座接触到了“挑战杯”。在步玉环老师的推荐下，吕健参加了2012年第八届“挑战杯”全国大学生创业计划竞赛。这对于吕健来说是一个难得的契机。他和步玉环老师共同拟定了几个课题，最终他们决定就从这个国家专利入手，制定创业计划，参加比赛。

为了准备比赛，在该校经济管理学院教授王桂荣老师的带领下，队员们多次去油田现场调研。除了山东东营的胜利油田，他们还前往四川，到川庆钻探工程有限公司进行考察。经过300天的大量调研，吕健他们考察了大量的同类型市场产品，并与自己的产品进行认真比较，发现这种新的缓凝剂在性能上有着明显的优势。

最终，这项计划获得了第八届“挑战杯”全国大学生创业计划竞赛铜奖和山东省大学生创新创业大赛的一等奖。

通过参加竞赛，吕健萌生了把创业计划落地的想法。那段时间，因为经常在外边跑，室友都开玩笑说，寝室里是“非常5+1”——他们五个人加吕健一个。过程是辛苦的，不过吕健从没有跟远在河北唐山的父母抱怨过。他说，路是自己选的，每次打电话只跟家人说近期在申请项目，打算开公司。最令吕健欣慰的是，他的父母非常支持他。

二、从课堂走向创业

2012年，国家鼓励普通高校毕业生自主创业。乘着国家政策的东风，凭借自己在各类比赛中的经验，吕健决心让创业计划“落地”。

利用国家创新创业训练计划赞助的10万元创业扶持资金以及此前比赛的奖金，吕健创立了一家油田化学品公司，并很快获得了50万元的天使轮融资。在步玉环教授的引荐下，固井水泥添加剂产品在川西北的科研项目中试用，运行效果良好。吕健的这次创业事迹不仅入选了教育部《优秀大学生创业案例》一书，而且还受到了《中国教育报》《齐鲁晚报》等媒体平台的专题报道。

但此次创业只是“入门”。由于当时没有成熟的经营模式，产品并未盈利。2013 年，因为资金链断裂等问题，经营不善的公司转手他人，宣告此次创业的结束。后来吕健瞄准了"互联网 + "的优势，想在"互联网 + 石油"领域继续创业。但由于石油行业在互联网领域的局限性，使这次创业也很快夭折了。

两次创业失败并非没有收获。因为在比赛中取得的优异成绩，吕健被学校破格保研。更重要的是，这两次经历让他更加坚定了在油服领域创业的决心。但该如何创业？创业的意义到底是什么？

山河依旧人亦然，海阔天空梦未散。在追梦的过程中，谁没有迷茫过？正当他陷入迷茫的时候，在一位学长的引荐下，吕健得到一个去北京一家国际油田服务公司实习两年的机会。这段时间被吕健定义为自己"能力增长最迅速，甚至对此后创业产生决定作用的两年"。

吕健实习所在的公司在油服行业小有名气。虽说是实习，但吕健在公司陆续做过副总经理助理、新疆油田的现场工程师、总裁助理、国际事务部负责人……两年时间里，他经历了该行业里的各个"工种"。

为了在公司待更久、学更多，吕健向学校申请休学一年。2015 年，吕健的年薪达到了 36 万元。此时的吕健，已经能够对接海外业务、处理商务事务，适应了每天工作 16 小时的强度。如果照此节奏，他完全可以在行业内稳扎稳打地继续做下去，但他却连受两次"打击"。

在一次海外业务对接中，吕健为一位外国客户介绍了公司的一项前沿技术。当时的吕健仅略懂皮毛，事后才知道，对面的客户正是美国油气增产实验室创始人盖伦 • 佩内（音）。这让他觉得自己有点班门弄斧。随后，在四川的一场技术交流会上，来自中石化的首席专家向吕健提出了一些有关施工细节的问题，而他对这些问题一无所知。

吕健认识到自己掌握的理论知识与实际的技术应用差得太多了。于是，他拒绝了公司的高薪挽留，于 2015 年回到学校继续读研。

研一那一年，吕健完成了从“学渣”到学霸的逆袭：不仅专业成绩第一，拿了国家奖学金，还把工作中遇见的问题逐一进行了梳理，查阅了近千篇国际专业文献，并通过与领域内专家交流、做实验等方法，撰写了多篇论文在国际英文期刊发表，解决了 20 多项实践过程中的技术问题。

至此，吕健终于不迷茫了。实习“偷师”所得，加上读研所获，让他在油服行业的综合能力得到大幅提升。在往返国内和中东的过程中，他发现了大量商机。他觉得“时机到了”，便决定重新创业。

◎ 2012 年，“向阳花”支教团赴山西临县四所小学支教出发前合影

三、从“向阳花”到“石油汇”

三人行，必有我师焉；人以类聚，物以群分。

在创业的道路上，吕健与马搏、段晓飞共同经历了合作共进的锻炼与磨合。

早在2012年3月大二时期，吕健和马搏、段晓飞就联合创立了“向阳花公益助学团队”，致力于利用寒暑假服务贫困山区的孩子。通过助学活动，他们发动大学生和社会各界人士关注贫困地区的教育和经济现状，以争取更多的资源（资金、技术、人才等）投入到贫困地区的教育事业中。

三人都来自农村，对农村教育现状比较了解，其中段晓飞的老家山西吕梁尤为困难。经过4个多月的筹备，2012年7月13日，他们一行45人赴山西吕梁支教。在吕梁市临县曲峪镇太钢希望小学、太钢中学、后甲头小学、后甲头中学进行了为期16天的义务支教活动。开设包括英语、舞蹈、百科知识、名城名校在内的21门课程，以及捐建图书馆、贫困助学、社会调研和举办运动会、文艺汇演等活动，共为山区筹备7万余元物资和7千余元公益基金。

“向阳花公益助学团队”迄今已在山西临县、山东平邑县、河北赞皇县、宁夏西吉县、贵州普安县、云南大关县以及镇雄县等地的贫困山区开展过公益助学活动，并在部分学校建立助学基地。团队先后荣获学校唯一的“全国大中专学生暑期‘三下乡’社会实践重点服务队”称号和“山东省大学生社会实践优秀团队”称号。

可以说，“向阳花”是他们共同开创的第一份小事业。对于如何招募志愿者、联系学校、募捐物资，到达支教学校后如何安排食宿和教学课程，都是他们一点点摸索出来的。如今的“向阳花”已经发展成为一个十分成熟的公益助学组织。

“一次经历一次成长。如果注定要在一起干一番事业，上天会再次安排我们相聚。”吕健一直坚信他们的缘分是注定的。

2014 年 12 月，中国石油大学（华东）SPE 学生分会换届，马搏正式成为主要负责人，段晓飞也同时成为负责人之一。“向阳花”时期的经验让他们之间的配合更加默契，他们决心大干一场，打造出属于中国的 SPE 国际性品牌活动，让更多的同学因为这个平台而受益。SPE，也就是我们常说的国际石油工程师协会。作为全球最大的石油科研领域的交流平台，SPE 在全球 5 大洲拥有 14 万余名专家和学生会员、330 余个学生分会。

筹办“石油汇”成为他们的抓手。从 2014 年 12 月开始酝酿，他们多方联系协调，邮件发送不下 1 000 多封；到 2015 年 5 月活动方案正式成型，对外联系赞助公司、协调志愿人员、邀请评委嘉宾、准备比赛材料、设计海报手袋……225 个日日夜夜，他们无数次地推倒重来，每天忙得团团转，凌晨两点之前就没有合过眼。

终于，首届“石油汇·中国国际学生石油论坛”于 2015 年 7 月在青岛成功举办。论坛包括学生论文大赛、压裂液挑战赛和软件应用大赛三项赛事以及 SPETALK 圆桌论坛、破冰晚宴、SPE 文化之夜

◎ 举办“石油汇·中国国际学生石油论坛”

等系列活动，共吸引到全球 11 个国家 18 所高校的师生参会，得到 7 家企业不同形式的赞助支持，招募 200 余名志愿者，打造出该校首个全过程学生组织实施、全方位全英语国际化标准，具有全球影响力的国际石油科技赛事。“因为石油汇的活动，使学校的国际化又向前迈了一大步。”学校领导对此次活动给予了非常高的评价。

也就是在这次“石油汇”上，吕健和马搏、段晓飞又一次相遇了。只不过这次马搏和段晓飞是负责人，吕健是赞助商。当时，吕健休学在外实习，代表所在公司赞助了“石油汇”的一项赛事。

2014 年至今，利用 SPE 这个国际化学术平台，他们先后组织 50 余人次赴美国、俄罗斯、荷兰等 8 个国家参加竞赛与交流，发起中美跨校线上石油论坛 SPE Online，举办各类学术分享讲座，让同学们能够更好地了解国际学术前沿信息和行业动态。分会也在 2015 年被授予“Gold Standard”称号，在国际舞台上展示了石大学子的良好风貌。而马搏本人也因此获得了 SPE 颁发的 STAR FELLOWSHIP 奖学金，得到了每年 3 万元、连续 4 年资助的机会。

◎ 马搏获 STAR FELLOWSHIP 奖学金

三个人从本科到硕士，7 年同窗，一起学习，共同做事，专业知识和实践能力都无可挑剔。眼看就要毕业了，他们不得不聚在一起重新思考毕业后的去向。行业内的工作机会他们完全可以轻松获取，但朝九晚五的生活不是他们想要的。他们无数次地来到南门的大海边，面对着大海讨论人生理想，最终决定再组搭档——借势“一带一路”，到非洲创业！

第三节 筚路蓝缕

一、非洲考察

2016年初，在分析了全球的石油开采现状之后，吕健认为东非地区政治稳定、石油储量丰富，属于开发前期，比较适合初创公司。因此，他和马搏、段晓飞、宫智武决定去非洲实地考察。

◎ 2017年1月，在坦桑尼亚首都多多马考察期间与坦桑尼亚副总理合影

在很多人的印象中，非洲是贫穷落后、战乱不断的，所以当他们把这一决定告诉家人的时候，最初都遭到了强烈的反对。但在考察了两个月，走访了埃塞俄比亚、肯尼亚、乌干达、坦桑尼亚四个国家之后，他们发现东非的政局稳定，石油勘探刚结束，正处于开

发初期，拥有大量商业机会，需要有学历、有激情、带着商业资本的人去开发。这更加坚定了他们共同创业的想法。

东非的乌干达引起了团队的格外注意。乌干达石油地质储量达到65亿桶（据EIA，2015），然而其油气资源开采刚刚由勘探转入开发阶段。但在刚开始进入乌干达石油市场时，吕健及其团队遇到了很多困难，其中最大的困难是招人难。经过一番思索之后，他们把困难变成了机遇。

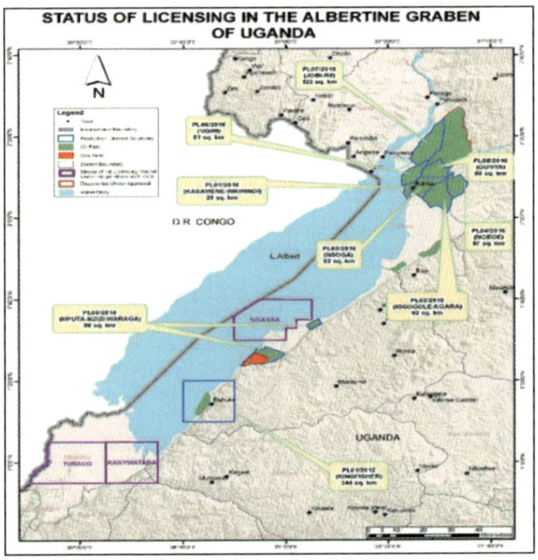

◎ 乌干达石油勘探图

自2013年国家实施“一带一路”倡议以来，大量中资企业纷纷涌向海上丝绸之路的终端——东非，建造了肯尼亚蒙内铁路、东非电塔等标志性工程。但大量中资企业在走向东非的过程中，几乎都面临着“招工难、管理难”的问题，导致当地工程进度缓慢、成本增加。

通过考察分析，吕健及其团队认识到，乌干达对石油教育培训有着空前的需求。而瞄准乌干达石油人才培训市场的，不仅仅只有吕健他们一个团队，大量的西方国际培训机构也纷纷涌入。此外，乌干达本土的一些培训机构也瞄准了这块市场。

但吕健团队很快发现，西方培训机构在乌干达没有培训场地，仅是租用教室进行石油工程和石油管理理论培训，能占领的市场份额有限。而乌干达本土的培训机构，由于之前未涉及石油培训，所以在硬件设备和软件如师资、课程等方面捉襟见肘。吕健团队因此嗅到了其中的机遇——建设专业的石油技术培训中心。

◎ 东非石油技能培训中心鸟瞰图

抓住机遇，时不我待，说干就干。2016 年 11 月，经过对非洲 4 国的实地考察和对“一带一路”倡议及“一带一路”沿线石油开发市场大量数据的精确分析，他们在母校的支持下，联合创办了创造太阳能源服务（青岛）有限公司。2017 年 4 月，吕健团队随即启动了在乌干达的石油技能培训中心项目。该培训中心命名为东非石油技能培训中心，选址在乌干达首都坎帕拉市中心工业园区，总投资额 2 500 万元，占地面积 12 000 平方米，建筑面积 3 563. 4 平方米。乌干达的石油技能培训中心一期工程于 2018 年 1 月底完工，2018 年 3 月正式开课。2018 年 3 月，培训中心已经争取到 IADC、IWCF、OPITO、NEBOSH、CityandGuilds 等国际认证，开始在全球招募讲师和合作伙伴。

◎ 吕健与王德禄合影

作为创业型公司，公司如何发展、如何能做得更好，成为几位创始人一直在考虑的问题。机缘巧合，2017年，吕健遇到了校友王德禄师兄。王德禄毕业于中国石油大学物理系，曾担任北京市政府顾问，时任北京长城企业战略研究所所长。吕健多次登门拜访，请教公司的战略规划和发展问题。王德禄组织徐苏涛、王明阳等专家就“创造太阳”如何打造独角兽和瞪羚企业开展头脑风暴。在讨论中，几位专家分别给出了自己的建议。王德禄指出，“创造太阳”的商业模式太“土”，缺乏自生长性。针对公司当时的处境，他提出要制定三年规划，先“烧钱”再赚钱，讲中国故事，与“世行”（世界银行）挂钩，打造具有自生长、爆发性的独角兽企业，做“中非职业教育培训和人文交流服务平台”。此番讨论，让吕健的思路变得更为开阔了。特别是王德禄师兄的话更是让他茅塞顿开，从顶层战略上为公司发展指明了方向。舟行何方，吕健不再迷茫。对于公司如何发展，他的心中自有定数。

培训中心的建设也吸引了世界银行的注意，世界银行首席教育专家梁晓燕女士到访“创造太阳”乌干达分公司。改革开放40年来，中国发生了翻天覆地的变化，发展速度震惊世界。而当下的非洲，正如40年前的中国一样，经济相对落后。欧美国家在非洲援助开发数十年，但非洲的经济却没有丝毫起色。所以，世界银行一直在考虑如何将中国模式引入非洲，希望能用中国的发展理念来帮助非洲发展。而使用中国理念的最直接方法就是把中国的培训机构引入非洲。梁晓燕女士了解了“创造太阳”的未来规划和培训中心的工程进度情况，对培训中心的兴建给予了高度评价。她表示将继续关注“创造太阳”的发展，并在自己的能力范围内给予适当帮助。

二、越挫越勇

初创公司，资金是重要缺口。作为主要负责人，吕健无时无刻不在顶着巨大的压力。好兄弟远在非洲奋战，如果自己不能及时筹集足够的资金，前线的项目就无法顺利推进。创业之初，吕健曾与20多位投资人洽谈过，因为有“一带一路”倡议的支持，他们大都看好项目及其发展前景，但由于对非洲政局的担忧，所以迟迟不敢投资。经过再三考虑，吕健认为应该让更多的人正确了解非洲的实情及他们所做的项目，于是报名参加了深圳卫视的《合伙中国人》，遗憾的是最终没有闯入决赛。但经过媒体的报道，越来越多的人知道了“创造太阳”。一位在南苏丹工作了13年的投资人通过新闻报道了解了他们的设想后，在未曾谋面的情况下一次性投资180万元。这种来自陌生人的支持给予了吕健团队莫大的鼓舞。

原以为资金问题可以告一段落了，没想到一场前所未有的财务危机悄然降临。2017年11月，就在各项工作稳步推进的时候，原先确定的几个投资人突然取消了投资。这对于一个风险抵抗能力极差的初创公司来说，无疑是一个巨大的打击。另一方面，公司每月需要向承建培训中心的烟台某建设公司交付工程款。按照合同要求，工程款如果不到位，工程建设会立即停止。如果拖账严重，工程承包商将会走司法程序。这就意味着如果资金问题不解决，所有项目的进程将被推迟，甚至有可能受到法律制裁。

吕健、马搏、段晓飞三人感受到了前所未有的压力。2017年11月3日晚上，三人召开网络会议商量对策。那一夜，吕健一夜没合眼。

这是他创立公司以来最难熬的一夜。第二天，马搏在乌干达施工现场继续与建设公司沟通交流，希望能延长交款周期，工程建设不能停止。与此同时，马搏找到当地的华人首富。吕健、马搏的创业故事让这位首富十分钦佩和感动。他给了马搏20万美元的无息贷款，用来让他们渡过难关。同时，吕健也在国内继续筹钱。在老师、同学等亲朋好友的支持下，他筹措到一部分资金，但仍然有较大的缺口。在父母的支持下，吕健抵押了自家房子用来贷款。就这样，在大家齐心协力的努力下，终于度过了这次难关，公司危机暂时得以化解。

资金总算是有了着落，可与当地关系的难题又接踵而来。在培训基地建设过程中，一道手续往往要经过当地政府至少十几个人的签字审核。但因为沟通不到位，工地一度被当地城市监管机构关闭，数十个持枪大兵将工地上的所有人驱离出现场，并对项目经理何宽和承包商经理进行扣押。恰在此时，又传出基地有小偷趁火打劫，潜入偷盗的消息。马搏一行和承包商坐着当地特有的摩托车Boda匆匆赶回基地进行守护。“关门事件”不到三天，马搏他们到当地监管部门挨个办公室进行解释说明。从最开始的推诿扯皮、拒之门外，到最后的统一说“YES”，并在后来专门送来圣诞贺卡，感谢“创造太阳”为提升当地工人技能所做的贡献。通过与政府协商、与当地人打交道，也让这帮年轻人全方位地认识了非洲。

三、“一所改变人生的学校”

“运用知识能源开发物质能源，创造出一个新的太阳”，是“创造太阳”乌干达石油学院的目标。几个年轻的中国创业者带着无限的热情，在非洲大地上挥洒他们的青春和汗水，并与乌干达的年轻人一道闯出了一片天地。“创造太阳”在海外开展职业教育的创业模式可谓独辟蹊径，这也意味着中非合作正向着更多元、更深入的方向发展。他们积极服务中非合作能力建设工程，使一届届毕业生受益于“创造太阳”的培训项目，并以100%的就业率和远超当地工人薪资水平的收入前往各行各业，投身中非命运共同体的建设。

毕业生山姆在接受了本地学校无法提供的专业化培训后掌握了先进的焊接技术，年仅26岁就已经是拥有5名员工的焊接作坊负责人了。

山姆的作坊主要生产铁床、门窗、栏杆等数十种产品，月收入达到300万乌干达先令（约810美元）。而当地的人均月工资只有40万乌干达先令左右。跟他们相比，山姆已经算是迈向“小康”了。

山姆能有今天的成就，多亏参加了“创造太阳”的培训。当年，他怀揣着疑问来到这里。“这是一所什么学校？我能在这里学到什么？来自中国老师的授课方式我能习惯吗？”培训开始后，他的疑虑一点点打消了，取而代之的是每天新的收获和震撼。

为了让学员们接触到最先进的焊接技术，学院从中国请来了顶级焊接培训老师；为了让大家更好地理解讲授的内容，学院还给老师们配备了专业翻译。

到了焊接实训现场，山姆更加震撼了。学院居然为他们准备了充足的焊条进行练习。要知道，这些焊条基本上都是进口产品，成

◎ 山姆正在参加培训

本很高，其他学校一般半年只提供几根给学生练习。但“创造太阳”似乎不计成本，让学生充分实训。

每天早上，老师都会发好材料，以3人为一小组开始练习并进行有针对性的指导。实训任务完成后，老师会把大家都组织起来，再对共性的问题进行整体辅导。这样的培训模式和授课方式密集而紧凑，非常高效，让山姆的焊接技术逐步提升。项目结束后，他顺利获得了美国焊接协会颁发的手工焊证书。这在之前是想都不敢想的事情。

从“创造太阳”顺利毕业之后，山姆发现市场上的民用焊接成品质量不高，零件经常损坏。于是，他的心中渐渐有了创业的念头，就找遍了亲朋好友，东拼西凑买了一台像样的焊机，开始了自己的创业之旅。凭着在“创造太阳”学到的过硬技能，他的小作坊一点一点有了口碑，后来才逐渐发展到如今的兴旺光景。

现在，山姆经常回忆起在“创造太阳”学习的时光。他觉得那是一段改变自己人生的日子。在短短的3个月时间里，让从不规划未来的他有了努力的方向，前景也变得更加清晰了。“我打算用一

◎ 山姆和他的同学们

两年的时间，让员工达到20人”，这是山姆近期的规划。每当谈起这个目标，他所流露出来的自信总能感染周围的人。

山姆的同学们也像他一样，受益于“创造太阳”的培训项目。培训结束后，学员就业率为100%，远高于预期的30%，薪资则是当地正常焊工的2至3倍。在30名同学中，14人去了乌干达的中资公司、12人去了乌干达本地公司、2人做了教师、2人自主创业。

山姆的同学维森特和朱利叶斯的人生也因为这次培训而迎来了转机。焊接培训项目结束后，维森特参加了乌干达教体部主办的第一届乌干达技能大赛，获得了焊接小组第一名的好成绩。朱利叶斯更是代表乌干达参加了世界技能大会（WorldSkills）举办的非洲第一届技能大赛，获得了焊接组第二名的好成绩。

“伊迪丝”是学员们总挂在嘴边的名字。一提起她，所有人都禁不住竖起大拇指。“在这里，我们收获的不仅是技能的提升，还有家庭般的温暖。”在毕业备忘录上，一位学员动情地写道。然后于空白处，写上“伊迪丝”并在四周画满了爱心。

伊迪丝是“创造太阳”的一名当地员工，负责整个培训项目的内部运营，课程安排、老师对接、学员住宿、餐饮质量等都属于她的工作范畴。虽然每天的工作很忙碌，但伊迪丝总能笑呵呵地圆满完成自己的工作任务。

2019年初，伊迪丝却笑不出来了。因为她的母亲不幸患癌症住院了，而住院费用对于一个刚刚参加工作的年轻人来说，无疑是一笔巨款。生活的重担让这个初入社会的小姑娘每天都愁眉不展。学校了解到这个情况后，不仅经常为她加油鼓劲，还默默地帮助她支付了母亲的住院费用。后来。伊迪丝的母亲因病情恶化离开了人世，伊迪丝的情绪非常低落。学校体谅她的心情，每天请当地的员工陪伴她、开解她。慢慢地，伊迪丝从伤心、颓废中振奋起来，对生活有了新的希望。

现在，伊迪丝正以更加积极的心态投入到工作之中。不仅如此，她还申请了麦克雷雷大学的在职研究生，这将会为她的未来发展打开一扇新的大门。她经常自豪地说：“学校就是我的家，这里有我最亲的亲人！”

在“创造太阳”的大家庭中，无数青年人开始描绘更精彩的人生。有的从没有教学经验的大学生成长为骨干教师，有的从普普通通的清洁工成长为独当一面的行政主管……

公司在乌干达建立后招聘的第一位当地员工是一名27岁的司机杰克博。成为公司雇员后，他拿出一部分工资报名上了夜校学习商科管理，重新拾起几年前因为养活家庭而丢掉的学业。晚上中国员工加班，他便默默地在旁边复习功课。他说，看着这么一家创业公司在发展，自己也希望能够一起成长。后来，他从司机干到公司的职员，成为办公室的一员，开始了自己的职场之路。

这也是一所改变许多孩子命运的学校。公司房子背面是当地人集中居住的一个区域。非洲家庭往往一家能有五六个孩子，每天放学回家，这些孩子都会集中在一起踢足球。而这种球，要么是用纸团糊在一起的，要么是早已破洞的球。公司同事回国时带了几个足球送给他们，双方还踢了一场友谊赛。从此，房子里的欢声笑语更多了。虽然球场是一个充满杂草和石头的临时场地，球门是用石头堆砌而成的，孩子们要么赤脚，要么穿着拖鞋，但他们追逐奔跑的笑声和奋力抢球的吆喝呐喊，让人看了听了都会颇感欣慰。由此，这帮年轻人更加坚信，他们做的是一件正确的事情。正如宫智武在朋友圈里写的那样——“有时，快乐是如此地简单。能有机会为他们做点事，是上天的恩赐。”

四、“富有情怀的非洲创业者“

2017年11月20日，对于马搏等人来说永生难忘的一天。在乌

◎ 乌干达总统穆塞韦尼接见公司成员

干达教育部部长的引荐下，他们受到了乌干达总统穆塞韦尼先生的接见。第一次见到如此高级别的领导，马搏等人不免有些激动。

马搏向穆塞韦尼总统详细汇报了自2016年以来的创业历程和目前在乌干达投资的国家级石油技能培训中心——东非石油技能培训中心的筹建进展情况。

作为一国元首，日理万机，所以初见时总统一脸倦容。但当听到他们是要在乌干达建设培训中心，要为乌干达培养专业人才时，总统一下子来了精神。他高度赞赏了团队的创业精神，详细了解了创业团队的专业背景和项目实施进展。总统介绍说，国家将投资200亿美金进行石油开发，乌干达即将进入石油开发的黄金时期。东非石油技能培训中心的建立，将会极大地推动乌干达的石油开发，带动当地就业。

他说："你们创业团队是我见过的少有的专业扎实、英语地道且富有情怀的非洲创业者。乌干达政府将给予你们最大的支持，从而保证项目继续顺利开展。"

与此同时，穆塞韦尼总统表示，政府将免除培训项目的一切税费，减免培训中心的电费，颁发国家石油教育培训资质，并在油城霍伊马区免费划拨土地。

在长达一个多小时的接见中，穆塞韦尼总统愉快地接受了参加第二年年初培训中心落成典礼的邀请。会面结束后，国内外新闻媒体进行了广泛报道，众多相关领域的公司纷纷致电寻求合作。有理由相信，他们的事业上升到了一个新的台阶！

五、“我要给你们当名誉校长”

◎ 2017 年，吕健、马搏与王涛部长在廊坊医院合影

马搏和吕健分别是第八届、第九届“英才奖学金”的获得者。王涛老部长对他们在“一带一路”倡议下创业的事情十分关注。从医院再到家里，王部长对他们耳提面命 11 次。可以说，在他们最困难的时候，王涛为他们指明了前进方向。

2017 年 11 月，吕健和马搏前往廊坊医院向王涛部长进行汇报。王涛对两位年轻人的到来感到十分高兴。他首先穿着博士礼服与二人合影，之后让二人详细介绍了创业的初衷和未来的预期目标。当谈到未来公司的发展方向时，王涛提出：“时代造就英杰，你们要沿着‘一带一路’，定位于服务中资企业，从承接海外的培训小项目到建立海外培训中心，之后发展成全球化的职业学院，再到高水平流动性技能型大学，一定要达到出名人、办名校的水平。到你们成功之时，我去给你们做名誉校长！”

2018 年 4 月，吕健再次前往廊坊医院看望王部长并汇报项目进展情况，并就团队存在的管理问题向王部长请教。王部长说：“关于团队管理，单纯依靠年轻人是不行的。团队中需要年长的人出主意，决定哪些该干、哪些不该干，年轻人可以作为行动主力。所以，你们首先要搭建一个完善的领导班子，需要一个懂市场的领头人、一个懂专业培训的专家、一个富有经验的财务人员。班子要团结，人员要精干，分工要明确。有了领导班子后就能把队伍组织起来，加大训练力度，之后就是放开胆子干。领导一声号令，大家都动作。关于公司的发展，第一阶段是弄到钱，第二阶段是搞好计划，用收入和支出来衡量哪些该干、哪些不该干，不要一下弄得很大。”

2018 年年底的一天晚上，王涛正在北京医院住院，听说吕健团队遇到了困难，就迫不及待地给吕健打电话询问情况。此时吕健正在东营寻求融资。王涛说：“现在你们可能有些坎坷，但一切困难都是纸老虎。相信你们一定能挺过难关。要继承发扬大庆精神和铁人精神，做到‘争雄、争气、争光’，这是取得成功的精神源动力。我年龄大了，很高兴能看到你们每天在做努力、每天在进步。你们的奋斗是我最大的快乐。”此时的东营窗外正飘着小雪花，听到王部长的鼓励，吕健的眼泪瞬间就流了下来。王部长的鼓励，让他继续走下去的信念更加坚定！

2018 年 11 月 17 日，在西南石油大学“英才奖学金”颁奖暨报告会上，吕健曾代表他们的团队发言，介绍在“一带一路”上实现梦想的故事。2019 年 11 月 17 日，在大庆石油学院举办的“英才奖学金”颁奖大会上，他们的事迹再次引起了强烈反响。三年疫情期间，他们的每一点进步，都通过线上传递而来。王涛的眼睛始终都在注视着他们的成长……

2018年4月，培训中心举行落成典礼并更名为“创造太阳乌干达石油学院”，中国石油大学（华东）刘华东副校长一行代表学校赴乌干达现场祝贺并挂牌中国石油大学（华东）东非培训中心。

◎ 2018年4月，中国石油大学（华东）刘华东副校长出席东非培训中心揭牌仪式

2018年7月，乌干达第一夫人兼教育与体育部部长出席培训中心一期国际认证的焊接培训班开班典礼。

◎ 2018年7月，乌干达第一夫人出席培训班开班典礼

2018 年 8 月，中国驻乌干达大使郑竹强一行考察“创造太阳乌干达石油学院”。

◎ 2018 年 8 月，郑竹强大使考察“创造太阳乌干达石油学院”

2019 年 7 月，学院受乌干达教育与体育部和中国教育部中外人文交流中心委托，在学院举办第一届中非职业教育国际学术交流研讨会。

◎ 2019 年 1 月，第一届中非职业教育国际学术交流研讨会代表合影

2019 年 8 月，学院受中国驻乌干达大使馆委托，举办首届乌干达中资企业当地雇员职业技能大赛。

◎ 首届乌干达中资企业当地雇员技能大赛暨优秀雇员颁奖典礼

2019 年 11 月，山东省政协主席付志方一行考察“创造太阳乌干达石油学院”。

2019 年 12 月，学院首次承接中国商务部援外培训班。

◎ 中国商务部援外培训班开班仪式

2020年2月，“创造太阳乌干达石油学院”成为乌干达教育与体育部指定的世界银行援助项目国际认证技能人才培训机构。

六、梦想成真

“创造太阳”创业7年，培训人数从2017年的87人增长至2018年的310人，再到2019年的4 600人、2020年4 000人的、2022年的20 000人；培训国家从2017年乌干达的“星星之火”，到2023年发展至乌干达、肯尼亚、埃塞俄比亚、南苏丹、坦桑尼亚、尼日尔等12个国家的燎原之势。

响应国家关于在非洲建设一批“鲁班工坊”的号召，“创造太阳”已为超过50所中国职业院校协调保障在非洲的合作办学项目，参加学习的非洲学生共计1 500余人，其中500余人进入了当地中资企业实习或工作。

依靠“中国方案”和“中国标准”，他们积极参与非洲国家职业教育的顶层设计，持续推动中非职业教育合作向着更多元、更深入的方向发展。目前，“创造太阳”已经组织超过400所中国职业院校深度参与非洲国家职业教育改革，合作领域覆盖职业标准与专业教学标准的开发、课程标准与教学资源的开发等。

他们积极参与混合所有制改革，同央企中智集团共同成立了中智国际教育科技（北京）有限公司。从中国到非洲，从10平方米的办公室到4 000平方米的国家级培训中心，他们将中国职业

未来工程师的实战基地——探访中国援乌干达工业技能培训与生产中心

原创 新华社 撒哈拉视野 2021-11-26 16:07

点击上方蓝字关注我们

11月的一天，在乌干达中部穆科诺区乌干达工业技能培训与生产中心的加工车间，三名中国教师带着十几名乌干达青年，正围着几台机床忙碌着。学员们五人一组，在中方教师曹明顺的示范和指导下，轮流操作铣床。

◎ 新华社报道乌干达工业技能与生产中心培训项目

教育及中华优秀传统文化沿着“一带一路”搬进了非洲，为中非命运共同体的构建做出了自己的贡献。

第七章　丝路新语

若贺曼是中国—中亚关系的见证者和受益者。阿姆河水哺育他长大，长江水滋润他心智。在当代丝路上，他积极弘扬丝路精神，努力讲好中国故事、中亚故事，当好友谊使者和合作桥梁，为构建更加紧密的中国—中亚命运共同体作出了自己的贡献。

——题记

在20名英才奖留学生获奖者中，有一位来自土库曼斯坦的留学生若贺曼，他一直希望能有机会表达对中国的诚挚感谢，更希望能脚踏实地，做中国—中亚关系的“建设者和传播者”。于是，他与其他中亚留学生一起给习近平主席写了一封信。在复信中，习近平主席饱含着对中外青年的深切关怀，鼓励他们积极投身中国同中亚国家的友好事业，弘扬丝路精神，讲好中国故事、中亚故事，当好友谊使者和合作桥梁，为构建更加紧密的中国－中亚命运共同体作出自己的贡献。这情深意重的殷殷嘱托，让若贺曼激情澎湃，思绪万千。

第一节　嘱托——习主席给我们复信

2023年，是中国国家主席习近平提出“一带一路”倡议10周年。在这样一个重要的时间节点上，若贺曼有许多心里话要对习主席讲，因为他就是"一带一路"和中国—中亚命运共同体建设的见证人和受益者。十年前，若贺曼在"中土能源合作的典范"阿姆河公司资助下来华留学。十年来，身为中国石油大学（北京）的中亚留学生，若贺曼耳闻目睹了中国与土库曼斯坦交流合作的过程与成果，见证了家乡的变化与发展，切身感受到从旧时驼铃古道到当代"丝路"的巨大变化。这所有的一切，凝聚成幸福、感恩、期望的思绪萦绕在若贺曼的心头。于是，若贺曼与其他中亚留学生商量，想以给习近平主席写信的方式表达中国石油大学（北京）中亚五国留学生的共同心声。

◎ 2023 年夏，中国石油大学（北京）学习宣传习近平主席复信精神

2023 年 3 月，他们难掩激动的心情，给习主席写下一封信。信中讲述了他们来华学习专业知识、感受进步发展的喜悦与收获，表达了因受益于"一带一路"倡议的感恩之情和为构建中国－中亚命运共同体贡献力量的决心。

让大家没想到的是，习主席很快就回信了。5 月 18 至 19 日，中国—中亚峰会在陕西西安成功举行。会议前夕，习主席复信，鼓励中亚留学生为推动中国同中亚国家关系发展作出更大贡献。

习主席说："中国同中亚国家的友好关系需要一代又一代有志、

有为青年传承和发扬。你们是中国—中亚关系的见证者、受益者，更是建设者和传播者。希望你们积极投身中国同中亚国家友好事业，弘扬丝路精神，讲好中国故事、中亚故事，当好友谊使者和合作桥梁，为构建更加紧密的中国—中亚命运共同体作出自己的贡献。”

◎ 2023 年 5 月，中国石油大学（北京）马克思主义学院召开学习习近平主席复信精神座谈会

收到习近平主席的回信后，这些中亚小伙伴们都十分兴奋与激动。若贺曼向包括母校在内的多所大学、中国国内外多家媒体传达了复信精神；到云南南华县参加了“一带一路”产教融合助力乡村振兴暑期社会实践活动，传播并践行习近平主席复信精神，鼓励南华青年弘扬丝路精神，讲好中国故事、中亚故事；还在南华县思源实验学校的课堂上给学校师生宣扬复信精神，讲述自己的中国故事、中亚故事，增强了孩子们志存高远、服务国家与社会和构建中国—中亚命运共同体的决心；到福建厦门参加由中央网信办、中央广播电视总台、中国新闻社、中国网络空间研究院、华语环球节目中心以及中国新闻网主办的 2023 年中国网络文明大会“网络文明国际交流互鉴论坛”，同中国国内外大咖交流探讨网络文明的国际交流、互鉴、共存之道。在此期间，若贺曼更加深刻地体会到了习近平主席回信的深远意义，决心积极投身中国同土库曼斯坦等中亚国家的友好交流合作事业，弘扬丝路精神，努力把自己培养成为传承和发扬中国同土库曼斯坦、中亚友好关系的有志、有为青年，为服务构建更加紧密的中国—中亚命运共同体作出贡献，绝不辜负习近平主

席的深情厚爱和殷切嘱托。

◎ 左：2023年夏，中国石油大学（北京）学生走进云南南华，宣传习近平主席复信精神；右：2023年夏，中国石油大学（北京）中亚留学生若贺曼在2023年中国网络文明大会“网络文明国际交流互鉴论坛”上发言

一纸书信，万千情怀。捧读习主席的回信，若贺曼都不知道怎么用语言来表达自己内心的喜悦之情。他第一想到的是要尽快把这一大喜讯告诉给父母，让家乡的父老乡亲们都能分享到自己的幸福。

第二节　家教——“好人留下好名声”

若贺曼出生于土库曼斯坦的土库曼巴士市。那是一个风景优美、物产丰饶的地方，他在那里完成了小学和初高中学业。中国人常说，“家庭是孩子的第一任老师”。从出生起，若贺曼的家庭就对他的学习、工作和生活等方方面面产生了巨大且深远的影响。

若贺曼的父母都是很优秀的人。他们努力勤奋，在学业和工作上成绩斐然。他的父亲毕业于土库曼斯坦工业大学（现为土库曼斯坦国际石油与天然气大学），是一名工程师。他的母亲毕业于当地的计算机科学学院，是一名会计师。小时候，因为要养育他和妹妹，

◎ 1996 年，2 岁的若贺曼。摄于土库曼斯坦

父母的工作十分忙碌。但不管工作如何忙碌，父母总会陪伴、指导他的学习，严格要求，希望他将来可以在学业上刻苦钻研、学有所成。若贺曼至今还记得父亲从小时候起就叫他 professor，希望他将来能成为一名教授。对于父母的优秀，他也十分自豪，常常在伙伴和朋友面前谈论父母的大学，并下定决心以后要成为像爸爸一样的工程师。因此，在父母的教导和影响下，若贺曼一直以父母为榜样，努力学习，在高中时期还取得了物理竞赛第二名的好成绩。

父亲深深地影响了若贺曼选择到中国留学这一决定。早在 2000 年的时候，父亲就远赴美国参加培训。虽然当时若贺曼的年纪很小，但这件事给他留下了深刻的印象。不仅是因为父亲带回了非常多的小礼物送给他，还因为这在当时、在土库曼斯坦、在整个家族中，都是让人非常震惊的一件事。父亲的眼界非常开阔，他会耐心地给若贺曼讲美国的各项发展以及土库曼斯坦的不足，也常常拿着世界地图跟他谈论各个国家，其中中国的发展与中土之间的合作也是他们经常讨论的话题。想要走出土库曼斯坦，到中国增长见识的想法就此在他的心中默默生根发芽。高中毕业后，若贺曼同时申请了中国石油大学（北京）和父亲的母校——土库曼斯坦国际石油与天然气大学，并最终来到中国进入中国石油大学（北京）化学工程学院化学工程专业学习。

◎ 2000年，若贺曼与妈妈和姥姥在小学第一天的合影。摄于土库曼斯坦

“若贺曼”在土库曼斯坦语言中是仁慈的意思。父母希望他是一个宽容、善良、关爱家人、对生命充满敬畏与怜悯的人。母亲常常对他说：“家人是非常重要的，家人在一起是最幸福的时刻。”若贺曼的外曾祖父曾是第二次世界大战的荣誉战士，因此他们家有一个习惯：每年5月9日，全家族的人都要回家为外曾祖父庆祝。庆祝他勇敢坚韧、平安归来、与家人团聚。现在，若贺曼长大了，每次听着家人的欢声笑语，内心总是感到十分慰藉。这甚至成了他异国他乡求学路上的最大动力。

父母的勤奋工作，为若贺曼创造了舒适的生活环境和学习环境；父母的知识，教会了他很多有用的学习方法，为他提供了学业上的帮助；父母的优良品质和一举一动、一言一行，在无形中塑造着他的性格、道德观念和对事物的看法等；而父母开阔的眼界，深深地影响了若贺曼对于奋斗目标及理想追求的选择。在他的成长历程中，父母时时激励和鞭策着他，促使他励志刻苦学习、努力向上，做一个诚实、善良且虚心的人，积极为国家贡献自己的一份力量。

第三节　留学——“教育与科学点亮生活”

2010年，在阿姆河公司奖学金的资助下，若贺曼通过层层选拔，从土库曼斯坦来华留学，进入中国石油大学（北京）化学工程学院化学工程专业学习。在学习上，他要求自己要勤勉、努力、刻苦，不断开阔自身的眼界、丰富自己的学识。在四年的本科生学习阶段，他取得了优异的学习成绩，获得了中油国际优秀本科生、优秀毕业生、优秀硕士生奖学金和中国石油大学（北京）优秀留学生干部的荣誉。

◎ 2015 年，获得中国石油大学（北京）优秀毕业生

◎ 2023 年 5 月，若贺曼参加了在中国石油大学（北京）举行的全国博士生学术论坛

书山有路，学海无涯。2015 年 7 月本科学业毕业后，若贺曼决定进入中国石油大学（北京）经济管理学院企业管理专业进行硕士阶段的学习。2023 年 7 月，他完成博士研究生学业，从中国石油大学（北京）毕业。

大学的首要任务是学习，但大学的生活又不止于学习，大大小小的学校及社会活动是锻炼自身能力、提高社会适应性的绝佳机会。因此，在学习生活之外，若贺曼还参加了学校举办的各种活动，包括组织并策划了历年的留学生新年晚会、留学生风采大赛以及文化节等等。在留学生新生晚会上，他结识了一个又一个中亚有志青年；在留学生风采大赛上，他见证了中亚学生数不清的精湛才艺与精彩瞬间；而在文化节上，他带着中亚留学生一起探索和领略中国的传统文化，交流分享各国各民族文化的意义与异同。这对他来说，是最有意义的活动。

◎ 2014 年，中国石油大学（北京）留学生新年晚会留念

◎ 2017 年，中国石油大学（北京）留学生汇报演出留念

还记得在 2016 年秋天的“中秋之夜”文化节上，当他们请学生品尝月饼时，一位留学生因为思念家乡流下了泪水，并与大家分享她家乡的一道食物。受那位留学生的影响，在场的每个人都十分动容，分享着自己家乡或自己家那令人想念的味道，有的甚至声音哽咽。那一刻，让若贺曼觉得，虽然与家人和朋友相隔万里，但“团圆”的月亮却在每一个人的心中明亮生辉

◎ 2015 年，中国石油大学（北京）留学生国际文化节

◎ 2019 年，中国石油大学（北京）新春文化节

2014 年，若贺曼参加了青海省举办的少数民族文化节，为当地学生举行了爱心教学活动，并与当地的小学生进行了友好交流。他和孩子们一起打篮球、做游戏，并送给他们签上了自己名字的、精心挑选的书籍和小礼品。回到北京的校园之后，让他们惊喜的是，一些孩子给他们的爱心成员和爱心团队写来了感谢信，孩子们的纯

◎ 2015年，多国学生参加北京市“重走丝绸之路”青年夏令营

真质朴令人动容。

2015年暑假期间，若贺曼参加了北京市青联举办的“重走丝绸之路”夏令营。在这次活动中，他与参加此次活动的同学们依次“走过”了丝绸之路上的西安、中卫、银川、兰州、西宁等城市，充分感受了当地的特色文化和风土人情，对“丝绸之路”及“丝绸之路”上重新绽放的“一带一路”光辉有了切身体会，对“一带一路”政策下的中亚合作有了坚定的信心。

在这些大大小小的活动中，若贺曼深刻地了解了中国，并获得了当地人的尊重和赏识，这是最令他兴奋与快乐的事情。在他看来，能够成为中国人民的朋友，能够成为一名爱心志愿者，为这个国家和社会做出自己力所能及的贡献是一件很美妙的事情。因此，在学校时，他担任了学校国际处2016级本科留学生助管的职务，负责留学生的日常管理工作。他利

◎ 2017年6月，中国石油大学（北京）硕士研究生若贺曼与同学毕业留念

用自己的语言优势及留学生身份等帮助留学生新生办理入学手续，带领他们熟悉新的校园环境，指导他们如何更好地与其他留学生交流和沟通，并及时为他们解决学习和生活中的问题。这是一项十分琐碎的工作，但他却乐在其中。他认为，能够为留学生提供帮助，改善他们的学习和生活状况，就是为学校甚至中国当代社会的和谐、美好与进步贡献了自己的一份力量。

◎ 2018 年，与朋友游览中国古北水镇

若贺曼喜欢旅游。在中国学习的几年时间间，他常常走出校园去体验和领略中国各地的风土人情、社会百态。不知不觉间，他已游览了许多名胜古迹，认识了许多中国朋友，品尝了许多中国美食。因此，他接触和了解到了更多的中国传统文化，对中国社会和中国文化有了更加深刻的理解，同时也亲身体会和感受到了中国人民对土库曼斯坦人民以及更多国家人民的友好与和善。北京的名胜古迹他几乎都去过了，长城、故宫、天安门……无论走到哪里，他总能听到这样的对话：“你是外国人吗？”“对。我是外国人。”“你要去哪儿呀？”“我要去……”“哦，那你得走这条路，坐这趟公交车，在哪里下车。”……人们总会跟他说：“你汉语说得真好。”“土库曼斯坦是中国的好朋友！”

2012 年暑假期间，土库曼斯坦国内最大的石油炼化厂采购了一批中国生产的机器设备，而在设备安装和使用的初期阶段，若贺曼担任了中土双方的翻译工作。中方派出的两位工程师特别认真，虽

◎ 2018 年，中国石油大学（北京）留学生参观故宫

然土库曼斯坦的工程师不会讲中文，但双方都能够理解对方所要表达的意图，合作十分顺畅。在整个合作过程中，两位中国工程师还无私热心地为土库曼斯坦石油炼化工业提供了很多技术上的帮助。中土双方人员相处融洽，成为要好的伙伴和朋友。最后分别时，双方都十分不舍。这是若贺曼第一次跟中国人在一起工作，也是他第一次亲身见证中土两国人民情谊的建立。中土两国关系会越来越好的信念在他心中无比坚定。

◎ 2018 年，土库曼斯坦专家访问中国石油大学（北京），若贺曼作为优秀留学生在会上发言

2019 年 10 月，第七届世界军人运动会在中国湖北武汉举行，若贺曼通过直播观看了开幕式。每个国家的运动员入场时，都会受到观众的欢呼欢迎。当土库曼斯坦运动员入场时，鼓掌与欢呼声尤为热烈，令若贺曼不禁热泪盈眶，让他再次深深地感受到了中国人民

的友好情谊。他万分庆幸到中国留学的决定，也十分感谢中国与土库曼斯坦“一带一路”的经济合作项目为他提供了这个机会，同时也更加坚定了他在中国学习后报效自己国家的信念。

有了报效祖国、将“一带一路”成果惠及他人的想法后，若贺曼开始思考自己今后努力的方向与需要提升的能力。中土两国的经济合作日益深化，复合型人才是较为稀缺的资源。因此，若贺曼在学校时辅修了外国语学院的英语双学位。除了自己的母语——土库曼语以外，他还掌握了俄语、汉语和英语等多种语言。此外，他还积极投身于两国经济合作事务中，高度关注两国的合作领域与项目进展。若贺曼于2020年在土库曼斯坦包儿砍阿巴德碘厂进行经济计划部专员的实习；于2021—2023年在土库曼斯坦高密度聚乙烯和聚丙烯工厂担任生产部副部长与经济计划部部长；参加了内陆发展中国家运输部长级国际会议、2022届土库曼斯坦石油与天然气国际会议等，开阔了自身视野，提升了自身技能，为将来投身中土合作做着万全准备。

◎ 2023年7月，若贺曼走进中国首钢园参观学习

中国智慧令若贺曼深为敬佩。多年的生活、学习和深入研究，让他看到了一个更全面的中国。中国有句古话是“天人合一”，其基本意思就是和谐共生。天与地的统一是奥古兹汗关于民族自由与和平生活箴言的核心思想。他们用“上天垂爱、大地恩宠”“大地

◎ 2023 年，若贺曼参加北京青年社会实践夏令营

祥和是生命永恒的保障”来诠释土库曼民族的认识和敬仰。这与中国自古推崇的“天行健，君子以自强不息；地势坤，君子以厚德载物”是相通的。

若贺曼的博士研究方向是生态文明。他在研究中发现，长江生物多样性慢慢变得丰富起来了，中国的人工林面积更是世界第一；在农业上，中国也积极探索绿色高质量发展道路，好山好水好空气种出了绿色优质的茶叶、蔬菜、水果，这样的发展理念真的是中国的智慧。他认为，学习不仅仅是要学技术，也要学习管理和理论，这样才能从一个更宏大、更全面的角度来认识中国，从而更好地学习中国智慧和中国方案。若贺曼亲眼见证了中国近年来所发生的显著变化，大到城市建设，小到外卖快递，越来越便利的生活总是让他感到惊喜。

◎ 2023 年 6 月，若贺曼与同学参加博士研究生毕业典礼并留念

第四节　情怀——我要做丝路使者

2016年，若贺曼获得了“英才奖学金”，这是他向往已久的一种莫大的荣誉。王涛部长在20世纪50年代留学苏联的古勃金石油天然气大学。他说自己始终铭记着毛泽东主席1957年11月17日在莫斯科对中国留学生讲的一段话：“世界是你们的，也是我们的，但是归根结底是你们的。你们青年人朝气蓬勃，正在兴旺时期，好像早晨八九点钟的太阳，希望寄托在你们身上！”他现在所做的“英才奖学金”工作，正是在践行毛主席交给的历史重任……如今，习近平主席鼓励中亚留学生积极投身中国同中亚国家友好事业，弘扬丝路精神，讲好中国故事、中亚故事，当好友谊使者和合作桥梁，为构建更加紧密的中国－中亚命运共同体作出自己的贡献。这是新时代对中亚留学生提出的新召唤。

◎ 2018年11月，若贺曼在“英才奖学金”颁奖典礼上发表获奖感言

土库曼斯坦地处欧亚大陆中心地带，是中亚地区的重要交通枢纽。土库曼斯坦境内的石油天然气资源丰富，油气工业是其经济的支柱产业。近年来，土库曼斯坦经济发展迅速，对外贸易额不断增加，而中国是土库曼斯坦最主要的贸易伙伴之一。两国已建立全面战略合作伙伴关系，在教育、商务等经济人文领域合作良多，为土库曼斯坦的经济发展和人民生活水平提高带来了巨大的机遇。

阿姆河天然气项目是中土共建的“一带一路”重要能源合作项目之一，被当地人誉为土库曼斯坦的“对外开放合作典范”“中土能源合作的典范”，是当地最受欢迎的国际合作项目。阿姆河天然气项目由中土双方共同建设运营，供气能力超百亿立方米，油气当量年产能为千万吨级。土库曼斯坦因此而成为中国管道天然气最大的进口来源国。在该项目的建设及运营中，为土库曼斯坦创造了两万多个就业机会，提高了当地人民的生活水平，为土库曼斯坦天然气出口和经济社会发展发挥了重要的推动作用。

阿姆河天然气项目建设公司与中国石油秉持互利共赢理念，除为当地人民提供就业机会与收入外，还积极帮助附近缺水村庄修建水厂以解决当地人民的饮用水问题，资助当地优秀高中毕业生到中国留学，设立专项教育基金赞助高校学术会议，资助当地孤儿院、医院、学校和贫困家庭等，努力将合作成果惠及各方。

若贺曼是在阿姆河公司的资助下来华留学的。十年间，他见证着中土两国的合作与发展，见证着中土两国的交流与互相帮助。习近平主席在2023年5月中亚峰会上发表主旨讲话时指出：“穿越茫茫大漠的中哈原油管道、中国—中亚天然气管道，就是当代的‘丝路’。”从旧时的驼铃古道到今日的油气运输管道，这条连接中国与土库曼斯坦的源远流长的“丝路”，虽历经形式变化，但依旧绵延着中土两国千年不断的无比珍贵的友谊。在今天，中方倡议建立中国－中亚能源发展伙伴关系，加快推进更多的中国－中亚天然气管道管线建设，扩大双方油气贸易规模，发展能源全产业链合作，加强新能源与和平利用核能合作。这是中土两国的共同心愿，也是两国人民之幸！作为中国与中亚

◎ 2019年，若贺曼参加“丝路”青年论坛

关系的见证者、受益者，若贺曼决心承担起中土合作交流的责任，发挥好中土合作交流的桥梁和使者作用，为土库曼斯坦带去新技术、新思想、新文化和新发展，为土库曼斯坦“复兴丝绸之路”战略贡献自身力量，将“一带一路”与国家发展的成果惠及更多的同胞！

第八章　地调者说

说，有这样一群人——

他们红衫黑面，修理边幅得用美颜；

他们饮食不究，行万里路全靠大蒜；

他们行踪难定，信号消失在戈壁与山巅；

他们昼夜不分，试探着风雪雷雨的尊严；

他们乐观幽默，夹着一口地方行话；

他们身手敏捷，上天入地不在话下；

他们一专多能，是野外生活小能手；

他们十分抗造，号称吃苦的扛把子；

他们敲敲打打、写写画画，是寻油找气的“三眼乌鸦”；

他们精雕细琢、厚积薄发，要神州大地遍撒油气之花。

他们热情似火，矢志找油；

他们坚守阵地，全年不休；

他们聚是一团火、散是满天星。

他们是你，他们是我，他们是我们新时代油气地质工作者。

——张远银创作的《地调者说》，正是他人生亮丽的真实写照。

——题记

2019 年 12 月，狂风肆虐的祖国南疆戈壁滩泛着一如既往的黄，盐碱地里唯一的生物——蜥蜴却已冷得不知去向。历经数次寒霜，全国驰名的冰糖心苹果正成箱成箱地采摘。这是阿克苏收获的季节。

又一通北京的电话插入了张远银的繁忙井场——“祝贺你们获得了塔里木盆地西北志留系的首次工业气流，有力支撑了北方新区新层系油气调查攻坚战、保障了国家能源安全。请你们继续组织好新苏地1井试油和新苏参1井钻探工程，期待你们获得更大成果。另外，自治区油气办各级部门、中标企业等相关同志可能很快会前去参观，请做好准备。”

作为新苏地1井和新苏参1井现场党支部书记和负责人，张远银接连克服一系列地质和工程难题后，终于和井场的同志们一样，打心底里高兴起来。新苏地1井于2018年完钻，刚刚测试首获塔里木盆地西北部志留系工业气流。新苏参1井虽然还没有钻到目的层，但已发现寒武-志留系多层油气显示。他知道：他们真的抱了个“金娃娃”。

新苏地1井和新苏参1井是张远银2018年5月从中国石化石油勘探开发研究院调入自然资源部中国地质调查局油气资源调查中心

◎ 2019年，新疆阿克苏地区。中国地质调查局年度最深参数井——新苏参1井钻井施工现场

后相继部署实施的两口探井，从头至尾，既艰辛又令人喜悦。这股滋味，让他不禁想起少时的过往和曾经的选择。

第一节　学海无涯

小时候，他非常喜欢武侠小说。后来渐渐长大，慢慢觉得查先生的武侠世界里有个规律：纵使是天资过人，所有的“英雄”，大都有幸受了“高人”点拨……

一、“想做个大侠”

武林宗师常常闭关修炼神功。他们一闭关，世界便失了准绳。而他小时候常被父母“闭关”，“武功”变化没变化当时体会不明显，只无比惦着外面的世界，慢慢地就长大了……

“记叙文无论记人、叙事还是写景都要刻画细节，要写实，不要胡编乱造。张远银同学的作文《挑水》就把挑水的细节和体验刻画得非常清楚，让人觉得活灵活现。请大家重点学习……”语文老师眉飞色舞地引着同学们品味文章，目光中时不时给张远银递来一瞥赞赏。一不小心，他便又成了初中的作文模范。其实，他的内心十分平静，小心地揉了揉父亲接连逼他挑水留在肩上的红肿。

张远银的父亲张久德是名军人，退伍之后转业成了教师，是他所在学校的校长。父亲比较严肃、不怒而威，给了他幼时对“老师”的主要认知。高中之前，他不认为自己与父亲有过“平等谈话”。他的母亲李代琼则总惦着工作与家务，假期里怕儿子惹出事端，所以外出时就把他锁在屋里。当时家里也没有电视，张远银只能看些大人从图书馆里借来的书度日。

照理说教师是有寒暑假和周末的，应能有些时间陪伴家人。但父亲总是忙，父亲的书多半他也看不懂、不喜欢，只有《党员文摘》

里有点短文和一些笑话能帮他打发点时间。若真的有个空闲，父亲便提起毛笔带着他抄字典。慢慢地，他的字也能像个样子了。

父母无比认真地要求张远银从小就自己洗衣做饭、压岁钱需上缴、损坏家具要照价赔偿，却很少满足他的“要求”，也从不管他的学习。由于被“闭关”得太久，他多次“逃跑”又都被抓回。于是，家里的读物总还是不够用，好些都翻了多遍，除去连环画《三国演义》，其余总还是觉得无聊。上了初中，他慢慢看到些武侠小说，觉得个中世界好有意思，便幻想着有一天也能仗剑闯天涯，做个大侠。

他不曾对父母说过“做大侠”的愿望，但他总觉得小时候上学太累，算是有点自己的桀骜，情绪激动时也以直接的抱怨来抗争：“念书太辛苦，好没劲！我不想念。”这倒不会直接地讨来打，最多是母亲的一通教育。

直到中学的某个周末，父亲在老家给他指了一块油菜地，说：“这就是国家分给你的地。你不想念书的话，完成义务教育以后你就以此为生。以前都是别人帮你种地纳粮，从今天起，你慢慢学着搞吧。这几个周末你和我负责挑水，你妈负责浇菜，干完了你再去写作业。”他心里纵使百万个不愿意，也只能悻悻听从。时至今日，他仍能清晰地记得自己起初那充满怨气的舀水动作、使尽全力挑起单子后的颤巍步伐和无比小心才能穿过的田间小路，还有午后田埂上父亲挑满水健步如飞的背影和自己逐渐停歇的小腹牢骚。辛苦了好几周。一天干完农活后，父亲问他：“你还要

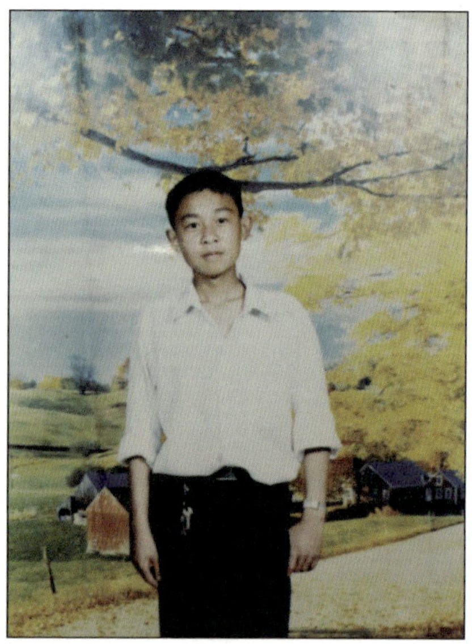
◎ 2000 年，四川绵阳，上初中的张远银

去读书么？”他十分肯定地点了点头。从未体验过的农活让他明白了好好念书的意义，也让他坚定了面对困境迎难而上、坚持到底的决心。

张远银的父亲不曾告诉他长大后应该干什么，也没有督促过他的学习，但让他明白了“得去上学”。

二、“问题模范生”

九年义务教育，教人识字明理；高中三年，是要遵守规则；大学四年，有个专业是其次，重点是学会自己教育自己……

他的高中所在地宛如一座古城，被山河环绕，四季皆绿，里面有李白的浪漫、王勃的狂妄、辛弃疾的豪迈和范仲淹的忧愁，充斥着要长大的味道，是些武侠小说以外的东西。但这些美景、知识和荷尔蒙丝毫不能平静那时他心中的急切。

高中时的他是老师们心中的“问题模范生”，虽然成绩不错，但全身却刻满“叛逆”，班主任常常刚夸奖完他的功课又得去督促他的作息。依然记得高中时他常常失眠，老师们评论的功课、同学们在意的事情绝难填满他的思虑。虽然也曾有些“引以为傲”的壮举，比如大雨天独自到学校对面山顶“吟诗作词”、17 岁生日那天从学校跑了 20 公里回家，但至多能算是压抑之下的一点消遣。

父母让他明白得去上学念书，但并未告知他以后该干点什么。而高中的校园里反复学着一样的东西，只为最后一考。既没有治国方略，也没有谋生之道。提起书包去学校，又总是不能告诉自己和别人究竟在学些什么，只感觉是在浪费时间。这正是让他犯愁的地方，这股子忧愁一直伴随他左右。后来上到大学慢慢明白：教育的目的在于自己学会教育自己，而高中重复的过程至少让人深刻习得要遵守社会规则。

他的大学在祖国的北方。红军当年从江西瑞金经西南天险长征万里到陕甘边区，卧薪尝胆、厚积薄发，又自北向南所向披靡、解放全国。毛主席说年轻时得到北方去历练，他觉得非常在理。

从西南的崇山峻岭、烟雨妖娆，到北方的一望无垠、千里冰封，都是祖国美不胜收的景色。不一样的还有他的心情，大学前两年的学习总归比较轻松，有很多自由支配的时间。于是他看了好些没看过的书、做家教赚钱供养自己、合伙开小公司直到失败、开始一段如今已开花结果的恋爱……

大学四年，张远银仅回家三次，父母虽然非常惦记，但见他自力更生、精神抖擞，料想对他的状态还是满意的。大学里最让他高兴的是终于有了个专业，大致晓得以后要干些什么，是石油地球物理勘探。每次在火车上他都能口若悬河、激情彭湃地与萍水相逢之人介绍好久，全然忘却了旅途的劳累。从石油工业部到“三桶油”，从翁文波的第一支物探队到李四光、潘钟祥等的陆相生油理论，从纵身跃进泥浆池的王进喜到新世纪铁人王启民，他充满了对“我为祖国献石油”“宁肯少活二十年，拼命也要拿下大油田”等精神的敬意，内心竟有种莫名的归属感和自豪感。

◎ 2008 年，黑龙江省大庆市。大学毕业照片

然而，这些认知的深度和广度终归有限。张远银认真学习专业课程，参观了大庆铁人纪念馆、物探博物馆、油田历史陈列馆，去了物探队、测井队、钻井队等施工现场，跑了若干个野外露头。但到开始思量是否要到油田从

工人干起时，才发现本科对职业的认知是如此不足，过往的人和事也离他甚远。他隐约觉得石油勘探与开发应有新的时代含义，绝非一朝一夕能够体会。

2008 年，他决定到北京继续读研。

三、部长指点迷津

激情满怀的少年游荡于江湖，机缘之下，遇得前辈指点，自此走向正轨、事半功倍。石油工业界有位众人敬仰的老人，张远银觉得很自豪很荣幸能得到这位老人的指导……

张远银的导师孙赞东博士是中国石油大学（北京）特聘教授、东方地球物理公司高级专家，曾有二十多年的海外工作经历，归国后成立了地质地球物理综合研究中心。除了丰富的经历与学识，他对学生的严格要求和近乎军事化的管理同样有名，以至于后来他作为中心第一批学生常因是他的弟子而被人认知。但正因如此，他才能被真正引入专业领域，既能科研创新又能贴近生产、解决实际问题。相比许多同学，他十分欣喜能很早进入项目，在研究生初期便能开展一些具体工作。

但这些欣喜却远远不及见到一位石油“巨人”给他带来的震撼。2008 年 12 月，中心举办第一届技术年会，张远银终于见到了原石油工业部部长王涛，心中感到非常非常兴奋。这种兴奋是源于会前各级领导和专家藏于言表的

◎ 2008 年 12 月，北京，王涛在地质地球物理综合研究中心年会上发言

欣喜与期待，源于“国家血液”供给者们的光荣历史与优秀传统。老人家面容慈祥、和蔼可亲，认真听着报告，偶尔翻看一下材料，从早到晚，稳若泰山。当老部长一开口，便点燃了所有人的热情，更带给了他深切的震撼。老部长的话里没有技术细节，却是高瞻远瞩的长远规划；绝非长篇阔论，都是勘探者的真切体会与殷切期望。伴随着大家雷鸣般的持久掌声，张远银深切体会到一种石油人的信仰。

至今他都依然记得老部长对大家的鼓励：“同志们，咱们底子薄、技术弱，既要虚心学习又不能简单拿来，国家需要一批能够攻坚克难、具有国际视野的创新型人才。”这话说进了张远银的心里，让他觉着有了个更具体的目标。

正是这一年，老部长正在酝酿筹备创办旨在培养和激励创新型人才的“英才奖学金”。

2013年，张远银作为中国石油大学（北京）博士生如愿获得第五届“英才奖学金”，并担任“梦之队”总联络人，进而结识了一批全国石油高校的优秀青年学生，更有机会得到许多老师的悉心指导。让人倍感亲切与感动的是，老部长养病之时还非常关心他的成长。每当困惑之时，老部长总能化繁为简、通俗易懂地给他指点迷津。

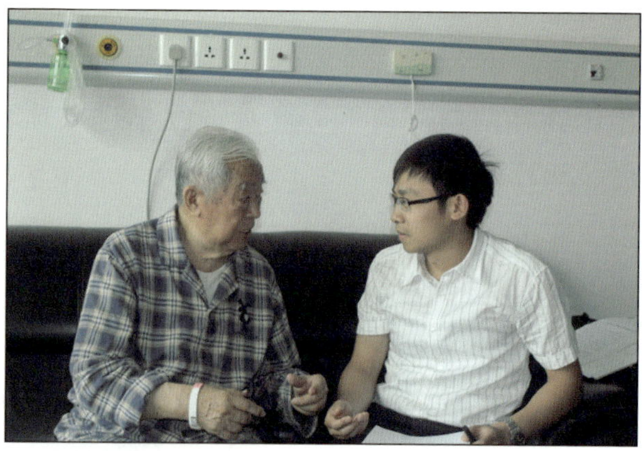

◎ 2016年，河北廊坊。正在医院养病的老部长为张远银指点迷津

随着年龄的增长，老部长有时候已记不清他们的名字，但却挂念着每一位“梦之队”成员的成长。张远银想，老部长建立奖学金“择

优选拔、跟踪培养”是在传递毛主席的嘱托和他本人的希望。每次见到或想起这位老人，他都能感受到无比真诚的爱国热情，以及对石油事业和年青一代的殷切期望。

第二节　人生抉择

自古熊掌与鱼不可得兼。选择的艰难，不仅在于可选择的多样，更在于做选择者内心的目标是否确切。新中国成立初期的先辈们宁愿放弃优越的生活也要回到百废待兴的祖国，是因为他们为国效力的决心坚如磐石。

一、从“被教育”到“闯新路”

既然立下志向，就要在追梦的路上勇敢前行、只争朝夕……

研究生初期，张远银努力把自己从大学“被教育”为主的被动模式转变到“闯新路”的创新模式。创新当然不是从发明“火柴”开始，而是先要充分学习前人的成果，广泛汲取“他山之石”，才有可能抓住问题本质、有所作为。这首先考验的是一个人的耐心和刻苦精神。

◎ 2009 年，北京，深夜在办公室加班

导师常告诫他说：“每天工作 8 小时是当不了科学家的。”而他的办法很简单：首先就是埋头学、拼命干，用 5 年的时间干完了

别人10年甚至15年的活儿。那时“酷爱”加班的他也是出名的，不仅因为熬夜永久留在右眼眼球上的凝血斑块，也因为与学校门卫和阿姨们的一些趣事。2009年冬季，由于他与几个同学常深夜晚归叫门，地质楼的两名保安因受不了而相继辞职，逼得学校换成了电子门禁。至于中国石油大学（北京）阳光和青年园公寓的阿姨，则几乎全都认识他，每天都叮嘱他早点回来，却不得不常给他留门。他不能一直睡在办公室，便只得抱歉地给她们带来麻烦，所以只能在硕士和博士论文的致谢部分对她们表达诚挚谢意。

真正懂行的专家绝不挑食，所有必须环节都要干一遍。这是张远银一直笃行的道理。高考后的那个假期，他曾在星级酒店打工。那位厨师长十分了得，看一眼菜就晓得食材的新鲜度与处理细节，闻一下便知道调料的比重和火候大小。张远银问他为何如此厉害，厨师长说后厨百十号人的工作他都认认真真地干过，谁也糊弄不了他。于是，全部环节亲力亲为便成了张远银学习和工作的座右铭。正因如此，尽管他的研究方向主攻地震反演和储层流体预测，属于利用地球物理资料判断地下几千米深处是否蕴藏油气的最终环节，核心是研究各类资料分析的处理策略和算法，但从前期资料采集到处理的各个环节，张远银都要自己做。这也有效提升了他所带领的反演算法组的研究质量。

◎ 2013年，英国伦敦。带队赴伦敦参加EAGE年会（前排右二为张远银）

合格的科研者绝不能闭门造车，必须八方取经，与国内外专家交流，成为真的“博士”。得益于学校与老师的支持，在研究生阶段，他积极争取参加各种学术交流的机会，先后参加近40次国内和12次国际学术会议，并在国际会议上报告12次，获得了专家学者的中肯建议。这些交流帮他积攒了大量学术资源，也锻炼了他的英语表达能力。

2014年，他申请延长博士学习时间，先后到英国帝国理工学院和加拿大阿尔伯塔大学等世界一流大学访问学习。在加拿大，他深入阿尔伯塔省北部采集了20多个站点数据，累计行程达到两万公里，分析处理地震资料10余套，成果被业内顶级期刊《Journal of Geophysical Research》收录。

由于不挑不拣、积极主动，外国导师Jeffrey Gu教授等与他也相处甚欢。更重要的是，漂洋过海，让他拓宽了视野、结识了朋友，学到了国外专家的职业态度、现场经验和专业技能。

◎ 2014年，加拿大阿尔伯塔，在落基山脉部署野外地震观测站

二、给美国专家上课

创新路上，当遇上孤独与质疑的时候，要勇敢面对，坚守创造的信心和责任。

2011年8月，美国圣安东尼奥召开全球驰名的勘探地球物理学家（SEG）年会，而他就要在此次Workshop专题——Carbonate Research in China：Technologies Meeting Tough Challenges上做地震反

演及应用的主题报告，向全球的专家介绍自己的研究成果。此刻的他早已没有了忐忑与紧张，只剩下兴奋与自豪：他相信自己精心锤炼的成果能给同行专家们带来有意义的经验。

◎ 2011 年，美国圣安东尼奥。在 SEG Workshop 做主题报告

在他从事的反演领域，常规的线性方法可以比较准确地描述国外地质条件简单、资料品质较高的情况，但却不适用于国内绝大多数复杂储层和资料品质差的情况。他花了近两年多的时间首次实现了非线性反演，也发表了文章并申请了专利，但在实际应用中却发现尚存在不小的误差，精度还不如线性反演。一时间，包括他的导师在内的很多专家都质疑其设计存在漏洞，更有甚者直接否定他的非线性策略。

◎ 2011 年，奥地利维也纳。在 EAGE 国际会议上作张贴报告

但他始终不相信自己日夜思索的方法会没有意义，便暗暗告诉自己要绝不放弃。经过无数个日夜的反复查证和核验，他终于发现了参数的隐性关系，构建了新的迭代反演方法，应用测试显示它不仅误差小，而且速度快。这项技

术系列成果因此而引起了学术界的极大兴趣，被欧洲地球物理学家协会榜刊杂志《The First Break》特邀刊登，并且一举获得3项国家发明专利。在后来的实际应用过程中，他引入差异可解性，将迭代反演进一步升级改进为混合非线性反演方法，其应用成果被行业顶级期刊《Geofluids》收录。

从传统的基于各类假设和近似的线性化反演，再到他提出的非线性、混合非线性反演，反演的近似程度越来越小，精度也越来越高。该项技术在塔里木盆地实际应用中使得储层与流体整体预测精度提高了20%以上，支撑塔中碳酸盐岩295口钻井成功率由67%升至92%，累产原油281.7万吨、天然气54.9亿方，直接经济效益达14.14亿元，新增控制储量天然气841亿方、凝析油2 310万吨。相关成果先后荣获2015年中华人民共和国国家知识产权局中国专利优秀奖、2017年新疆自治区科技技术进步奖一等奖和2018年中国石油和化学工业联合会科学进步奖二等奖。

新疆维吾尔自治区科学技术进步奖

奖励证书

为表彰在科学技术进步中做出重大贡献的个人，特颁发自治区科学技术进步奖，以资鼓励。

获奖成果：缝洞型碳酸盐岩储层与流体弹性一体化预测评价技术创新及应用（技术发明类项目）

主要完成人：张远银[中国石油大学（北京），名列第六]

奖励等级：一等奖

奖励年度：2017年度

新疆维吾尔自治区人民政府

2018年02月28日

证书编号：G20170112

شىنجاڭ ئۇيغۇر ئاپتونوم رايونىنىڭ پەن-تېخنىكا
تەرەققىياتىنى مۇكاپاتلاش گۇۋاھنامىسى

پەن-تېخنىكا تەرەققىياتىغا زور تۆھپە قوشقان
شەخسلەرنى تەقدىرلەش ئۈچۈن، ئاپتونوم رايونىنىڭ پەن-
تېخنىكا تەرەققىياتى مۇكاپاتى بېرىلدى.

مۇكاپاتلانغان نەتىجە:

ئاساسلىق ئورۇندىغۇچى:

مۇكاپات دەرىجىسى:

مۇكاپاتلانغان يىلى:

شىنجاڭ ئۇيغۇر ئاپتونوم رايونلۇق خەلق ھۆكۈمىتى
-يىل -ئاينىڭ -كۈنى

گۇۋاھنامە نومۇرى:

◎ 2017年度新疆维吾尔自治区科学技术进步奖一等奖证书

张远银说自己十分喜欢并珍惜与各路学者专家讨论问题、分享经验的机会，但他绝不敢对自己所不熟悉的领域和没有做过的方法做结论。从研究生入学到博士后出站，9 年多时间里他不断攫取和应用着理论知识，从前期的疯狂“输入”到后来的逐渐“输出”，他告诫自己一定要谨言慎行，对自己和社会负责。

◎ 2013 年，英国伦敦。在 EAGE 展览会做新技术报告

三、何去何从?

雄鹰展翅高飞的强劲，在于他敢在悬崖上起跳的勇气；猎豹捕捉猎物的敏锐，在于他知道自己奔跑的方向。

2008 年到 2015 年：张远银负责和参与我国西部复杂碳酸盐岩、东部陆相重力浊流沉积，以及南海深水储层与流体预测的生产科研项目 13 项，主攻叠前反演方法与应用研究，累计协助油田设计井位上钻 6 口，提交石油储量 1 816 万吨、溶解气 62. 73 亿方。

2014 年到 2015 年：张远银参与加拿大阿尔伯塔大学 CRANE 小组落基山脉上地幔结构调查研究，安装野外设备 11 套，采集处理资料若干，足迹遍及加拿大西北，研究成果发表于二区期刊。

2015 年到 2017 年：张远银主持与页岩甜点参数预测和叠前反演方法相关的科研生产项目 5 项，参与 3 项；研发针对页岩油甜点储层要素地震预测技术 3 项，协助建立 Petro-FCS 裂缝预测软件平台，应用于焦石坝页岩气田和潜江凹陷盐间页岩油藏勘探开发，相关成果获得中国石化石油勘探开发研究院 2016 年基础前瞻研究成果二等奖和 2017 年科学技术进步奖一等奖。

自 2008 年至 2017 年：张远银累计发表文章 38 篇（第一 / 通讯作者 23 篇；SCI/EI 检索 25 篇），在国际会议上报告 11 次，获国家发明专利 10 项，参与出版专著 2 部，获部局级奖项 5 项。

……

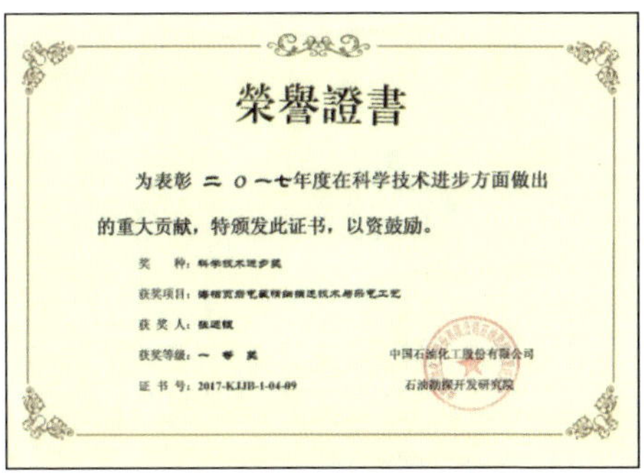

◎ 2017 年度中国石化石油勘探开发研究院科学技术进步奖一等奖

◎《地球物理信息处理基础》专著

他逐渐积蓄着成果与资源，提醒自己不能畏惧艰难，更不能沉迷掌声，而要继续勇往直前，坚定地走在不断进步的路上。但这途中也曾遇到过一些岔路口。尽管他能预期这些路口都可通往不同的高山，但他不敢否认在选择究竟要走哪个路口时心中有过的迟疑。

当他面临就业时，先后有过一系列不错的选择——可以回国到

◎ 2015 年，西班牙马德里。与 Leon，Thomsen（左二）等专家主持 EAGE 专场会议

高等院校担任教师，从事科研与教学，“985”院校电子科技大学资源与环境学院在他博士毕业时曾邀其入职；也可以听从外国导师的建议，继续留在国外，享受更好的环境与资源，并帮他争取了多伦多大学和 CGG Calagary 公司的博士后机会；还可以进入知名外企和中东的大学，获得很有竞争力的薪酬，Aramco 远东研究院和沙特石油矿产大学（KFUPM）已经准备好让他签字的合同……

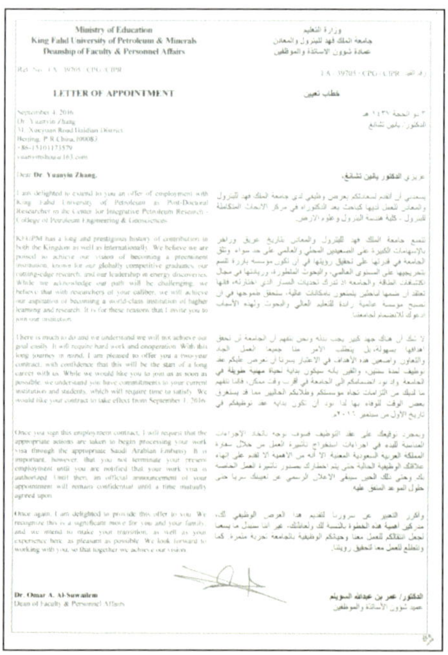

Ministry of Education
King Fahd University of Petroleum & Minerals
Deanship of Faculty & Personnel Affairs

وزارة التعليم
جامعة الملك فهد للبترول والمعادن
عمادة شؤون الأساتذة والموظفين

LETTER OF APPOINTMENT

خطاب تعيين

September 4, 2016
Dr. Yuanyin Zhang

Dear Dr. Yuanyin Zhang,

I am delighted to extend to you an offer of employment with King Fahd University of Petroleum as Post-Doctoral Researcher in the Center for Integrative Petroleum Research - College of Petroleum Engineering & Geosciences.

Dr. Omar A. Al-Suwailem
Dean of Faculty & Personnel Affairs

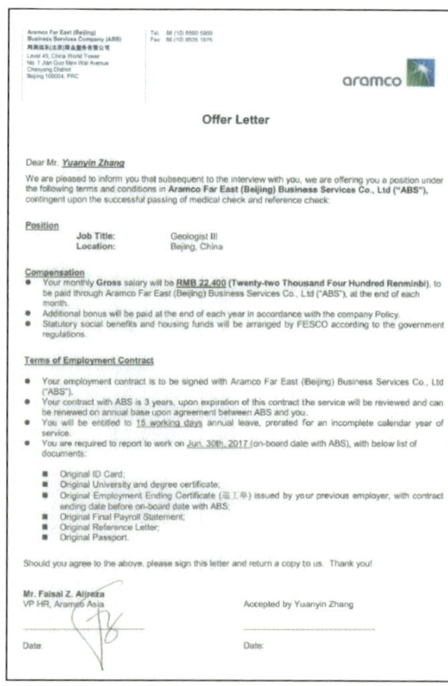

Aramco Far East (Beijing) Business Services Company (ABS)

aramco

Offer Letter

Dear Mr. *Yuanyin Zhang*

We are pleased to inform you that subsequent to the interview with you, we are offering you a position under the following terms and conditions in **Aramco Far East (Beijing) Business Services Co., Ltd ("ABS")**, contingent upon the successful passing of medical check and reference check:

Position

Job Title: Geologist III
Location: Beijing, China

Compensation

- Your monthly **Gross** salary will be RMB 22,400 **(Twenty-two Thousand Four Hundred Renminbi)**, to be paid through Aramco Far East (Beijing) Business Services Co., Ltd ("ABS"), at the end of each month.
- Additional bonus will be paid at the end of each year in accordance with the company Policy.
- Statutory social benefits and housing funds will be arranged by FESCO according to the government regulations.

Terms of Employment Contract

- Your employment contract is to be signed with Aramco Far East (Beijing) Business Services Co., Ltd ("ABS").
- Your contract with ABS is 3 years, upon expiration of this contract the service will be reviewed and can be renewed on annual base upon agreement between ABS and you.
- You will be entitled to 15 working days annual leave, prorated for an incomplete calendar year of service.
- You are required to report to work on Jun. 30th, 2017 (on-board date with ABS), with below list of documents:
  - Original ID Card;
  - Original University and degree certificate;
  - Original Employment Ending Certificate (退工单) issued by your previous employer, with contract ending date before on-board date with ABS;
  - Original Final Payroll Statement;
  - Original Reference Letter;
  - Original Passport.

Should you agree to the above, please sign this letter and return a copy to us. Thank you!

Mr. Faisal Z. Alireza
VP HR, Aramco Asia
Date:

Accepted by Yuanyin Zhang
Date:

◎ 沙特石油矿产大学（KFUPM）和 Aramco 远东研究院的合同

他觉得即便将来要做个教师，也得有足够的实践积累，所以他对是先到工业界锤炼还是到学校教书还算是有明确判断的。但他必须承认：国外良好的环境、更高的薪酬的确在他内心泛起了不小波澜，而国内未知的人事、复杂的流程也确实影响着他的睡眠。

他不曾咨询过太多人该如何选择，父母、爱人和师长都告诉他尽量遵从自己的内心——决定了，就让它去经受时间的检验。

记得在加拿大访学期间，一位国外朋友对他说："加拿大年产800万吨的油田运营人员只有100人，而你们中国同等规模的油田则可能需要10万人。"他心里一惊，但立刻答道："您应该知道，实际情况是，在同等资源条件下，我们中国养活了你们1 000倍的人口。"尽管外国朋友面显尴尬，不再作声，但这的确是事实。既说明了我们资源不足、人口众多的基本国情，又反映了我们技术与管理相对落后的客观现状。

◎ 2015年，北京。张远银（右二）与"梦之队"部分成员看望王涛老部长

"苟利国家生死以，岂因祸福避趋之。"他想起了钱学森、邓稼先、郭永怀，想起了老部长。他们是多么伟大，而他自己是多么地渺小。

老部长常拿"争雄、争气、争光"的"三争"精神鼓励他们。

让他们在国际竞争中争雄、为中国创造争气、为祖国的石油事业争光，这不正是这代人的责任吗？想到这里，他便坚定地要回到祖国，与“梦之队”的队员们一起践行老部长的“三争”精神，去创造属于他的人生。这是时代赋予他的使命。

四、国之“脊梁”

每当危难来袭，正是无数“普通人”前仆后继、奋勇向前，才组成了“国之脊梁”，构成了中华民族立于世界的雄伟篇章。

促使张远银决心回国的动因，还有他对祖国的归属感和对人民的热爱，深刻又热诚。这份归属感与热爱，始于其幼时懵懂的学习，却在2008年得到升华。

那是2008年5月12日14时28分，四川省汶川县发生8.0级特大地震。强震突袭，顷刻之间，大地痉挛，山崩地裂，满目疮痍，生离死别。张远银的家乡绵阳也在地震中遭到重创。

汶川地震后的第6天，西安火车站烈日当空，虽已经戒严，但警戒线后仍密密麻麻、井然有序地站满了记者、志愿者和市民，解放军第四军医大学西京医院的医护人员们正紧张转移着四川绵阳的200多名重伤员，而张远银的母亲就在其中。她不幸在地震中受重伤，背部两块脊椎骨坍塌，下身失去知觉，与父亲二人在绵阳体育馆地上躺了数日后，被政府转到西安救治。大家拆除了列车防护玻璃，十分艰难地慢慢将母亲抬举起来，一点一点小心翼翼地递出车厢。

此刻，一声“中国，加油！”打破了人群的沉闷，刹时引起了所有人的共鸣，都不约而同地喊了起来，不断挥舞着拳头和手里的国旗，叫人格外振奋。母亲无力动弹，却已感动得泪流满面。

张远银从北京光速赶到西安，医院的灾民隔离楼外守满了志愿者和前来献花的群众。母亲面容憔悴、十分虚弱，一见他便忍不住流下泪来；父亲的脸也黄得厉害，想是久未好眠，只叫他不必担心，并告诉他，哥哥张远金等仍在前线抗震救灾。

母亲的病房里有三位伤员，虽是劫后重生，但病房里却异常沉闷。母亲躺在靠窗一边，另一侧躺着安县高川镇的一个年轻女孩，右胳膊骨折，因被埋太久，皮肤已大面积溃烂，常发出“哎呀哎呀……”的痛苦呻吟。中间的病床上则是一位北川县城的妇女，左腿高度截肢。她的丈夫是个老板，地震时在外救了 3 个人，但赶回家时她砸断的腿迫不得已必须得锯掉，便立即转到绵阳，后又到西安救治。如今虽然性命无虞，但由于惊吓过度，也有点怨恨丈夫回来太慢，所以整日面无表情，从不言语。

除了医护人员，每天有三位志愿者轮流到病房服务、疏导伤员心理。他们中有学校学生、热心市民、企业职工、外地务工人员、司机、厨师、保洁员……不分职业和男女，却都争先恐后地要来帮忙、出力。有位女大学生叫千妍，懂四川话，家是西安市区的，却不辞劳苦，接连好几晚上通宵守着，与大家都成了朋友。张远银至今依然清晰地记得她穿着件志愿者的黄背心，深夜里在病房穿梭或是反复给中床女士揉腿的影子。医院里还有几位保洁工不是名义上的志愿者，但经常来打扫卫生，还嘘寒问暖，惦着伤员家里的情况。慢慢地，大家心里就放松了下来。张远银回忆说，彼时西京医院内外都是业务精湛的医护人员和义无反顾的自愿者，他们为灾区伤员忙前忙后，

◎ 2010 年，西安。父母与汶川地震的学生志愿者重聚（左一为千妍）

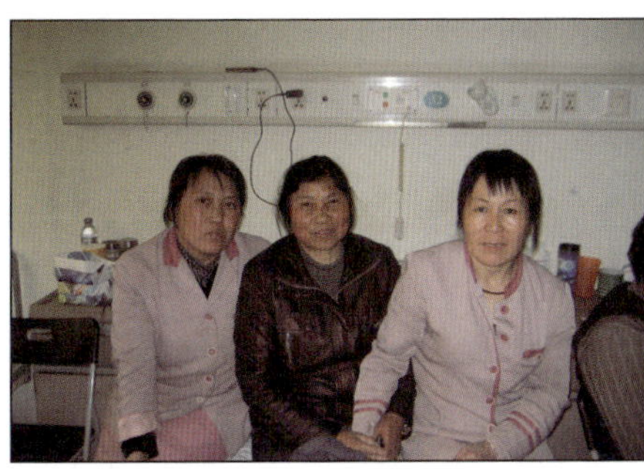

◎ 2010 年，西安西京医院。母亲与医院保洁工重聚

每个人都自发行动起来，无私地贡献着自己的力量，以至于他这个匆忙赶来的“家属”有时都自觉有些多余，但又始终觉着被一股强大、温暖的力量包围着。

经过第四军医大学罗卓荆、杜俊杰教授等医务人员的精心救治，张远银的母亲创下了医学史上的奇迹，在下肢失去知觉7天后竟站了起来，至今也无大碍。母亲幼时很苦，她告诉张远银说：“国家这么关心我们，好人这么多，下车那一刻起我就告诉自己一定要好好活下去。”到张远银离开医院时，那位骨折的女孩的胳膊已接上，医院马上要给她做最先进的植皮术。中床的那位女士装了个假肢，正在练习站立，也逐渐与人交流起来。“生命高于一切”“一线希望、百倍努力”是医院里的主旋律。

父亲张久德在医院成立了灾区临时党支部，负责与医院联系、协调灾民关系以及翻译、协助分发救助物资等工作，没受伤的灾民也都想做点事情，便陆续加入进来。父亲告诉张远银，灾难之后，大家都有变化，那位包工头丈夫就表示要申请入党。这让张远银也有些惊奇。在医院党委和灾区临时党支部的见证下，那个人写下了入党申请书。

劫后余生，灾区人民永远感激国家和人民提供的帮助。时至今日，当时聚集在一起的人仍时常联系。每每想起过往让人感动的事情，张远银便更加坚定了要回国奋斗的决心。

第三节　激情似火

天破了，自己炼石来补；洪水来了，不问先知，自己挖河渠疏通；疾病流行，不求神医，自己试药自己治；在东海淹死了就把东海填平，被太阳暴晒的就把太阳射下来。自强不息，永不低头，这就是中国人。

——引自《鲁大青年》2017

一、到塔里木去

“塔里木，给我生命注入活力的一方热土，始终凝聚着我无限的希望。我爱塔里木的土地，因为她到处都是宝藏；我爱塔里木的各族人民，因为他们淳朴友善、充满激情和理想；我爱塔里木石油职工——一群大写的人，因为他们肩挑共和国油气重担，挺着民族脊梁！塔里木，是我终生奋斗的热土。”

这是王涛老部长在《征战死亡之海》回忆录中的肺腑之言，张远银读着这段激情四溢的文字，热血沸腾，浮想联翩。

几代石油人的艰苦奋斗，从玉门到大庆，从渤海湾到新疆大漠，我国石油勘探已遍地开花，为共和国经济持续提供着发展的血液。进入新世纪，石油勘探已从过去单纯抢占勘探领域逐渐转变为研发新的理论技术。时代为每一位勘探者提出了更高的要求，考验着每位从业者的智慧与决心。以“稳定东部、发展西部”为方针，塔里木盆地历经艰难的“六上五下”才发现了油气宝库。作为我国油气资源接替的战略阵地，塔里木盆地油气地质资源量约 253 亿吨，占比西部盆地 54%，但其探明率仅 18.9%。除去继承性古隆起和北部有利的山前带，盆地尚有 31 万平方公里为矿权空白区。虽然这里的石油地质条件相对较差，但从战略全局看，推进其油气勘探进程对国家能源安全却尤为重要。王涛等老一辈石油开拓者们奠基的我国西部石油战略接替区，正在召唤着青年一代到新疆大漠去

◎ 2018 年，北京。王涛在家中与张远银交谈

建功立业。作为石油工业的一片热土，塔里木吸引了全国各地的很多大学的优秀毕业生。很多青年员工到塔里木这个大熔炉后，快速成长进步，不少人不到10年时间就成了能独当一面的技术骨干和优秀基层干部。

2017年8月，张远银被破格评为高级工程师，并于次年4月从中国石化石油勘探与开发研究院调入自然资源部中国地质调查局油气资源调查中心，直接从事新疆地区的油气资源调查工作。这里也是王涛老部长心底万分惦记的地方。从“幕后”到“台前”，张远银激动不已，心想一定要干好工作。临行前，老部长语重深长地告诉他：“那里大有可为，但困难也很多，到处都是硬骨头。你会遇到许多困惑，甚至是挫折。但要咬定青山不放松，锲而不舍，顽强拼搏，攻坚探索。就是我常说的‘争雄、争气、争光’，无论身处何种岗位、从事哪项工作，都要有‘三争’精神。相信你一定会向党和人民递交一份合格的答卷！”

二、别样的情怀

是那山谷的风，吹动了我们的红旗；
是那狂暴的雨，洗刷了我们的帐篷。
我们有火焰般的热情，战胜了一切疲劳和寒冷。
背起了我们的行装，攀上了层层的山峰，
我们满怀无限的希望，为祖国寻找出富饶的矿藏。

——《勘探队员之歌》

“江山如此多娇，引无数英雄竞折腰”。从西南的崇山峻岭到东北一望无际的黑土地，从东南的四季皆绿到西北的大漠戈壁，祖国的美是多样的。这美丽的土地上和土地下，蕴藏了各种各样的宝藏，滋养着数千年绵延不断的中华文明。

“嫁汉不嫁石油郎，一年四季到处忙。春夏秋冬不见面，回家一包烂衣裳。”作为油气资源的探寻者，抛弃妻子、风餐露宿，的确需要一点执着与担当。

但，勘探者常在野外，可以亲见许多原始美景、感叹史书内外的故事、思量亿万年里油气成藏与富集的奥秘，也有不一样的幸福。即便十分木讷之人，也会为大自然鬼斧神工的力量所震撼、为前人的辛劳工作所折服。

2018 年以来，张远银常有机会跑在新疆的山前戈壁里，从喀什经阿合奇到阿克苏，再沿着天山山脉一直往东，而后从库尔勒穿越天山再到伊犁，一路上都有不一样的风土人情，各式美景之下则蕴藏着数不尽的宝藏。这里，也是老部长心里一直挂念着的地方。他曾数次驾车驰骋于欧美的山川进行科考，但只有走在祖国的土地上，心底才会有真正的荣耀。

有一次，他们要前往柯坪协助中标企业进行井位探勘，晴空万里的天空忽地就变了样貌，远见大片乌云夹着闪电压了过来，灯光火影中山前出露的红层犹如雨中的妖魔，惊得数只野黄羊在山前狂奔，也吓得他们立即驱车逃离。他感叹不已，在车里用一首小诗《柯坪山前逐羊》做下记录。

柯坪山前逐羊

戈壁滩前云压山，数只黄羊奔山前。
坝上麻黄匆匆过，雅丹魔鬼露两边。

从繁闹喧嚣的城市到寂寥空旷的山前戈壁，很多人都和张远银一样，会不自觉地激动起来。原以为南疆大面积被沙漠覆盖，只在积雪覆盖的山前有雨水，却不曾料到，正因缺少植被，雨水常会带着泥沙汇流而下。一旦下雨，戈壁滩上便常有山洪，甚至是泥石流。他们的车沿着山间公路蜿蜒行驶，在簌簌落雨的云团里进进出出，行至山腰处便能看见路旁河沟里缓缓而下的泥沙。等下到山坡时，已见得多条小沟汇合形成的巨大山洪。

◎ 2018 年 6 月，暴雨之中的南疆戈壁山前

西部山间遇雨

烈日灼人久，山尖雨来急。
扬鞭逃车去，山洪猛过膝。

新中国成立初期的地质家前辈们用双脚丈量祖国的大地，编写了全国地质图。但如果没有去过新疆，万万想不到那里也有山洪和泥石流。除了这南疆戈壁，祖国还有那么多的地方，该有多少个想不到的东西？

沿 314 国道继续向西南到柯坪断隆中段，是水草丰美的山间小盆地，河堤上的树林间藏满了玉米，天上飞着不知名的大鸟，时不时有水牛懒洋洋地窜到路上来。这里宛如一个世外桃源。河的另一侧，翻过高山，地图上显示便是吉尔吉斯斯坦，那里曾经都是中国的土地，至于景色如何如今却已不能轻易见得。

西域边境路上遇牛

荒山藏绿路冲天，沙海驾船捉地仙。
欲跨远山收清土，骠骑汉将战眼前。

也许正因如此，全国人民才要努力奋进。想到这里，作为一个为祖国和人民寻油找气的油气地质调查工作者，难免有种时不待我、只争朝夕的感觉。

张远银所在的新疆油气调查创新团队常年工作于野外一线，尽管条件比较艰苦，常要背着装备与简易干粮奔波在山间、河流、戈壁和沙漠，时不时就要应对暴雨、冰雹、狂沙、烈日等各种恶劣天气，但他们乐观积极、团结协作，每个人都无比热爱着自己的工作，时刻探寻着每一个相关于油气富集的线索。

地质工作者有趣的故事很多。有一位团队成员叫白忠凯，在2020年疫情最困难的时候，义无反顾地离开北京，先后在乌鲁木齐、阿克苏、库尔勒等地被隔离4次共61天才赶到现场。另一位成员刘亚雷为了保证钻井工程质量，先后4次放弃回京机会，在野外连续工作150天，最后大家给他起了个外号，叫“刘新疆”。

◎ 2019年8月，新疆柯坪地区。野外露头采样

油气地质工作者无畏风雨、乐观幽默，但对待科学问题又特别执着。他们是我们新时代一群很可爱的人。2021 年春节，张远银以新疆油气调查创新团队的工作日常和人物事迹为背景，创作了《地调者说》，并在团队成员的帮助下人工合成了视频节目。他们以十分诙谐幽默的语言和方式，真切反映了油气地调工作者野外的工作日常、专业特点和精神追求，受到广泛好评。

三、点燃激情的梦想

对张远银来说，2018 年是极不平凡的一年。因为他和团队将要在柯坪矿权空白区论证并实施一口油气勘探的风险井位，并由此开启塔里木盆地油气勘探的一个崭新篇章。

反复衡量后，他们将目光率先锁定在塔西北柯坪断隆东段。此处的下古生界露头丰富，是勘探者野外观测的天堂，却被普遍认为是油气泄压区，是油气勘探的禁地。因此，尽管充分融合了多个学科的创新成果，他所论证部署的新苏地 1 井仍一直承受着巨大压力。方案艰难通过后，他被委派到前线担任指挥，组织实施钻探工程。但由于作业方并非专业油气队伍，特别是其煤田录井队缺乏经验和设备，一度挫伤着大家的信心。开工一周后，他决心狠抓录井这个“牛鼻子”，要求立即换掉原队伍，并动员各方紧密协作，务必安全高效地完成地质任务。

彼时南疆的戈壁已日渐转凉，但井场每日器械转动，信号传输、材料配置和物资供应等源源不断的讯息以及需要即刻协调执行或优化调整的方案却让他只觉得热火朝天。作为决策制定者和执行者，他务必十分谨慎。他身兼党建、安全、科研、组织、生活、纪检等数职，必须认真跟踪全部过程。为了提高效率，他突破专业限制，借助各方力量，逐步打造出集“地质 - 地震 - 工程 - 实验”于一体的随钻分析模式，先后 4 次调整方案，并最终取得了新苏地 1 井奥陶 -

◎ 2018 年某个深夜，新疆阿克苏戈壁。在新苏地 1 井录井实验室鉴别新鲜岩屑

志留系多套油气发现。这种模式也成了油气中心的驻井标杆。

钻井项目经理是位年长张远银十几岁的山东大汉，开始最受不了张远银对工程的严格，也曾为取岩心的事情跟他吵架。但在他的坚持下只能提高标准，后来工程被地质调查局安全生产检查小组评为优秀，也成为施工单位的示范。那年中秋节的晚上，项目经理用手机拍了一张井场施工的照片给张远银。他看着有感而发，写下了《中秋成井》。项目经理读后非常高兴，觉着是对自己工作的一种写照。

中秋成井

井入云间望既望，人在荒滩思良乡。

应是猛将有柔肠，万里山河万里防。

2019 年，经过百般努力，张远银挑选新苏地 1 井 2 530 米以浅的两个潜力层组，并亲自组织地层含油气性测试，首次在塔西北志留系获工业气流，实现了该区勘探 60 年来的一个重要突破。同年，中国地质调查局追加投资，他又相继部署了二维地震、时频电磁和微生物检测等工程，论证和组织实施了当年地调局最深参数井——新苏参1井，并担任现场临时党支部书记和指挥。最终，该井获得寒武－志留系多层油气突破，有力提振了业界对塔里木盆地西北部柯坪地区的信心，也为新一轮找矿突破落实了一个新接替领域。相关成果获中国地质调查局和中国地质科学院2022年度地质调查十大进展。

◎ 2019年，新疆阿克苏戈壁。新苏参1井施工现场

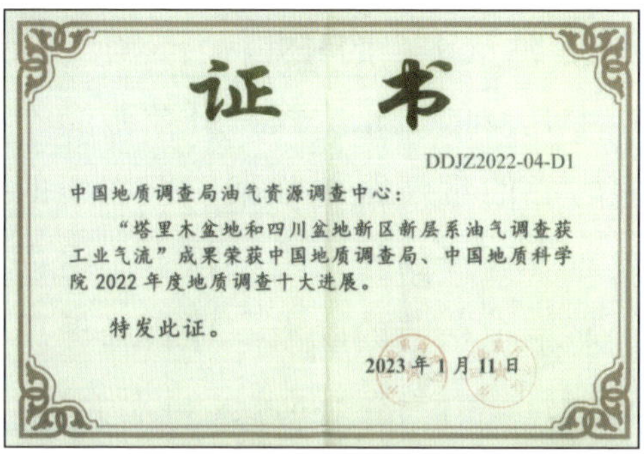

证书

DDJZ2022-04-D1

中国地质调查局油气资源调查中心：

"塔里木盆地和四川盆地新区新层系油气调查获工业气流"成果荣获中国地质调查局、中国地质科学院2022年度地质调查十大进展。

特发此证。

2023年1月11日

◎ 2022年，相关成果获中国地质调查局和中国地质科学院2022年度地质调查十大进展

2019—2022年间，张远银及其团队先后优选编制油气勘查区块资料包，支撑自然资源部完成新疆2021年3轮18个和2022年2轮12个油气勘查区块出让。近3年来，他牵头完成科技成果转化项目5个，参与完成6个，支撑中曼、申能、互盈等企业实现高效勘探，有效推进了温宿－柯坪油气产能建设和新疆地区油气体制改革，受到自然资源部和中国地质调查局党组的充分肯定和地方政府及社会各界的广泛好评。他所在的新疆油气调查创新团队相继获得中国调查局油气调查特殊贡献奖、"脱贫攻坚工作优秀集体"、"新时代地质文化建设典型团队"、中央和国家机关"四强"党支部等荣誉称号。

在野外工作的同时，张远银积极发现实际问题并开展有针对性的科技攻关。除此之外，他还兼任中国地质大学（北京）和中国地

质大学（武汉）的校外硕士生导师，带领学生把论文写在一线大地上。2018年以来，他发表第一/通讯作者论文10篇，其中SCI/EI检索7篇；申请第一作者发明专利授权4项，出版专著2部，获得科技奖励4项。

由于扎实的专业素养、出色的工作业绩和广泛的群众基础，张远银相继获得中国地质调查局油气资源调查中心“2018—2019年度优秀职工”“2020年度野外突出贡献奖”“2021年度优秀党员”“2022年度科技成果转化先进个人”等局级奖励或称号。2020年初，他被聘为中国地质调查局“优秀地质人才”（第四批）；2022年起被聘为“国家公派出国留学项目评审专家”；2023年1月被评为正高级（教授级）工程师，并被推荐为自然资源部高层次科技创新人才（地质找矿方向）青年科技人才候选人；2023年7月晋升为中国地质调查局油气资源调查中心基础地质室副主任。

经过在塔里木盆地持续多年的探索，他增加了工作的耐心与信心，积累了复杂山前带油气勘探的技能包，不断探寻着亿万年里藏于地层间的油气踪迹，支撑了塔西北各类区块的油气调查。虽然工作繁琐辛苦，但他隐隐感觉到，温宿－柯坪即将形成百里油区，有望成为塔里木盆地继库车之后新的油气示范基地。每每想到这里，他便越加能够体会到老部长的良苦用心，心中不自觉地燃起一团火来。

合上塔里木盆地柯坪断隆综合评价图，提交完盆地盐下超深层大型油气田形成关键因素与预测技术实施方案，张远银又开始考虑塔东北地区的油气调查部署了。那里是石油前辈魂牵梦绕的又一个地方……

◎ 2022年，新疆阿克苏戈壁。张远银在现场项目部留影

从初生牛犊的热血青年到刻苦钻研的工作狂人，再到千锤百炼的勘探能手，张远银以一颗赤诚报国之心，正全力奋斗在祖国边疆最需要的地方，在戈壁荒漠上下求索，在激情似火的青春梦想舞台上，尽情地演绎着自己的精彩人生。

附　录
"英才奖学金"获得者名单（2009–2023）

第一届"英才奖学金"获得者名单（2009年）

序号	姓　名	性别	年　级	学　历	学　校	备注
1	能　源	男	2007级	博士生	中国石油大学（北京）	
2	刘　东	男	2007级	硕士生	中国石油大学（北京）	
3	谭双妮	女	2007级	本科生	中国石油大学（北京）	
4	纪仁杰	男	2007级	博士生	中国石油大学（华东）	
5	张明江	男	2007级	硕士生	中国石油大学（华东）	
6	林腾飞	男	2007级	本科生	中国石油大学（华东）	

第二届"英才奖学金"获得者名单（2010年）

序号	姓　名	性别	年　级	学　历	学　校	备注
1	刘国昌	男	2008级	博士生	中国石油大学（北京）	
2	王　磊	男	2008级	硕士生	中国石油大学（北京）	
3	刘相男	女	2008级	本科生	中国石油大学（北京）	
4	蔡宝平	男	2008级	博士生	中国石油大学（华东）	
5	张元法	男	2008级	硕士生	中国石油大学（华东）	
6	周诗雨	女	2008级	本科生	中国石油大学（华东）	

第三届“英才奖学金”获得者名单（2011 年）

序号	姓　名	性别	年　级	学　历	学　校	备　注
1	韦岳长	男	2009 级	博士生	中国石油大学（北京）	
2	程　涛	男	2009 级	硕士生	中国石油大学（北京）	
3	王佳豪	男	2008 级	本科生	中国石油大学（北京）	土库曼斯坦
4	刘永旺	男	2009 级	博士生	中国石油大学（华东）	
5	徐峻涛	男	2009 级	硕士生	中国石油大学（华东）	
6	黄经纬	男	2009 级	本科生	中国石油大学（华东）	

第四届“英才奖学金”获得者名单（2012 年）

序号	姓　名	性别	年　级	学　历	学　校	备　注
1	龚承林	男	2009 级	博士生	中国石油大学（北京）	
2	安天琳	男	2010 级	硕士生	中国石油大学（北京）	
3	彭　炽	男	2010 级	本科生	中国石油大学（北京）	
4	秘　拉	女	2012 级	本科生	中国石油大学（北京）	哈萨克斯坦
5	宗兆云	男	2010 级	博士生	中国石油大学（华东）	
6	徐建春	男	2010 级	硕士生	中国石油大学（华东）	
7	耿　冲	男	2010 级	本科生	中国石油大学（华东）	

第五届“英才奖学金”获得者名单（2013 年）

序号	姓　名	性别	年　级	学　历	学　校	备　注
1	张远银	男	2011 级	博士生	中国石油大学（北京）	
2	李　伟	男	2011 级	硕士生	中国石油大学（北京）	
3	李雨澈	女	2011 级	本科生	中国石油大学（北京）	
4	卢斯蓝	男	2010 级	本科生	中国石油大学（北京）	土库曼斯坦
5	江　波	男	2011 级	博士生	中国石油大学（华东）	
6	曹景记	男	2011 级	硕士生	中国石油大学（华东）	
7	刘钰洋	男	2011 级	本科生	中国石油大学（华东）	

第六届“英才奖学金”获得者名单（2014 年）

序号	姓　名	性别	年　级	学　历	学　校	备　注
1	徐　尚	男	2012 级	博士生	中国石油大学（北京）	
2	曹立虎	男	2011 级	硕士生	中国石油大学（北京）	
3	李学艺	男	2012 级	本科生	中国石油大学（北京）	
4	安德鲁	男	2012 级	本科生	中国石油大学（北京）	乌干达
5	赵　光	男	2012 级	博士生	中国石油大学（华东）	
6	吴乐乐	男	2012 级	硕士生	中国石油大学（华东）	
7	孟旭明	男	2012 级	本科生	中国石油大学（华东）	
8	孙　健	男	2012 级	本科生	中国石油大学（华东）	喀麦隆

第七届“英才奖学金”获得者名单（2015 年）

序号	姓　名	性别	年　级	学　历	学　校	备　注
1	刘致水	男	2013 级	博士生	中国石油大学（北京）	
2	于柏慧	女	2013 级	硕士生	中国石油大学（北京）	
3	吴　忠	男	2013 级	本科生	中国石油大学（北京）	
4	萨　娅	女	2013 级	本科生	中国石油大学（北京）	哈萨克斯坦
5	毛　惠	男	2013 级	博士生	中国石油大学（华东）	
6	杨继东	男	2013 级	硕士生	中国石油大学（华东）	
7	李逸群	女	2013 级	本科生	中国石油大学（华东）	
8	伊　萨	男	2014 级	本科生	中国石油大学（华东）	坦桑尼亚
9	蒋　鹏	男	2013 级	硕士生	西南石油大学	
10	张佩颖	女	2013 级	本科生	西南石油大学	
11	宋明启	男	2013 级	硕士生	东北石油大学	
12	于　艺	男	2013 级	本科生	东北石油大学	
13	闫　旭	男	2013 级	硕士生	西安石油大学	
14	王　珂	女	2012 级	本科生	西安石油大学	
15	郑　斌	男	2013 级	硕士生	长江大学	
16	王宝乾	男	2013 级	本科生	长江大学	
17	刘　军	男	2014 级	硕士生	辽宁石油化工大学	

续表

序号	姓　名	性别	年　级	学　历	学　校	备　注
18	陈小顺	男	2013 级	本科生	辽宁石油化工大学	
19	吴孟人	男	2013 级	本科生	重庆科技学院	
20	于金顺	男	2013 级	本科生	承德石油高等专科学校	

第八届"英才奖学金"获得者名单（2016 年）

序号	姓　名	性别	年　级	学　历	学　校	备　注
1	纪永祯	男	2014 级	博士生	中国石油大学（北京）	
2	郑小锦	男	2014 级	硕士生	中国石油大学（北京）	
3	欧亚菲	女	2014 级	本科生	中国石油大学（北京）	
4	若贺曼	男	2015 级	硕士生	中国石油大学（北京）	土克曼斯坦
5	刘艳茹	女	2014 级	博士生	中国石油大学（华东）	
6	马　博	男	2014 级	硕士生	中国石油大学（华东）	
7	程　琨	男	2014 级	本科生	中国石油大学（华东）	
8	沙巴斯	男	2013 级	本科生	中国石油大学（华东）	巴基斯坦
9	邓宽海	男	2012 级	博士生	西南石油大学	
10	苏成鹏	男	2014 级	硕士生	西南石油大学	
11	陆梦晴	女	2014 级	本科生	西南石油大学	
12	李颜辰	女	2014 级	硕士生	东北石油大学	
13	郭晨浩	男	2014 级	本科生	东北石油大学	
14	沈黎阳	男	2014 级	硕士生	西安石油大学	
15	薛棚升	男	2013 级	本科生	西安石油大学	
16	肖　胜	男	2014 级	硕士生	长江大学	
17	贺晓飞	男	2014 级	本科生	长江大学	
18	潘明明	女	2014 级	硕士生	辽宁石油化工大学	
19	刘　凡	男	2014 级	本科生	辽宁石油化工大学	
20	周晋冲	男	2014 级	本科生	重庆科技学院	
21	赵曦林	男	2014 级	本科生	承德石油高等专科学校	

第九届“英才奖学金”获得者名单（2017年）

序号	姓 名	性别	年 级	学 历	学 校	备 注
1	李 鑫	男	2014级	博士生	中国石油大学（北京）	
2	张 维	女	2015级	硕士生	中国石油大学（北京）	
3	张宇轩	男	2015级	本科生	中国石油大学（北京）	
4	恩 雅	女	2015级	本科生	中国石油大学（北京）	蒙古国
5	姚 博	男	2013级	博士生	中国石油大学（华东）	
6	吕 健	男	2015级	硕士生	中国石油大学（华东）	
7	马圣荦	男	2015级	本科生	中国石油大学（华东）	
8	沙卫诗	男	2014级	本科生	中国石油大学（华东）	也门
9	赵梓俨	男	2015级	博士生	西南石油大学	
10	李 昊	男	2015级	硕士生	西南石油大学	
11	代 月	女	2015级	本科生	西南石油大学	
12	刘 悦	女	2015级	硕士生	东北石油大学	
13	何西波	男	2015级	本科生	东北石油大学	
14	杨 滢	女	2015级	硕士生	西安石油大学	
15	赵 蒙	男	2014级	本科生	西安石油大学	
16	柴明锐	男	2015级	硕士生	长江大学	
17	周梦飞	男	2015级	本科生	长江大学	
18	刘 焱	男	2015级	硕士生	辽宁石油化工大学	
19	刘 彤	女	2015级	本科生	辽宁石油化工大学	
20	周文武	男	2015级	本科生	重庆科技学院	
21	邓京鑫	男	2015级	本科生	承德石油高等专科学校	

第十届“英才奖学金”获得者名单（2018年）

序号	姓 名	性别	年 级	学 历	学 校	备 注
1	高助威	男	2015级	博士生	中国石油大学（北京）	
2	姜佳彤	女	2016级	硕士生	中国石油大学（北京）	
3	王奕然	男	2016级	本科生	中国石油大学（北京）	

续表

序号	姓　名	性别	年　级	学　历	学　校	备　注
4	伊　曼	男	2015 级	博士生	中国石油大学（北京）	巴基斯坦
5	熊　雅	男	2016 级	博士生	中国石油大学（华东）	
6	杨兆铭	男	2016 级	硕士生	中国石油大学（华东）	
7	张嘉奇	男	2016 级	本科生	中国石油大学（华东）	
8	马建飞	男	2015 级	本科生	中国石油大学（华东）	坦桑尼亚
9	王　科	男	2016 级	博士生	西南石油大学	
10	林晓月	男	2016 级	硕士生	西南石油大学	
11	唐林茂	男	2015 级	本科生	西南石油大学	
12	贾　丹	男	2016 级	硕士生	东北石油大学	
13	周成波	男	2016 级	本科生	东北石油大学	
14	李飞过	男	2016 级	硕士生	西安石油大学	
15	朱云龙	男	2015 级	本科生	西安石油大学	
16	涂亚明	男	2016 级	硕士生	长江大学	
17	邢钰梓	男	2016 级	本科生	长江大学	
18	桑晓彤	男	2017 级	硕士生	辽宁石油化工大学	
19	曲　琳	男	2016 级	本科生	辽宁石油化工大学	
20	韩晓冰	男	2016 级	本科生	重庆科技大学	
21	钱仕淇	男	2016 级	本科生	承德石油高等专科学校	

第十一届“英才奖学金”获得者名单（2019 年）

序号	姓　名	性别	年　级	学　历	学　校	备　注
1	肖　洪	男	2017 级	博士生	中国石油大学（北京）	
2	王恩泽	男	2017 级	硕士生	中国石油大学（北京）	
3	刘世豪	男	2017 级	本科生	中国石油大学（北京）	
4	哈　森	男	2017 级	本科生	中国石油大学（北京）	科摩罗
5	迟京起	女	2017 级	博士生	中国石油大学（华东）	
6	陈义美	女	2017 级	硕士生	中国石油大学（华东）	
7	吴彦达	男	2017 级	本科生	中国石油大学（华东）	

续表

序号	姓 名	性别	年 级	学 历	学 校	备 注
8	Ismail Albouzedy	男	2017 级	本科生	中国石油大学（华东）	利比亚
9	汪 尧	男	2017 级	博士生	西南石油大学	
10	吕茜娣	女	2017 级	硕士生	西南石油大学	
11	易 皓	男	2016 级	本科生	西南石油大学	
12	王 鹏	男	2017 级	硕士生	东北石油大学	
13	陈美鑫	女	2016 级	本科生	东北石油大学	
14	戴 政	男	2017 级	硕士生	西安石油大学	
15	曹璋颖	女	2016 级	本科生	西安石油大学	
16	蒋慧豪	男	2017 级	硕士生	长江大学	
17	龙 远	男	2017 级	本科生	长江大学	
18	张起源	男	2017 级	硕士生	辽宁石油化工大学	
19	王一越	女	2017 级	本科生	辽宁石油化工大学	
20	王芊卉	女	2017 级	本科生	重庆科技学院	
21	牛天骄	男	2017 级	本科生	承德石油高等专科学校	

第十二届"英才奖学金"获得者名单（2020 年）

序号	姓 名	性别	年 级	学 历	学 校	备 注
1	胡东欧	女	2018 级	博士生	中国石油大学（北京）	
2	杨晟颢	男	2018 级	硕士生	中国石油大学（北京）	
3	孙雨菲	女	2018 级	本科生	中国石油大学（北京）	
4	孟 洋	男	2018 级	本科生	中国石油大学（北京）克拉玛依校区	
5	大 卫	男	2018 级	本科生	中国石油大学（北京）	委内瑞拉
6	李 杰	男	2018 级	博士生	中国石油大学（华东）	
7	王兴伟	男	2018 级	硕士生	中国石油大学（华东）	
8	汪家祺	男	2018 级	本科生	中国石油大学（华东）	
9	马 梦	男	2017 级	本科生	中国石油大学（华东）	巴基斯坦

续表

序号	姓　名	性别	年　级	学　历	学　校	备　注
10	张　阳	男	2018 级	博士生	西南石油大学	
11	葛　凡	男	2018 级	硕士生	西南石油大学	
12	冯千珂	女	2017 级	本科生	西南石油大学	
13	赵伟强	男	2018 级	硕士生	东北石油大学	
14	任淼玉	女	2017 级	本科生	东北石油大学	
15	苗　雨	女	2018 级	硕士生	西安石油大学	
16	马旻玥	女	2017 级	本科生	西安石油大学	
17	邵　波	男	2018 级	硕士生	长江大学	
18	陈　舒	女	2018 级	本科生	长江大学	
19	陈亚东	男	2018 级	硕士生	辽宁石油化工大学	
20	许继文	女	2018 级	本科生	辽宁石油化工大学	
21	王子怡	女	2018 级	本科生	重庆科技学院	
22	汪海超	男	2018 级	本科生	承德石油高等专科学校	

第十三届“英才奖学金”获得者名单（2021 年）

序号	姓　名	性别	年　级	学　历	学　校	备　注
1	赵　文	男	2019 级	博士生	中国石油大学（北京）	
2	刘学聪	女	2019 级	硕士生	中国石油大学（北京）	
3	何锡婷	女	2019 级	本科生	中国石油大学（北京）	
4	席念旭	男	2019 级	本科生	中国石油大学（北京）克拉玛依校区	
5	婕　珍	女	2019 级	本科生	中国石油大学（北京）	哈萨克斯坦
6	赵　爽	女	2018 级	博士生	中国石油大学（华东）	
7	康　鑫	女	2019 级	硕士生	中国石油大学（华东）	
8	刘云霆	男	2019 级	本科生	中国石油大学（华东）	
9	韩　晓	女	2019 级	本科生	中国石油大学（华东）	
10	萨　克	男	2019 级	本科生	中国石油大学（华东）	孟加拉国
11	吴卓雅	女	2020 级	博士生	中国石油勘探开发研究院	

续表

序号	姓　名	性别	年　级	学　历	学　校	备　注
12	张　岩	男	2019 级	硕士生	中国石油勘探开发研究院	
13	张　翔	男	2019 级	博士生	西南石油大学	
14	敬　鑫	男	2019 级	硕士生	西南石油大学	
15	吴林智	男	2018 级	本科生	西南石油大学	
16	姜明明	男	2019 级	硕士生	东北石油大学	
17	廖　琛	女	2018 级	本科生	东北石油大学	
18	鲁一荻	女	2019 级	硕士生	西安石油大学	
19	黄云龙	男	2018 级	本科生	西安石油大学	
20	徐云峰	男	2019 级	硕士生	长江大学	
21	王格格	女	2019 级	本科生	长江大学	
22	宋继哲	男	2019 级	硕士生	辽宁石油化工大学	
23	陈裕瀚	男	2019 级	本科生	辽宁石油化工大学	
24	余钰莹	女	2019 级	本科生	重庆科技学院	
25	徐　森	男	2019 级	本科生	河北石油职业技术大学	

第十四届“英才奖学金”获得者名单（2022 年）

序号	姓　名	性别	年　级	学　历	学　校	备　注
1	许　崇	男	2020 级	博士生	中国石油大学（北京）	
2	李茂粟	男	2020 级	硕士生	中国石油大学（北京）	
3	米宏丽	女	2020 级	本科生	中国石油大学（北京）	
4	谢　雨	男	2020 级	本科生	中国石油大学（北京）克拉玛依校区	
5	米　苏	男	2020 级	本科生	中国石油大学（北京）	苏丹
6	慕鑫茹	男	2019 级	博士生	中国石油大学（华东）	
7	邵子桦	女	2020 级	硕士生	中国石油大学（华东）	
8	杨子文	男	2020 级	本科生	中国石油大学（华东）	
9	高张永瑞	男	2020 级	本科生	中国石油大学（华东）	
10	马　杜	男	2020 级	本科生	中国石油大学（华东）	马里

续表

序号	姓　名	性别	年　级	学　历	学　校	备　注
11	魏乐乐	女	2020 级	博士生	中国石油勘探开发研究院	
12	谌　丽	女	2020 级	硕士生	中国石油勘探开发研究院	
13	覃　敏	女	2019 级	博士生	西南石油大学	
14	赵　鹏	男	2020 级	硕士生	西南石油大学	
15	吴雪玲	女	2019 级	本科生	西南石油大学	
16	付海昊	男	2020 级	硕士生	东北石油大学	
17	崔喜雯	女	2020 级	本科生	东北石油大学	
18	李贞贞	女	2020 级	硕士生	西安石油大学	
19	王志超	男	2019 级	本科生	西安石油大学	
20	宁文婧	女	2020 级	硕士生	长江大学	
21	刘志豪	男	2020 级	本科生	长江大学	
22	秦　越	男	2020 级	硕士生	辽宁石油化工大学	
23	张梓琳	女	2020 级	本科生	辽宁石油化工大学	
24	荆为琰	女	2020 级	本科生	重庆科技学院	
25	许雅钦	女	2020 级	本科生	河北石油职业技术大学	

第十五届”英才奖学金”获奖者名单（2023 年）

序号	姓　名	性别	年　级	学　历	学　校	备　注
1	古臣旺	男	2021 级	博士生	中国石油大学（北京）	
2	侯筱晓	女	2021 级	硕士生	中国石油大学（北京）	
3	周炜超	男	2021 级	本科生	中国石油大学（北京）	
4	常葆祺	男	2021 级	本科生	中国石油大学（北京）克拉玛依校区	
5	艾　丽	男	2021 级	本科生	中国石油大学（北京）	俄罗斯
6	杨景斌	男	2021 级	博士生	中国石油大学（华东）	
7	姜　菲	女	2021 级	硕士生	中国石油大学（华东）	
8	赵芮瑶	女	2021 级	本科生	中国石油大学（华东）	
9	谷佳莹	女	2021 级	本科生	中国石油大学（华东）	

续表

序号	姓 名	性别	年 级	学 历	学 校	备 注
10	亚西尔	男	2021级	本科生	中国石油大学（华东）	巴基斯坦
11	孟凡乐	男	2021级	博士生	中国石油勘探开发研究院	
12	刘羽汐	女	2021级	硕士生	中国石油勘探开发研究院	
13	万有维	男	2021级	博士生	西南石油大学	
14	任小丽	女	2021级	硕士生	西南石油大学	
15	陈春敏	女	2021级	本科生	西南石油大学	
16	王云凯	男	2021级	硕士生	东北石油大学	
17	张胜业	男	2021级	本科生	东北石油大学	
18	姬祥飞	男	2021级	硕士生	西安石油大学	
19	阮勇淇	男	2021级	本科生	西安石油大学	
20	田 广	男	2021级	硕士生	长江大学	
21	张 硕	男	2021级	本科生	长江大学	
22	高 维	女	2021级	硕士生	辽宁石油化工大学	
23	韩 超	女	2021级	本科生	辽宁石油化工大学	
24	尹 珂	女	2021级	本科生	重庆科技学院	
25	郭慕实	男	2021级	本科生	河北石油职业技术大学	

后 记

2023年，是中国石油大学建校70周年，也是王涛老部长在石油大学创立“英才奖学金”15周年。在这样具有重要意义的时间节点上，这部反映“英才奖学金”获得者成长励志的纪实作品《梦之队》与大家见面了，可谓恰逢其时。

2008年，我记得筹划“英才奖学金”项目之初，王部长就提出这样一个问题。他说“英才奖学金”的奖励对象不是生活困难的学生，也不是某个学科的专项奖励，而是要选拔那些具有“争雄、争气、争光”精神和创新创造潜能的创新型人才。他强调一定要立德树人。他认为，世界观、人生观和价值观是构筑人生的思想基础，如果基础不牢，人生就会摇摆甚至塌陷。他还说，人不在于多，而在于精，将那些综合素质好、出类拔萃的学生选出来，树立榜样。为此，他总结概括成“择优选拔，跟踪培养”的工作原则和方式。

一般而言，作为奖学金的出资人或者发起人，在奖学金颁奖完成以后，基本上就实现了奖学金的目的。而王部长把“英才奖”定位于在“择优选拔”之后，还要进行“跟踪培养”，而且亲自抓综合考察工作。为了考察一名学生是否符合“英才奖”的标准，他提出要“前伸后延”，既考察学生在中小学时的表现、家庭教育情况、所处社会环境等，还要“跟踪培养”，研究他们的成长规律，仍然用王部长的话说，就是“不管你们走到哪里，我都跟踪到哪里。王涛的眼睛一直盯着你们”。

按照王部长提出的这些要求和思路，十多年来，我的大部分业余时间几乎都用到了“英才奖学金”这项公益事业上，尤其是在“跟踪培养”方面进行了一些探索。具体说，就是在获奖学生走向工作岗位后，继续关注他们的表现，掌握他们的成长动态，发现典型，大力宣传，充分发挥榜样的力量，给予他们精神上的鼓励。《梦之队》这部作品正是伴随着他们的成长过程孕育而生的。

追根溯源闪光点。在一年一度的“英才奖学金”评选答辩会上，我注重追根溯源，捕捉到闪光点后就抓住不放，如从一个名字入手追溯他们小学、中学的总体表现，考察他们在家庭、学校和社会中的成长环境，从而激发出深藏在他们心灵深处的人生“密码”，共同探寻梦想“种子”的成长过程，启发他们对人生意义的思考。

自我总结找特点。对于多数获奖学生，则是通过他们的只言片语的获奖感言来了解其思想脉络，通过座谈会和网络信息等方式交换一些意见，启发他们讲述自己成长的故事，在自我解剖过程中回答“我从哪里来、要到哪里去”的哲学命题。

因人施教树榜样。在对所有获奖学生进行“综合考察”的基础上，树立各具特色的典型人物，并组织这些学生与王部长见面，请王部长对他们未来的发展方向提出一些具有针对性的具体建议。同时，我们还利用网刊等媒体，把他们的先进事迹推向校园和社会。

俗话说，十年磨一剑。对我而言，十年“奏一曲”倒是比较恰如其分。组织“梦之队”这个“合唱团”不容易。十几年来，有过“跑调”、出现过“杂音”，但立德树人和“三争”精神的主旋律始终没有变。我在见证同学们成长经历的过程中，与他们同甘共苦，感受着人生的苦辣酸甜，收获了许多快乐与幸福。

在与能源的交往中，看到了他放弃留校工作的机会奔赴塔里木油田，立志攻克世界级勘探难题，向科技高峰攀登的身影；在与刘东的交往中，看到了他如同家乡溪流中的一个水滴，从贫困山区的茅草屋中流出，风雨兼程地融入到浩瀚大海之中，感受到只有教育才是唯一出路的道理；在与林腾飞的交流中，我看到了这位来自孔孟之乡，从小立志为“为中华腾飞而读书”的学子，不仅能驰骋海外市场找油找气，而且还擅长诗词歌赋，是一位颇具儒雅之气、能文善武的青年才俊；在与张远银的交往中，我看到了从海外归来的他，从渤海湾转战塔里木盆地的“死亡之海”，用科技和智慧之剑穿透亿万年古老的地层，用瘦弱的身躯高高擎起石油圣火的磅礴之势；在与吕健、马博创业团队的交往中，我仿佛看到了当代青年人不畏艰难险阻，勇毅前行，踏上“一带一路”创业的追梦之旅，奏响了古丝绸之路上的最强音；在与张元法的交往中，我看到了一名来自农村的孩子最初想从医给父母治病，到改行从事石油事业，“中西医”结合给油井辩证施治的大爱情怀；在与纪仁杰的交往中，我看到了一名从“打铁的儿郎”到“香江学者”，再到难加工材料机械制造的科技攻关者的心路历程；在与来自中亚国家留学生若贺曼的交往中，我看到了在源远流长的当代“丝路”上，传递友谊之声的当代友好使者的闪光风采。

就这样，我在与他们的相处和交往中，分享着他们在学习、工作和生活中的酸甜苦辣。同时，我还给他们提供书籍、联系实习单位，甚至走入他们的家乡了解情况，帮助他们解决一些力所能及的困难，努力做他们的知心人——亦友、亦兄、亦师，多重角色使我们的交流多姿多彩。结合长期学习研究侯祥麟、翁文波等著名科学家事迹的成果，我把前辈科学家的家国情怀、创新思维和治学精神融入到“跟踪培养”教育之中，并用自己在石油文史知识方面的资源开拓学生们文理相通的思维空间，激发他们的文学艺术细胞，启发他们从历史与现实的时空转化中挖掘创新创造潜能，把握未来人生路径的走向——到祖国最需要的地方去放飞青春梦想。

客观地说，这部书稿不是独立个体的创作，而是伴随获奖者成长持续累积应运而生的。这就不难理解为什么一篇万八字的稿件会用时最长十年左右时间才写成的缘故（最长用时跨度15年）。每篇稿件从最初只言片语的获奖感言开始，到酝酿撰写文章；从共同挖掘故事点，到总结归纳其成长特点、展现人生的亮点，这是一个在逐年的滚动交流中对稿件进行提炼、提高的过程，也是每个人成长的过程。难能可贵的是，在来去匆匆甚至有些浮躁的社会环境中，能够唤醒他们对于儿时的朦胧记忆和过往的回响，藉此引发他们对时间、空间、永恒、变化、理想、信念和追求等抽象问题的哲学思考。正如他们所感言的那样：从来都没有想过，能在20多岁时就开始追寻自己人生的来龙去脉，从家庭、学校、社会等诸多因素中进行系统地总结，讲好自己成长的故事。这不仅有助于把握未来人生的定位和方位，做好人生规划，也对培养自己的后代并对其进行家庭教育积累了经验。在100多位获奖学生中，本书仅选取了其中的8位，其他人物将会在今后出版的丛书中陆续出现。

在此，我要特别感谢王涛老部长为本书写作倾注的大量心血。他对书稿的谋篇布局给予了具体指导，在办公室、在出差的路上、在家里、在医院的病床上，他与获奖者促膝谈心，指点迷津；他废寝忘食地帮助审读、修改、完善稿件。他说，看到青年们的点滴成长，是人生的一种快乐、幸福和享受。他抱病为本书作序，嘱托要以此为重要抓手，把“跟踪培养”工作坚持下去。他还说，“英才奖学金”是各个方面共同努力的结果，正式出版时这一名称前不宜出现“王涛”的姓名。为尊重王部长的意见，本书皆采用“英才奖学金”名称。

在《梦之队》的采写和出版过程中，得到了中国石油教育学会、中国石油大学（北京）、中国石油大学（华东）、西南石油大学、东北石油大学、西安石油大学、长江大学、辽宁石油化工大学、重庆科技学院、河北石油职业技术大学和中国石油勘探开发研究院等院校领导、老师的大力支持；山东省中国石油大学教育发展基金会在出版等方面给予了大力支持；裴新芳、刘晓芳、王效美、程冬梅、刘笛等同志在资料提供、书稿审核等方面给予了大力支持和帮助；中国石油大学出版社吴文山老师长期跟踪进展，精心指导和编辑。在此深表感谢。

由于本书内容仅仅是“跟踪培养”过程中形成的阶段性成果，还有许多不成熟之处，加之作者水平所限，疏漏和错误之处在所难免，敬请读者指正。

作 者

2023 年 7 月